ISO 9001:2015 & ISO 14001:2015 기반

통합경영시스템 이론과 실무

이규태 · 김동하 · 주대성 · 최진철 공저

도서출판 상학당

欲爲大者 當爲人役

크고자 하거든 남을 섬기라

이 책의 머리말

기술은 속성상 계속 진보하는데 기술을 표준화하면 그대로 고정되어 후일 이를 개선하거나 변경하는 데 많은 손실이 수반되는 단점이 있다고는 하나, 표준화가 제품(서비스)의 생산, 유통, 소비면에서 다 같이 중요하고 소비자에게는 균일한 제품을 값싸게 제공할 수 있을 뿐만 아니라 상거래의 단순화와 공정화를 기할 수 있고, 생산기업의 입장에서는 이른바 3S, 즉 생산의 표준화(Standardization), 단순화(Simplification), 전문화(Specialization)를 통해서 대량생산이 이룩될 수 있으며, 아울러 규모의 경제를 실현할 수 있기 때문에 경제적인 생산이 가능하여 그 중요성은 아무리 강조해도 지나치지 않다고 할 수 있다.

산업 및 기술사회에서 표준과 표준화 실무는 매우 중요하다. 표준화 실무는 지난 150여년간 범세계적인 기반으로 제도화되었으나, 여전히 중대한 과제와 변화에 직면하고 있다. 기본적으로 경쟁과 협력 사이에 긴장이 존재하는 자본주의 및 시장경제의 정치 · 경제적 환경으로 인하여 표준화, 지적 재산권 및 반독점, 경쟁정책의 혼돈이 야기된다.

표준은 기술을 형성하고 사회에 기술을 보급하는 데 강력한 역할을 수행한다. 기술표준은 현대 사회와 시장경제의 기능에 매우 중요한 과정, 관습 및 절차를 광범위하게 구축한다. 기술표준은 통신 프로토콜과 시스템, 언어 및 데이터 구조, 회계절차와 관습, 제조과정과 품질, 제품과 과정 부합평가 및 인증 등과 같은 다양한 요구에 부응한다. 대다수의 표준은 기술적인 표준에서부터 공공정책 영역에 이르는 여러 분야를 망라한다.

우리나라는 1963년부터 약 50여년간 KS 표시 인증제도를 시행해 왔으며, ISO 9001 품질경영시스템 인증제도가 도입된 지도 벌써 30여년이 다 되어가고 있다. 그동안 국제표준화기구(ISO)의 통계에 의하면 2014년 12월말까지 175개 국가에서 ISO 9001은 114만여개, ISO 14001은 33만여개, TS 16949의 경우 58,000여개 조직(organization)에서 인증을 획득하여 이 제도를 유지 중에 있으며, 조직의 발전에 크게 기여하고 있는 것이 사실이다.

국제표준은 전 세계적으로 공유되고 채택되는 최상의 관행에 대한 협약이다. 국제표준은 세계무역기구(WTO)가 규정한 6가지 원칙, 즉 공개성, 투명성, 공평성 및 합의성, 효과성 및 적절성, 명료성, 개발성 등의 통합과정을 통해 만들어진다.

그러나 모든 인증제도나 혁신운동이 그러하듯이 겉모양만 화려하고 실질적으로 기업이나 조직의 경영활동에 도움을 주지 못한다면 이는 낭비에 불과할 뿐이며, 오히려 인증유지가 구성원들에게 부담을 줄 뿐이다. 최고경영자나 대다수 부서나 팀의 무관심 속에 일부 극소수만이 사후관리심사에 대비하고 있다면 이는 매우 안타까운 일이라 아니할 수 없다.

현재 사후관리가 계속 중인 기업이나 조직의 최고경영자는 "인증획득이 우리에게 어떤 성과(成果, performance)를 보이고 있는가?"를 자문하거나, 모든 경영자들은 이러한 질문에 대답할 수 있어야 한다.

표준화는 늘 변화하고 있으며 우리는 항상 새로운 측면을 발견하게 된다. 표준화전문가 역시 변하고 있다. 빠른 속도로 변화해가는 시대에 대학, 기업 및 기술학교 기타 유사한 고등학습기관에서의 표준화 교육은 결코 '과잉'이라 할 수 없으며 오히려 전략적으로 필요한 유용한 교육과정이라 할 수 있다. 조직은 지속적으로 발전되어야 하기 때문이다.

이들에게 "표준이 사업 및 기술에 있어 중요하며, 사업개발에 매우 큰 영향을 미치는 동시에 기술 및 무역거래에 필수적인 도구"라는 점을 인식시키는 것이 매우 중요하다는 점을 인식해야 한다.

우리의 기술을 표준규격에 채택시키는 자체가 국가 브랜드의 이미지를 제고하고, 해당 기업의 이익을 최대화시키는 도구라는 것을 인식해야 한다.

필자는 그 동안 기업체의 실무책임자로 종사했던 경험과 대학과 기업체의 교육, 심사 및 지도를 통해 획득한 각종 자료를 기초로 하고, 국내외의 이미 출간된 훌륭한 저서들을 참고하여 비교, 모방도 하였으며 인터넷을 통해 입수한 많은 자료를 포함하여 이 책에 내용을 전개하였다.

이 책의 전개는 대학이나 기업체에서 활용하기 용이하도록 제1장 표준화 일반과 국제표준화기구(ISO) 소개, 제2장 2015년판 ISO 9001 품질경영시스템 및

ISO 14001 환경경영시스템의 주요 변경사항, 제3장 ISO 9000 : 2015 경영시스템 기본사항 및 용어, 제4장 품질 / 환경경영시스템 프로세스와 요구사항 이해, 제5장 사내표준화 실무, 제6장 통합경영시스템의 정착과 발전, 부록 경영시스템 - 요구사항 등으로 구성하였다.

이전의 교재에 비해 이번에는 요구사항 해설보다는 프로세스 위주로 전개하는 것을 원칙으로 하여 실무에 응용하기가 쉽도록 하였다. 그리고 저자가 원래 부족한 점이 많아서 여러 면에서 모자람이 있을 것으로 생각되며 한정된 지면으로 제작하다보니 좋은 그림과 테이블을 다양하게 삽입하지 못했음을 안타깝게 생각한다. 추후 개정할 기회가 생긴다면 더 좋은 이론과 사례로 만나게 될 것이다. 이 교재를 사용하는 독자들의 끊임없는 격려와 지적을 바란다.

끝으로 출판에 응해주신 도서출판 상학당의 남승우 사장님과 여러분, 귀중한 자료를 제공해 주신 지인들께 심심한 감사의 말씀을 드린다. 아울러 모든 분들의 건강과 앞날에 무궁한 발전이 있기를 진심으로 바란다.

저 자 씀

이 책의 차 례

제1장

표준화 일반과 국제표준화기구 소개

1.1 표준화 일반

1. 표준의 역할

일상생활 중에는 그때그때 어떤 행동에 맞게 암묵적으로 형성된 약정(규정, 룰 등)에서부터 정하지 않으면 안되겠다는 필요의식으로 관계자가 의논해서 정한 약정, 그리고 무슨 수를 써서라도 정하지 않으면 안된다는 인식에서 일방적으로 정해 버리는 약정 등 어떤 형태든 다양한 '약정'이 있다. 그것은 무엇 때문에 있는 것일까, 어느 것이나 각각의 장소에서 생활하기 쉽게 하거나 어떤 일을 원활하게 추진하기 위해 정한 것이다.

'약정'을 조금 딱딱한 말로 하면 '표준'이 되는데, '표준'이란 관계되는 사람들 사이에 이익이나 편리함이 공정하게 얻어지도록 통일 · 단순화를 꾀할 목적으로, 물체 · 성능 · 능력 · 동작 · 절차 · 방법 · 수속 · 책임 · 의무 · 사고방법 등에 대하여 정한 결정을 말하며, 표준화란 표준을 정하고 이를 활용하는 조직적 행위라고 정의하고 있다(한국산업규격, KS A 3001).

표준(standard)이란 "합의에 의해 작성되고 공인된 기관에 의해 승인된 것으로서 주어진 범위 내에서 최적 수준의 성취를 목적으로 공통적이고 반복적인 사용을 위한 규칙, 지침 또는 특성을 제공하는 문서"라고 정의하고 있으며, "과학, 기술 및 경험에 대한 총괄적인 발견사항들에 근거하여야 하며, 공동체 이익의 최적화 촉진을 목표로 제정되어야 한다"고 규정하고 있다(KS A ISO / IEC Guide 2).

표준화(standardization)란 "실제적이거나 잠재적인 문제들에 대하여 주어진 범위 내에서 최적 수준을 성취할 목적으로 공통적이고 반복적인 사용을 위한 규정을 만드는 활동"이라고 정의하고 있다(KS A ISO / IEC Guide 2).

일상생활에서는 어떤 목적으로 어떤 사물이 '표준'이 되는 것일까를 정의해 보면 다음과 같다.

1) 서로 이해하기 위해

일상생활은 어떤 장소에서나 사람과 사람이 관계를 맺고 있다. 어떤 사람이 생각하는 바를 다른 사람에게 전달하고 그것을 받은 사람이 이해함으로써 의사소통(communication)한다. 이해한 내용에 따라서는 전달한 사람에게 다시 자기의 의지를 전달할 필요가 생길 때도 있다. 이런 경우에 사용되는 표준은 '이야기하는 말', '문자', '몸짓과 손짓(제스처)' 또는 '그림기호, 문자기호', '빛깔', '소리' 등 여러 가지가 있다.

(1) 말

이야기하는 말(language)은 말할 나위없이 일상 회화나 수업, 회의 등에서 서로 자기의 생각을 전달하는 것을 일컫는 표준이고, 문자는 편지나 신문, 서적 등의 형식으로 정리해서 특정인이나 불특정 다수인에게 의사표시를 하는 것이다. 같은 민족끼리는 말이 통하지만 외국인과의 사이에는 이것이 통하지 않는 경우가 있으므로 그런 의미에서 한계가 있다.

(2) 제스처

제스처(gesture)는 어머니와 아기 사이에서 흔히 사용되며 가끔 어른과 어른, 내국인과 외국인 사이에서도 사용된다. 그 한 예가 이쪽으로 오라는 의미의 '손짓'이 있고, 또 신호기가 고장났을 때의 교통경찰의 주행유도, 선박에서의 수기신호, 크레인 작업장에서의 사인 등이 있다.

그러나 제스처는 나라에 따라 그 뜻이 전혀 다른 경우가 있기도 하다. 예를 들면 머리를 끄덕이면 불가리아와 그리스에서는 '노'를 뜻하고, 옆으로 흔들어야 '예스'가 된다. 머리를 뒤로 흔들면 남부 이탈리아나 튀니지에서는 '교제'를 뜻하며, 스칸디나비아에서는 '이리오라'는 뜻이고 인도에서는 '예'가 된다. 이러한 예는 이외에도 많다.

(3) 그림 · 문자 기호

여기에는 여러 가지가 있다. 그 중 하나가 교통표지다. 교통표지에는 그림 기호만으로 된 것, 문자 기호로 된 것, 그림 기호와 문자 기호가 조립된 것, 게다가 빛깔 구분을 하는 등 매우 여러 가지이다. 이것은 자동차가 안전하고 원활하게 달릴 수 있도록 도로의 통행방법을 운전자에게 간단명료하게 지시하는 것이다.

백화점, 영화관, 큰 빌딩 등에는 '비상구', '화장실' 등 장소를 가리키는 것이 있다. '비상구'의 그림 기호는 백색과 녹색의 대비를 이용하여 사람이 도망가는 모습과 화살표로 그 의미를 나타낸다.

색깔을 이용하는 것에는 교차로의 신호등이 있다. 신호기는 파랑, 노랑, 빨강 등 세 가지 빛깔의 등이 배치되어 진행, 주의, 정지를 뜻하며 교통안전상 정지를 의미하는 빨간색이 잘 보이게 한다.

회사에서는 문자, 문자 기호, 그림 기호 등이 도면이나 작업표준 등에 집약되어 있다. 제작도면은 제품을 설계한 사람이 그 내용을 구체적으로 표시한 것으로 제품의 형태를 표시한 도형과 함께 치수, 각도나 마무리 기호, 표면거칠기, 기하 공차, 사용재료의 기호 등이 기입되어 있다. 작업표준도 도표와 문자 등으로 작성되는데 최근에는 그 내용을 한층 알기 쉽게 하기 위해 '색 구분'을 하는 것도 있다.

'소리'의 예는 기차역의 발차 벨, 구급차의 경적, 안개 낄 때의 등대의 빛 대신에 사용되는 무적(霧笛) 등이 있다.

2) 안전하고 쾌적한 생활을 위해

'안전'이라고 하면 먼저 떠오르는 것이 생명에 대한 안전이다. 평소 사용하는 상품은 생활을 편리하고 풍요롭게 하기 위한 것인데, 한번 잘못 취급하면 부상 또는 커다란 사고가 발생하며 심하면 죽음에 이르는 수도 있다. 그 예가 가스와 석유를 이용한 연소기구이고 자전거, 자동차 등 교통기계이다.

연소기구는 보통 상태에서 사용하면 문제가 없지만, 예를 들어 가스 버너를 켜 놓은 채 자리를 떴을 때 돌풍으로 불이 꺼져서 가스가 새어나오는 경우가 있고, 자동차를 몰고 가다가 골목길에서 어린이나 자전거를 탄 사람이 튀어나오는 바람에 급브레이크를 밟게 되는 경우는 어떤 형태로든 사고가 일어난다.

그래서 가스 기구에는 가스가 타지 않는 상태, 즉 가스 출구의 온도를 감지하는 기능의 안전장치를 부착하며, 자동차에는 이른바 안전벨트가 있어서 그 착용이 의무화되어 있다.

표준은 이와 같이 기기 자체의 '자기진단'이라든가 '페일 세이프(fail safe)' 또는 '풀 프루프(fool proof)'에 많은 도움을 준다.

3) 간단하게 교환할 수 있게

'호환성(互換性)'이란 문자 그대로 서로 교환하여 사용할 수 있는 것을 말한다. 생활에 밀접한 예로는 6각 볼트가 6각 너트에 꼭 맞는 것이다. 6각 볼트와 6각 너트가 꼭 맞는 것은 당연하다고 생각되지만 실은 6각 볼트를 만드는 회사는 6각 볼트만을 만드는 전문회사이고, 6각 너트를 만드는 회사는 6각 너트만을 만드는 전문회사라서 서로 전혀 모르고, 관계도 없는 회사가 각각 만들고 있는 것이다.

그러나 6각 볼트와 6각 너트를 꼭 맞게 조립할 수 있는 것은 나사의 산형이라든가 산과 산의 피치, 지름 치수 등에 관한 표준이 있기 때문이다. 다른 예로는 형광등(정확히는 형광 램프)이 있다.

6각 볼트와 6각 너트가 꼭 맞거나 형광 램프와 형광등 기구가 꼭 맞는 것을 '치수의 호환성'이라 하고, A사와 B사의 형광 램프의 밝기나 수명이 같은 것을 '성능의 호환성'이라 한다.

4) 사용자(고객, 소비자)를 위해

상품을 사용하는 목적은 풍요로운 일상생활을 하기 위함이다. 따라서 상품은 사용하기에 적합한 품질, 성능을 구비해야만 하지만 사용자와 소비자의 요구에 대해 생산자의 기술적, 경제적 능력이 반드시 합치되는 것은 아니어서 양자의 대화와 타협에 따라서 일정한 표준이 형성된다.

일반 소비자가 사용하는 상품은 거의 최종 제품이고 기업이 사용하는 것은 원재료, 부품, 최종 제품 등 여러 형태가 있다. 이들 상품에 대해 관계자의 합의를 얻어 정한 표준은 사용자와 소비자의 입장에서 보면 요구사항을 충족시킨 일정 수준의 품질, 성능이고, 생산자 입장에서 보면 생산, 공급해야 할 목표, 보증의 수준을 정한 것이다. 그렇기 때문에 생산자는 그 상품이 표준으로 정한 품질, 성능을 구비하고 있음을 증명할 필요가 있다.

5) 제각각이 안 되게

사회는 다양한 요구와 더불어 발전하는데 이것을 자연의 추세에 맡겨서 방치하면 사회는 금방 혼란하고 복잡해져서 무질서해버릴 것이다. 이러한 상태를 합리적으로 정리·정돈하여 보다 좋은 상태로 되돌리고, 무질서해지는 것을 방지하기 위해서 표준의 존재가치가 있는 것이다.

한편 단일화는 양자택일적 단순화로서 예를 들면 회전방향의 우회전(시계방향)과 좌회전(시계반대방향), 또는 자동차의 좌측통행(일본, 영국 등)과 우측통행(한국, 미국, 유럽 등) 등 어느 쪽이 좋은지 우열을 가릴 수 없고 통일할 수도 없는 것이다. 이러한 예는 계량단위에서 미터계의 국제단위계와 야드, 파운드계 두 방식이 존재한다.

6) 표준은 모두의 편

어떤 상품을 개발하고 생산하는 것은 그 상품을 사용, 소비함으로써 사회 경제, 나아가서는 일상생활의 향상을 꾀하는 것이 최종 목적이다. 그러기 위해 표준을 정하는 것인데, 표준의 내용이 생산자와 소비자 양쪽 모두에 공평한 이익을 초래할 때에는 문제가 없지만, 양쪽의 이해가 대립하여 문제가 생길 경우에는 일상생활의 향상을 꾀할 목적에서 보아 사용자, 소비자의 이익이 우선되어야 함은 자명한 이치이다. 또 사용자, 소비자가 상품을 자유롭게 선택할 수 있게 상품에 관한 성능제원, 성능값을 명시하는 것도 앞으로 한층 중요한 요소가 될 것이다.

이와 같이 표준은 과거의 생산자 본위에서 앞으로는 사용자, 소비자의 입장을 우선할 것이 요구되고 기대된다. 국제표준화기구(ISO)에서는 표준의 중요성을 다음과 같이 설명하고 있다.

> If there were no standards, we would soon notice. Standards make an enormous contribution to most aspects of our lives-although very often, that contribution is invisible. It is when there is an absence of standards that their importance is brought home. For example, as purchasers or users of products, we soon notice when they turn out to be of poor quality, do not fit, are incompatible with equipment we already have, are unreliable or dangerous. When products meet our expectations, we tend to take this for granted. We are usually unaware of the role played by standards in raising levels of quality, safety, reliability, efficiency and interchangeability - as well as in providing such benefits at an economical cost.(ISO Homepage, http : //www.iso.ch)

2. 표준의 분류

1) 인문사회적 표준과 과학기술계 표준

표준을 분류하는 데는 표준이 없다고 말하고 있다. 이는 표준이 그만큼 다양하고 형성의 역사가 오래되었음을 뜻하는 것이라고 할 수 있다. 표준을 분류하는 가장 포괄적인 분류체계는 표준을 인문사회적 표준과 과학기술계 표준으로 분류하는 것이다.

인문사회적 표준은 언어 · 부호 · 법규 · 능력 · 태도 · 행동규범 · 책임 · 전통 · 관습 · 권리 · 의무 등으로 나눌 수 있으며, 과학기술계표준은 측정표준, 참조표준, 성문표준 등이 있다.

- 측정표준(measurement standards) : 측정표준은 길이, 시간 등과 같은 물리적 양의 크기를 나타내기 위해 국제 공통으로 사용하고 있는 국제단위계(SI : International System of units)의 7개 기본단위와 2개의 보충단위 및 이들의 조합으로 이루어지는 유도단위를 현시하기 위한 것으로, 표준기준과 측정계량단위 및 표준기준물 등을 말한다.
- 참조표준(reference standards) : 준참조자료(SRD : Standard Reference Data)가 대표적인 것으로, 이것은 데이터와 정보의 정확도와 신뢰도를 분석 심사하여 참조표준으로 설정하고, 이의 정확성과 신뢰성을 공인함으로써 국가사회의 모든 분야에서 믿고 널리 지속적으로 사용 또는 반복 활용이 가능하도

록 마련된 자료를 말한다.

- 성문표준(documentary standards) : 국가사회의 모든 분야(생산 · 유통 · 소비 · 교통 · 통신 · 무역 · 서비스 · 보건 · 교육 · 행정 · 국방 · 건설 · 환경 · 생활 등)에서 총체적인 이해성 · 안전성 · 효율성 · 경제성을 높이기 위해 강제 또는 자율적으로 일정기간 적용하는 문서화된 규정 · 사양 · 용어 · 부호 · 기호 등을 말한다. 이러한 과학기술계표준은 광의의 산업표준(industrial standards)이라고 할 수 있다.

2) 사실상의 표준과 공적 표준

David & Greenstein은 표준을 다음 4가지로 분류하였다.

첫째, 비지원적 표준(unsponsored standards)이다. 이것은 고유의 관심을 갖고 있는 발제자를 확인할 수 없지만 공적으로는 이미 문서로써 잘 정립되어 있는 일련의 기술명세들이다.

둘째, 지원적 표준(sponsored standards)이다. 이것은 직접 · 간접적으로 고유의 관심을 갖고 있는 하나 이상의 발원기관이 공급자, 사용자 및 민간의 협력업체가 다른 기업들로 하여금 기술명세를 채택하도록 유도하는 경우의 표준이다.

셋째, ANSI 등과 같은 기관들이 내부에서 자발적으로 표준을 제정하는 경우이다.

넷째, 규제권을 갖고 있는 정부기관이 발표하는 의무표준이다.

첫째나 둘째는 시장 프로세스에 의해서 생성되는 경우로서 이를 사실상의 표준(de facto standard)이라고 명명하고 있다.

셋째와 넷째는 시장 프로세스에 의해 영향을 받기는 하지만 반드시 반영할 필요는 없는 경우로서 행정절차 등의 프로세서에 의해 제정된다. 이 양자를 공적 표준(de jure standard)이라고 명명하고 있다.

표준을 사실상의 표준과 공적 표준으로 구분하는 이러한 접근방법은 표준의 주체가 누구이냐는 점에서 매우 중요한 시사점을 갖고 있다. 왜냐하면 기업이나 국가가 표준화와 관련된 전략을 수립할 때 사실상의 표준이냐 또는 공적인 표준이냐에 따라 전략적 접근방법이 달라지기 때문이다.

〈표 1-1〉 공적인 표준과 사실상의 표준의 비교

구분	공적인 표준(de jure standard)	사실상의 표준(de facto standard)
정의	표준화기관에 의해 제정된 표준	표준을 둘러싼 경쟁이 시장에서 이루어진 결과, 표준이 사실상 결정된 것
특징	• 책정 프로세스가 투명하고 표준내용이 명확하며 오픈됨 • 원칙적으로 단일표준이 제공됨 • 멤버십이 비교적 오픈됨	• 책정 프로세스의 속도가 신속 • 표준의 보급과 제품의 보급이 동시에 이루어짐 • 표준의 단일화는 시장에서의 경쟁에 맡겨짐 • 자규격을 표준화할 수 있는 자가 시장을 독점할 수 있음
결점	• 표준의 개발속도가 느림 • 표준의 보급과 제품의 보급에 time lag가 존재함 • 기술의 무임승차가 발생함	• 정보공개가 불완전 –전 인터페이스 공개의 보증 없음 –기술정보의 미개시로 복수방식의 비교가 곤란 –개발기업에 의한 경쟁 한정적인 포위가 이루어져 추종기업이 불리한 입장에 놓일 우려 • 멤버십이 폐쇄적이 되기 쉬움 • 개정절차가 불투명

대체적으로 사실상의 표준과 공적인 표준의 차이를 다음과 같이 설명한다.

첫째, 사실상의 표준은 표준의 결정자가 시장(market) 메커니즘(mechanism)인데 비해 공적표준은 표준화 기관이다.

둘째, 표준의 정통성이 누구에 의해 결정되느냐 하는 것인데 사실상의 표준은 사용자에 의해서 결정되는 데 비하여 공적표준은 표준화기관의 권위에 의해서 결정된다.

셋째, 사실상의 표준의 경우 표준화의 동기는 표준화가 없어서 불편하기 때문에 출발하나, 공적표준의 경우 표준화되지 않은 제품은 기능을 발휘할 수 없기 때문에 추진한다.

넷째, 표준화의 관건을 보면 사실상의 표준은 시장도입기의 점유율(share) · 유력기업의 참여인데 비하여 공적표준은 표준화기관의 강제력, 관련 기업 등 이해관계자의 참여에 있다.

다섯째, 표준화와 제품의 순서를 보면 사실상의 표준이 사업화에서 표준결정으로 이동하지만 공적표준은 표준결정에서 제품화로 이동하게 된다.

한편, 공적표준은 책정과정이 투명하고 표준내용이 명확하고 개방적이며 원칙적으로 단일표준을 제공하며 멤버십이 비교적 개방적이나, 표준개발속도가 느리고 표준의 보급과 제품보급의 시간격차(time lag)가 발생하며, 기술의 무임승차(free rider)가 발생한다는 약점이 있을 수 있다.

이에 반해 사실상의 표준은 책정과정속도가 신속하고 표준과 제품의 보급이 동시에 이루어질 수 있으며, 자신의 규격을 표준화할 수 있는 자가 시장을 독점할 수 있다는 장점이 있으나, 정보의 공개가 불확실하고 멤버십이 폐쇄적이며 개정절차가 불투명하다는 약점이 있을 수 있다.

3) 기술명세, 표준, 기술규정, 적합성 평가

ISO / IEC 지침서 2는 표준을 기본표준(basic standard), 용어표준(terminology standard), 시험표준(testing standard), 제품표준(product standard), 공정표준(process standard), 서비스 표준(service standard), 공유표준(interface standard), 데이터 관련 표준(standard on data to be provided)으로 분류한다.

WTO* / TBT** 협정은 표준의 개념을 명확히 규정하고 있다. WTO / TBT 협정은 부속서에 표준을 "규칙, 지침, 상품의 특성 또는 관련 공정 및 생산방법을 공통적이고 반복적인 사용을 위하여 규정하는 문서로서, 인증된 기관에 의하여 승인되고 그 준수가 강제적이 아닌 문서"로 정의하고 있으며, 합의(consensus)에 기초하여 성립된다고 규정하고 있다.

한편 기술규정은 "적용 가능한 행정규정을 포함하여 상품의 특성 또는 관련 공정 및 생산방법이 규정되어 있으며, 그 준수가 강제적인 문서이다. 이는 또는 상품, 공정 및 생산방법에 적용되는 용어, 기호, 포장, 표시 또는 상표부착 요건을 포함하거나 전적으로 이들만을 취급할 수 있다"고 규정하여 강제적인 문서임을 명확히 하고 있다.

기술규정은 크게 포괄적 기술규정(exhaustive regulation), 선택적 기술규정(optional regulation) 및 목적형 기술규정(purpose-oriented legislation) 등으로 구분할 수 있다.

---

* World Trade Organization : 세계무역기구

** TBT(Technical Barriers to Trade : 무역상 기술장벽) : 무역 상대국간에 서로 상이한 표준(standard), 기술규정(technical regulation), 인증절차(certification procedure), 검사시스템(inspection system) 등을 채택·적용함으로써, 상품 및 서비스의 자유로운 이동을 저해하는 무역에 있어서의 제반 장애요소이다.

〈표 1-2〉 표준과 기술규정의 비교

기술명세	표 준	기술규정
제정목적	표준화에 따른 생산·유통의 효율성 제고	공중위생, 안전, 환경보호, 소비자보호, 국방 등 공공이익의 추구
제정방법	• 표준화기관, 생산자협회 또는 학술·전문 협회 등 이해관계자의 합의를 통해 제정 • 시장에 의해 자발적(de facto)으로 생성	정부 주도로 제정·시행
준수의무	대부분 자발적	강제적
행정조항	거의 포함하지 않음	광범위하게 포함

표준이 기술명세로서 문서인데 비해 표준화는 좀 더 포괄적인 의미로 활용되고 있다.

ISO / IEC 지침서 2는 표준화(standardization)를 주어진 여건에서 최적의 상태 달성을 목표로 공통적이고 반복적인 사용을 위하여 실제적 또는 잠재적인 문제에 대하여 규정을 수립하는 활동으로 규정하고 있다.

또한 표준화의 목적을 제품, 공정, 서비스의 적합성 개선과 무역장벽의 방지, 기술협력의 촉진(정의)으로 규정하고 있으며 적합성, 호환성, 다양성 제한(variety control), 안정성, 환경보호, 제품보호 등으로 구분한다.

우리나라는 산업표준화를 표준을 통일하고 단순화하는 것으로 규정하고 있으며, KS A 3001(기본)도 역시 통일과 단순화를 표준의 목적으로 규정하고 있으나, 표준을 표준과 기술규정으로 분류하여 사용하지 않고 있다. 그러나 WTO / TBT의 주석에서 표준을 강제적일 수도 있고 자발적인 문서일 수도 있다고 규정하고 있기 때문에 이 개념을 활용하고 있다.

WTO 체제 이후 국제적으로 거래되는 농·수산물, 그 가공제품 및 각종 공업제품의 원산지와 종류는 다양화되어 가고 있다. 이런 각종 제품들이 사용자·이용자, 소비자들에게 위험하거나 해롭지 않도록 건강 및 안전을 확보하기 위한 요건을 만족하고 있다는 것에 대한 인증이 필요하다. 이와 같이 제품, 서비스 또는 이들을 생산하는 경영 시스템이 해당하는 기술적 규칙의 요구사항에 적합한지 아닌지를 평가하는 과정을 적합성 평가라 총칭하고 있다.

기술기준의 내용 및 적합성 평가절차가 각 국가간에 서로 다르다면 무역에 대한 커다란 기술적인 장벽이 될 것이다. 이를 방지하기 위해 WTO는 '국제 기준에 부합된 적합성 평가절차의 실시'가 생산과 무역의 효율을 개선하는데 공헌하고 있음을 인식하고, 이에 대한 추진과 실행을 강력하게 독려하고 있다.

국가안전보장 인간의 건강 및 안전확보 등의 타당한 목적달성을 위해 필요한 경우를 제외하고, 각국은 ① 강제법규에 인용하는 규격은 국제규격에 준거할 것, ② 규제 또는 비교제 분야로서 적합성 평가를 실시하는 경우에는 국제표준화 기관이 정한 가이드 문서에 준거할 것으로 의무지워져 있다.

4) 표준의 영역에 의한 분류

표준의 영역에 따라 표준을 분류하는 것은 역사도 오래되었을 뿐만 아니라 다양하게 활용되는 개념으로 다음의 5가지 단계로 나누어진다.

첫째, 사내표준은 특정회사내에서 사용되는 표준으로서, 말하자면 한 회사의 규격이나 규정 등이 이에 해당된다. 사내표준은 기업규모에 따라 전사표준, 사업부 표준, 공장표준 등과 같이 적용 수준에 따라 구분할 수 있다.

둘째, 단체표준은 업계, 단체, 학회 등의 특정 단체에서 제정하여 사용하는 표준으로 미국의 ASTM, ASME, IEEE, 그리고 UL 규격은 세계적으로 유명한 단체표준이라 할 수 있을 것이다.

셋째, 국가표준으로 ISO / IEC의 지침에 따르면 국가규격기관이 채택한 규격이다. 즉 특정 국가에서 제정하여 사용되는 규격으로 1901년에 세계 최초의 국가규격이 영국에서 제정되었다. 우리나라의 KS, 일본의 JIS, 영국의 BS, 미국의 ANSI, 독일의 DIN 등이 대표적인 사례이다.

넷째, 지역표준으로 ISO의 정의에 따르면, "특정 국가의 관련 단체로 회원자격을 제한한 표준화 단체, 즉 지역표준화 단체가 채택한 규격"이다. 유럽의 EN 규격 등이 있다.

다섯째, 국제표준은 전세계 각국의 관련 단체가 회원이 될 수 있는 표준화 단체, 즉 ISO나 IEC, ITU 같은 국제표준화 기관이 제정하여 국제적으로 적용되는 규격이다.

유럽 선진국의 경우, 하급표준, 즉 사내표준이나 단체표준을 모태로 하여 상위표준인 국가표준, 지역표준에 적용되는 것이 일반적인 데 반하여, 후진국에서는 상위표준을 규범으로 하여 하위표준으로 확대·발전되고 있다.

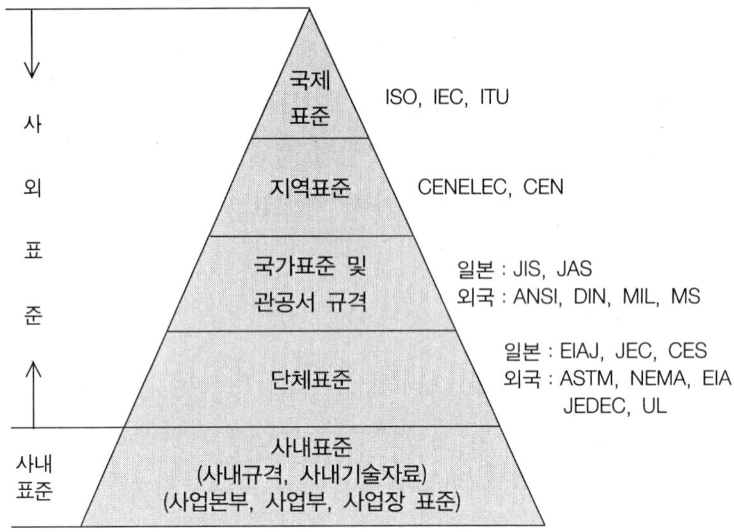

[그림 1-1] 표준화의 레벨(수준)

5) 임의제도와 강제제도

인증제도는 법정인증과 민간인증으로 분류되며 법정인증은 강제인증과 임의인증으로 구분된다. 법정인증은 국민의 생명과 재산을 보호하기 위해서 반드시 받도록 법령에 규정한 인증으로 인증취득없이는 생산, 유통이 불가능한 제도로서 공산품안전인증 등 여러 조직의 인증제도가 있으며, 임의인증은 환경보호, 에너지 절약 등 특정 정책 목적달성을 위해 법령에 따라 권장하는 인증으로써 우선 구매, 금융지원 등의 인센티브 제도를 제공하며 환경 마크 등이 있다.

민간인증은 법적 근거없이 시장의 요구를 만족시키기 위해 민간 자율적으로 시행하는 인증제도로써 Q 마크 등이 있다.

6) 제품 인증제도와 시스템 인증제도

제품인증이란 특정 제품(제품, 공정 또는 서비스)이 원래의 규격에 맞도록 제조되었는지 여부를 평가하여 적합 여부를 판정해 주는 제도로서, 주로 시험소에서 업무를 수행하며 제품에 대한 시험성적서를 발행하여 인증한다.

시스템 인증이란 특정 제품, 공정 또는 서비스를 제공하는 공급자(기업, 단체 등)의 시스템이 국제규격(ISO 9001 등)에 따라 적합하게 품질방침을 정하고 그에 따라 운용되고 있는지를 심사하여 적합여부를 판정하고 입증해 주는 제도를 말한다.

인증규격의 근본적인 제정목적은 제품규격의 경우 산업부문내 또는 관련 산업내의 호환성 및 사용자의 안전성을 중심으로 한 품질확보를 주목적으로 하고, 시스템 규격은 적정한 품질을 안정적으로 일관성 있게 생산하는 것으로 최근 ISO 9001 : 2015년도 규격에서는 시스템 유지 및 효율, 내외부 이슈 파악, 리스크 관리를 중시하고 있으며, 최근에는 제품인증에서 시스템 인증으로 변하는 추세이다.

〈표 1-3〉 제품 인증제도와 시스템 인증제도

구분	제 품	시스템
목 적	표준화, 제품보증(안전)	효율, 시스템 구축(일관성)
강제성	강제규격	임의규격
특 징	• 문서화 • 생산방법 • 인적자원(competence, 적격성) • 추적성 • 모니터링 및 측정방법 • 제품 및 재료규격 • 다수의 관련 규격 • 관련 기록유지	• 경영 시스템 구축 • 프로세스 관리 • 핵심 성과지표별 성과관리 • 효과성과 효율성을 동시에 추구

〈표 1-4〉 국내외 제품 인증제도와 시스템 인증제도(예)

국내인증규격		국외인증규격	
제 품	시스템	제 품	시스템
• KS • 전기용품 • 공산품 • 가스용품 • 자동차 형식승인 • 건설기계 형식승인 • 의료용구 • 안전보호구 • 품질보증마크(Q) 등	• KS Q ISO 9001 • KS I ISO 14001 등	• UL • FDA • CSA • CE • CCIB • JIS • VDE • SCEMKO • SA 등	• ISO 9001 • ISO 14001 • TL 9000 • AS 9000 • TS 16949 • OHSAS 18001 등

3. 표준의 효과와 기능

1) 표준의 효과

오늘날 대다수의 국가와 산업계에서 표준화운동이 전개되고 있는 것은 표준화가 제품(서비스)의 생산, 유통, 소비면에서 다 같이 중요하기 때문이다.

소비자에게는 균일한 제품을 값싸게 제공할 수 있을 뿐만 아니라 상거래의 단순화와 공정화를 기할 수 있다. 그리고 생산기업의 입장에서는 이른바 3S (Standardization, Simplification, Specialization), 즉 생산의 표준화를 통해서 대량생산이 가능하며 아울러 규모의 경제를 실현할 수 있기 때문에 경제적인 생산이 가능하다.

제품 및 서비스나 부분품 원자재 등을 표준화함으로써 다음과 같은 다양한 효과를 기대할 수 있다.

- 품질의 향상(improvement)과 균일성을 유지한다.
- 작업자의 교육, 훈련이 용이하다.
- 분업 및 업무표준화에 의한 작업능률이 향상된다.
- 구매, 운반, 검사, 업무절차가 간소화된다.
- 원자재 및 제품재고가 감소한다.
- 표준품의 예측 생산이 가능하다.
- 양산에 의한 생산성 증진과 원가절감한다.
- 객관적 증거(objective evidence)의 제시가 가능하다.
- 식별(identification) 및 추적성(traceability) 유지가 가능하다.
- 지속적 개선(continual improvement)을 위한 출발점을 제시한다.

표준의 가장 큰 효과는 호환성(compatibility)이 가져오는 네트워크 외부효과라고 할 수 있다. 외부효과는 Alfred Marshall에 의해 주장되었는데 Katz와 Shapiro (1985)에 의해 구체화되었으며, Arthur 등에 의해 표준의 수확체증효과를 설명하는데 활용되고 있다. 표준으로 인해 제품의 호환성이 이루어지면 제품에서 오는 효용은 그 제품이 속해 있는 다른 사용자의 수에 의해 비례하여 증가하게 된다.

예를 들어 컴퓨터에 있어서 기술혁신에 의해 새로운 중앙처리장치나 S / W가

개발되어 채용되면, 이와 관련된 제품·생산·기업 모두에게 긍정적이건 부정적이건 영향을 미치게 된다. 사실상의 표준인 마이크로소프트사의 Window 98 발표가 국내 반도체 기업들의 매출증대로 이어지는 현상도 호환성에 의한 네트워크 외부효과로 설명된다.

표준은 또한 생산공정의 혁신을 통한 규모의 경제(scope of economy)를 가능케 하고, 판매경쟁을 가속화시키며 신기술개발을 촉진하고 매출증대를 가능하게 하므로, 사업전략을 짤 때 표준화부터 생각해야 한다. 표준을 잡는 것이 곧 시장장악을 의미하기 때문이다.

표준은 거래되는 재화나 서비스 및 생산과정에 대한 정보를 일률적으로 제공하여 거래비용을 감소시킴으로써 구매자의 이익을 증진시킬 수 있게 되는 것이다. 즉, 표준은 정보를 제공하는 역할을 통하여 시장에서 거래행위에 부수되는 탐색비용(search cost)과 측정비용(measurement cost)을 감소시키는 기능을 갖게 된다.

또한 표준은 기술혁신을 가속화시키는 기능을 갖고 있다. 경쟁전(pre-competitiveness) 단계에서 사실상의 표준이 형성되면, 이에 따른 기업의 이익이 막대하기 때문에 많은 기업들이 첨단기술 분야의 신기술개발을 통한 사실상의 표준을 획득하기 위한 노력을 강화하고 있다. 이는 최근 첨단산업과 정보통신, 전기전자분야에서 두드러지게 나타난다.

아울러 제품의 품질, 건강, 안전 등의 분야에서의 표준은 생활의 편익을 증진시키고 삶을 윤택하게 할 수 있는 효과를 줄 수가 있다.

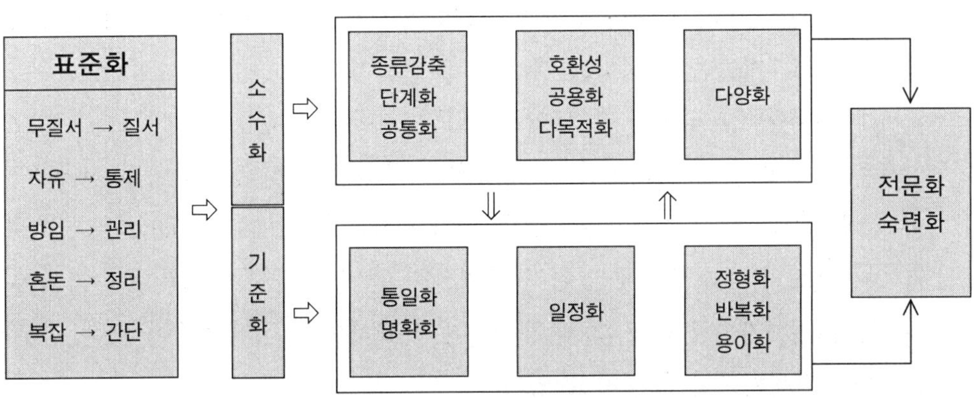

[그림 1-2] 표준화의 효과

이는 표준의 공공재적인 성격에서 유래하는데, 사회 전체적 목표를 달성하는 데 표준이 기여하는 정도가 커짐에 따라 이에 대한 관심이 증가하고 있다.

끝으로 국제표준은 국제교역의 활성화를 촉진하며 재화의 자유로운 이동을 가능하게 함으로써 세계시장의 평준화를 가져올 뿐만 아니라 세계경제 발전에 기여할 수 있다.

2) 표준의 기능

표준(standards)이란 관계되는 사람들 사이에서 이익 또는 편리가 공정하게 얻어지도록 통일 · 단순화를 도모할 목적으로 물체 · 성능 · 배치 · 상태 · 동작 · 절차 · 방법 · 수속 · 책임 · 의무 · 권한 · 사고방법 · 개념 등에 대하여 내린 결정을 말하며, 표준화(standardization)란 표준을 설정하고 이를 활용하는 조직적인 행위(KS A 3001)로 정의되는 바, 표준은 크게 다음의 세 가지로 의미를 부여할 수 있을 것이다.

첫째, 표준은 사회 · 경제적인 효율을 제고하는 수단이 된다.

표준은 자원에서 제품이나 서비스로 변환시키는 모든 과정에 적용되어 생산의 효율을 증가시키고 품질의 향상과 소비자를 보호하는 효과를 가져오며, 제품 위주에서 유통 · 물류 · 소프트웨어 · 서비스 등 전 산업분야로 확대되어 다가오는 21세기 노령화사회, 정보화 사회에 대비한 필수적인 기술로 인식되고 있다.

둘째, 표준은 산업기술기반이 된다.

성숙한 기술의 표준화뿐만 아니라 정보기술 · 멀티미디어 · HDTV · DVD 등 신기술에 대한 선행적 표준화는 산업기술발전의 기반이 되며, 기술에의 중복 투자를 방지하고 기술을 이전하는 데에도 필수적이다.

셋째, 표준은 교역증대 및 무역자유화의 기반이 된다.

표준의 부합화와 이를 통한 상호 인정은 무역증대 및 경제통합의 전제조건이 되는 바, WTO / TBT 협정(agreement on Technical Barriers to Trade)은 국가표준과 인증제도가 국제무역에 있어서 불필요한 장벽이 되지 않도록 보장하여야 하며, 국가표준(기술규정 포함)을 제정 · 개정할 때에는 국제표준이 있는 경우 이를 채택 적용하도록 규정하고 있다.

1.2 국제표준화기구 소개

1. 표준의 태동 및 발전

인류 역사상 최초의 표준은 BC 7000년경 이집트에서 무게의 단위로 사용하였다는 표준화된 원통모양의 돌로 알려져 있다. 동양에서도 진시황이 중국을 통일한 후 첫 번째로 시행한 일 중의 하나가 한자와 도량형을 통일한 것으로 기록되어 있는 것으로 보면 고금을 막론하고, 집권자가 국부를 늘리려는 수단으로서 민간의 상거래에 대한 공정성을 제공하는 한편 조세징수의 편의를 도모하고자 표준을 제정, 운영했다는 데는 이의가 있을 수 없다.

이후 인류의 기술이 발전하게 됨에 따라 표준화가 몇 가지 역할을 추가적으로 수행하게 되는 데 그 중 가장 중요한 것으로 다음을 예로 들 수 있다.

먼저 표준부품의 활용이다. 17세기의 네덜란드인들은 어선을 제조하기 전에 교체가 가능한 부품의 수를 정하고, 이 부품들을 모듈화함으로써 어선을 획기적으로 빠른 시간에 제조할 수 있는 기술을 개발하였다. 이러한 표준화에 대한 네덜란드의 전통은 현재까지도 이어지고 있어, 네덜란드의 표준화기구 ISO 및 IEC에서 30개에 이르는 기술위원회의 국제간사직을 수행하는 등 국제표준화 활동에서 상당부분의 지분을 확보하고 있다.

네덜란드인들의 경험은 미국으로 전파되어 결실을 맺게 되었는데, 표준화의 아버지로 불리는 Eli Whitney는 과거의 군용 소총들이 한 정씩 수작업으로 개별 제조됨에 따라 제조시간이 오래 걸리는 한편, 하나의 부품만 고장이 나더라도 이것을 전장에서 바로 교환할 수 없어, 사용할 수가 없게 되는 단점을 해결하기 위한 방안으로, 총기에 들어가는 부품들을 모두 표준화하고 공작기계를 사용하여 부품을 생산하는 방법을 제시하였다.

당시 획기적이었던 표준부품의 사용이라는 기술로 남북전쟁에서 북군이 승리하는 데 중요한 역할을 한 바가 있다. 또한 제품만이 아니라 제조공정에도 표준화가 적용되기 시작했는데, 이를 선도한 사람은 자동차왕으로 불리는 헨리 포드이다.

헨리 포드는 숙련노동자 몇 명과 도제들로 이루어진 작업반이 자동차를 생산하는 방식에서 벗어나 경영자가 실권을 갖게 하기 위한 방법으로서, 모든 자동차 제조공정을 세분화하고, 표준화하여 유럽에서 미국으로 건너온 지 얼마되지 않은 비숙련 노동자라도 단기간의 직무훈련 후 바로 생산현장에 투입될 수 있도록 하였다. 이를 통해 헨리 포드는 당시로서는 최고수준의 임금을 일반 노동자에게 지불하면서도 회사 전체로서는 가장 높은 경쟁력을 가질 수 있도록 하는데 성공하였다.

이와 같은 제품표준화와 생산공정의 표준화는 서로 연결되어 20세기 산업사회의 성격을 결정짓는 대량생산시대를 가능하게 하는데 가장 큰 기여를 한 것으로 평가된다.

상기의 사례 이외에도 표준화가 세인의 관심을 크게 증대시킨 구체적인 역사적 사건으로 볼티모어의 대화재를 들 수 있다. 1904년 볼티모어 시내 중심가에서 화재가 발생하였으나, 충분한 소방차를 구할 수가 없어 타 도시에서 가져온 소방차의 호스와 볼티모어의 소화전간에 연결부위의 규격이 서로 달라 사용이 불가능하였다. 이에 따라 초기 진화가 가능할 수도 있었던 불길이 대화재로 번져 70개 블록의 1,526동에 이르는 건물이 소실되는 등, 수많은 인명 및 재산피해를 입게 되었으며, 많은 서구인들이 표준화의 중요성을 깨닫는 계기가 되었다.

2. 국제표준의 태동

앞서 기술한 사례들은 모두 표준화의 좋은 사례이기는 하나 국제표준의 탄생을 설명해 주지는 않는다. 국제표준을 인류가 필요로 하게 되기까지에는 몇 가지 다른 요건들이 성숙되어야 했기 때문이다. 우선 국제표준이라는 것은 국가간에 교역 또는 교류가 본격적으로 있기 전에는 그것도 다자간 교역이 활성화되기 전에는 필요가 없다는 것이다.

예를 들어 완전한 폐쇄경제를 갖고 있는 나라가 있다면 그 나라는 국가표준은 필요할지언정 국제표준은 필요하지 않은 것과 같은 이치다. 따라서 인류가 국제교역을 본격적으로 수행하기 전까지는 국제표준의 필요성은 별로 강조되지 않았다. 국제교역이 활성화되는 데에는 우선 국가별로 잉여재화가 많이 발생하여야 하는 것이 필요하였다.

초기 농업사회에서는 국가별로 생산할 수 있는 재화의 양은 그 국가의 지력이 결정하였다. 인구도 지력에 달려있었으며, 당연히 이들이 생산할 수 있는 재화의 양도 지력의 범위를 넘어서지 못했다. 따라서 국가 간 교역은 일부 부유층의 호사를 만족시키거나 전략적으로 꼭 필요한 품목에만 한정될 수밖에 없었다. 이러한 생산량의 한계를 극복하게 한 것이 산업혁명이었다.

이때부터 재화의 생산을 기계가 인간보다 훨씬 높은 생산성으로 담당할 수 있게 되었기 때문에, 영국과 같이 지력이 떨어지는 국가도 대량으로 직물을 생산할 수 있게 되었고, 이로 인해 발생하는 잉여재화를 본격적으로 해외시장에 팔기 위해 노력하게 되었다.

따라서 인류가 다자간 국제교역을 본격적으로 수행하기 시작한 시기는 1850년대 이후이며, 바로 이 시기부터 인류는 국제표준의 필요성을 느끼게 되었고, 바로 이 시기가 현재도 활동하고 있는 많은 국제기구들이 태동한 시기와 일치한다. 또한 이 시기는 영국이 대영제국으로서의 활동을 본격화하고, 수에즈운하가 개통(1869년)되어 세계화가 활성화된 시기와도 일치한다.

〈표 1-5〉 1850년~1900년까지 국제표준 관련 주요 국제기구의 설립

1853년	해상 기상관측결과의 통일시스템 채택을 위한 브뤼셀 해사회의
1863년	만국우편연맹 파리 회의
1864년	세계도량형기구 설립을 위한 1차 회의
1865년	만국전기통신연맹 파리 회의
1884년	표준 자오선 워싱턴 회의
1896년	국제해사기구 회의
1897년	국제해사전신 회의

3. 국제표준기구의 설립

이상과 같은 배경하에서 공식적인 국제표준제정 논의가 시작되기 시작한 것은 미터시스템을 통한 도량형의 통일을 다루기 위한 국제적 기구로서 국제도량형국(BIPM : Bureau Internationale des Poids et Measures)이 설립되면서부터라고 할 수 있다. 이 시기의 국제규격들은 시간과 항해에 관련되는 규격이 대부분이었는 바, 1884년 전세계(물론 유럽이 주도)가 그리니치 천문대를 통과한 자오선

을 경도의 '0'으로 승인한 것이 대표적인 예이다.

이 조직은 1921년에 표준화의 대상을 확대하여 전기단위나 전기표준을 취급하게 되고, 그 후의 작업활동에서 전기단위를 세계적으로 승인시키는 성과를 올렸다. 1904년 9월 미국의 세인트루이스 국제전기회의에서 각국 정부대표는 "세계의 기술협력을 공고히 하여 전기기기의 용어 및 정의에 대한 표준화 문제를 심의하는 대표자회의를 설치하고 보조를 맞추어야 한다"고 결의하였다.

이의 후속조치로 그 준비회의가 1906년 6월 미국 · 영국 · 이탈리아 · 오스트레일리아 · 네덜란드 · 캐나다 · 스위스 · 스페인 · 독일 · 일본 · 헝가리 · 프랑스 · 벨기에 등 13개국 대표가 참석한 가운데 런던에서 열려 최초의 규약을 작성하였다.

1908년 10월의 런던회의에서는 1906년의 규약안을 수정 · 보완하였으며, 여기서 국제전기기술위원회(IEC : International Electrotechnical Commission)가 14개국의 회원으로 정식 발족하였는 바, 국제표준화는 전기기술분야에서부터 시작되었다고 할 수 있다.

IEC의 소재지는 IEC 창설을 주도한 영국의 런던에 두었으며, 1947년에 제네바로 이전할 때까지 존속되었다. 이후 IEC는 국제표준화의 흐름에 맞추어 발전을 계속하여 1963년에 이르러서는 현재와 같은 IEC의 조직을 갖추게 되었다. IEC 설립에 영향을 받은 타분야, 특히 기계공학분야에서의 표준화를 위한 국제적 협력 가능성이 모색되기 시작하였다.

1926년, 세계의 주요 표준화추진국가(20여개국)들이 뉴욕에서 회의를 개최하고, 국가표준협회국제연맹(ISA : International Federation of the National Standardization Association)을 창설했다.

1929년 대공황의 여파 및 전쟁발발의 징후가 증대함에 따라 30년대 말에 몇몇 회원국이 탈퇴했으며, 제2차 세계대전이 발발함에 따라 1942년 ISA는 공식적으로 활동을 중지했다.

1944년에 18개 연합국으로 구성된 유엔표준화조정위원회(UNSCC : United Nations Standards Coordinating Committee)가 전쟁의 와중에 ISA의 역할을 이어받았으나 이는 임시적인 전시기구에 불과하였다.

제2차 세계대전 종전 후 1946년 10월 14일 25개국 64명의 대표들이 공업표준화의 국제적인 협력을 용이하게 할 목적으로, 새로운 국제표준화기구를 창설하기 위해 런던에서 회합하여 ISO(International Organization for Standardization)를 설립하기로 결정하였으며, 동년 10월 24일 첫 임시총회를 런던에서 개최하였다. 이 회의에서 ISO의 헌장 및 시행규칙이 만장일치로 채택되었고, 15개 국가위원회로부터 승인을 받는 즉시 공식적인 기능을 개시하기로 결정하였다.

1947년 2월 23일 15개국의 승인이 임시 중앙사무국에 접수되어 이 날이 ISO의 설립일로 기록되고 있다. 동시에 IEC는 독립을 유지하면서 ISO의 전기부회로 가입하여 참여키로 결정하였다.

현재 세계 각국은 최초로 25개국 64명이 런던에서 모인 1946년 10월 14일을 국제표준의 날로 정하여 매년 기념행사를 개최하고 있다.

4. 국제표준화기구의 개요

1) 목 적

국제표준화기구(ISO, http : //www.iso.org)의 설립목적은 ISO 정관(statute) 제2조에 명기된 바와 같이 상품 및 서비스의 국제적 교환을 촉진하고, 지적, 과학적, 기술적, 경제적 활동분야에서의 협력 증진을 위하여 세계의 표준화 및 관련 활동의 발전을 촉진시키는 데 있다. 이러한 목적달성을 위하여 ISO는 다음과 같은 업무를 수행할 수 있다.

- 표준 및 관련 활동의 세계적인 조화를 촉진시키기 위한 조치를 취한다.
- 국제규격을 개발 · 발간하며 이 규격들이 세계적으로 사용되도록 조치를 취한다.
- 회원기관 및 기술위원회의 작업에 관한 정보의 교환을 주선한다.
- 관련 문제에 관심을 갖는 다른 국제기구와 협력하고, 특히 이들이 요청하는 경우 표준화사업에 관한 연구를 통하여 타국제기구와 협력한다.

2) 회 원

ISO의 회원은 정회원(members bodies), 통신회원(correspondent members) 및 간행물 구독회원(subscriber members)으로 구분된다.

정회원은 각국의 표준화 분야에서 가장 널리 대표적인 국가표준기관으로서, ISO 절차규정에 의거 ISO 입회가 허용된 국가표준기관이다. 정회원이 없는 국가의 경우 표준화에 관심있는 국가기관은 이사회에서 규정한 절차에 따라 투표권 없이 통신회원 또는 간행물 구독회원으로 등록할 수 있다. 한 국가에서 오직 하나의 기관만이 회원자격을 획득할 수 있다.

정회원 가입을 위해서는 이사회에서 최소 14개국의 찬성표를 획득하여야 한다. 이러한 찬성표를 획득하지 못하는 경우에 신청기관은 ISO에 이의를 제기할 수 있으며, 이러한 경우 이 문제를 전체 회원국에 회부시켜 회원국 3/4이상의 찬성을 얻으면 가입이 허용된다. ISO의 정회원기관은 회원자격의 취득과 동시에 매년 분담금 납부에 동의하여야 한다.

2016년 2월 15일 기준으로 국제표준화기구에는 162개국이 회원으로 가입되어 있으며, 정회원(member bodies)에 119개국, 통신회원(correspondent member)에 39개국, 간행물 구독회원(subscriber member)에 4개국이 활동하고 있다.

우리나라는 (前)공업진흥청 표준국이 KBS(Korean Bureau of Standards)라는 명칭으로 우리나라를 대표하여 1963년 ISO에 Member body로 최초 가입하였으며, 1999년 이후로는 기술표준원(KATS : Korean Agency for Technology and Standards, http : //www.kats.go.kr)이 정회원으로 활동하고 있다.

3) 언 어

ISO의 공식언어는 영어, 불어 및 러시아어이다. 이와 관련 러시아의 회원기관은 모든 러시아어 통역 및 번역을 제공해야 할 의무를 진다. ISO에서 발행하는 국제규격 및 가이드와 총회 및 이사회 회의록은 영어, 불어, 러시아어로 출판된다. 정회원기관은 그들 자신의 책임하에 ISO가 발간한 출판물 및 문서를 다른 언어로 번역할 수 있다.

4) ISO의 조직

ISO의 조직은 총회, 이사회, 중앙사무국, 정책개발위원회, 이사회상임위원회, 특별자문그룹, 기술관리부 및 실제규격 제정작업을 담당하는 다수의 기술위원회(TC)와 산하의 전문위원회(SC) 및 작업반(WG)으로 구성된다. 조직은 [그림 1-3]과 같다.

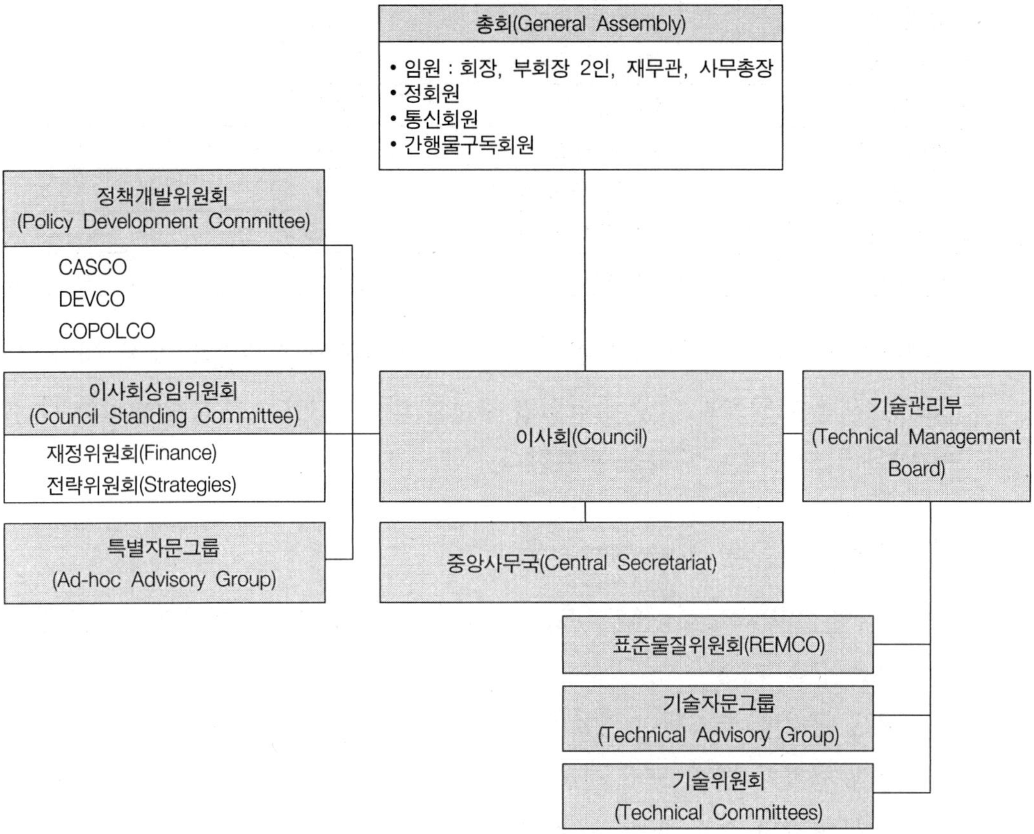

[그림 1-3] ISO 조직(2016.2 현재)

5) ISO의 표준화 작업절차

ISO 규격 제정절차는 일반적으로 제안단계부터 발행단계까지 6단계로 구분된다. 각 단계별 제정절차는 ISO / IEC 기술지침서에 다음과 같이 기술되어 있다.

(1) 단계 0 : 예비단계(preliminary work stage)

아직은 후속 단계로 진행시키기에는 충분히 성숙되지 않았지만, 소속 P멤버의 단순과반수 투표에 의해 기술위원회 또는 분과위원회는 예비작업 항목을 업무 프로그램에 도입할 수 있다(예를 들면, 부상하는 기술분야).

〈표 1-6〉 ISO 규격 제정절차

프로젝트 단계	관련 문서	
	명 칭	약 어
0 예비단계	예비업무 항목	PWI
1 제안단계	신규업무 항목 제안	NP
2 준비단계	작업 초안	WD
3 위원회단계	위원회 초안	CD
4 질의단계	질의안(국제규격안)	DIS
5 승인단계	최종 국제규격안	FDIS
6 발간단계	국제규격	IS

예비단계는 목표기한이 설정될 수 없는 작업 항목에 적용된다. 모든 예비작업 항목은 해당 위원회에 의한 정기적인 검토를 받아야 한다. 해당 위원회는 각 작업 항목에 요구되는 자원을 평가한다.

(2) 단계 1 : 제안단계(proposal stage)

신규작업 초안(NP : New work item Proposal)은 다음 사항에 대한 제안을 말한다.

- 신규 규격 제정
- 현행 규격에 추가되는 새로운 내용
- 현행 규격의 개정 또는 부분 개정
- 현행 규격의 수정 또는 부분 수정
- TR(Technical Report), TS(Technical Specification), ITA(Industry Technical Agreement)

(3) 단계 2 : 준비단계(preparatory stage)

준비단계는 ISO / IEC 기술작업지침서 제3권에 따른 작업 초안(WD : Working Draft) 작성단계이다. 신규 프로젝트가 승인되면, 프로젝트 책임자는 필요하다고 생각될 때 국가회원기관에게 전문가 지원을 요청할 수 있다.

(4) 단계 3 : 위원회단계(committee stage)

위원회단계(CD : Committee Draft)는 회원기관의 코멘트를 검토하는 단계이다.

그러므로, 회원기관은 위원회안을 신중하게 검토하여, 준비단계에서 적합한 모든 코멘트를 제출하여야 한다. 검토를 위하여 1차 위원회안은 기술위원회 또는 분과위원회의 모든 P멤버와 O멤버에게 명확한 회신 마감일자와 함께 가능한 조속히 회부되어야 한다.

(5) **단계 4 : 질의단계**(enquiry stage)

질의단계에서 질의안은(DIS : Draft International Standard) 4주 내에 중앙사무국에 의해 모든 국가회원기관에 5개월의 기한을 주고 배포되어야 한다. 이 단계에서 질의안은 필요한 경우 공개 질의에 활용될 수 있다. 회원기관은 중앙사무국으로부터 투표지의 접수 마감일자를 통보받는다.

투표종료 후 사무총장은 신속한 후속 조치를 위해 4주 내로 투표결과를 접수된 코멘트와 함께 기술위원회 또는 분과위원회의 의장과 간사에게 보내야 한다. 회원기관에 의해 제출된 투표내용은 명확해야 한다(찬성 또는 반대, 기권).

찬성투표는 편집상의 코멘트나 기술상의 경미한 코멘트를 수반할 수 있으며, 이해의 차원에서 간사는 기술위원회 또는 분과위원회의 의장과 협의하여, 코멘트 처리방법을 결정한다.

(6) **단계 5 : 승인단계**(approval stage)

승인단계에서 최종 국제규격안(FDIS : Final Draft International Standard)은 모든 회원기관에게 경제적으로 활용될 수 있는 가장 빠른 방법으로 지체없이 중앙사무국에 의해 2개월의 투표기한으로 회부된다. 회원기관은 중앙사무국으로부터 투표지의 접수 마감일자를 통지받는다.

찬성투표를 할 경우, 회원기관은 어떠한 코멘트도 제출해서는 안된다. 최종 국제규격안을 수용할 수 없다고 판단하는 경우, 회원기관은 반대투표를 하고 이에 대한 기술적 사유를 명시해야 한다. 수정안 수용에 따른 조건부 찬성투표는 하지 않아야 한다.

투표를 위해 회부된 최종 국제규격안은 다음과 같은 조건일 경우 승인된다.

- 기술위원회 또는 분과위원회 P멤버 투표수의 2/3 이상이 찬성하거나
- 전체 투표수 중 1/4 이하가 반대할 경우

(7) 단계 6 : 발간단계(publication stage, international standard 발간)

2개월 내에 중앙사무국은 기술위원회 또는 분과위원회의 간사기관에 의해 지적된 오류를 시정하고, 국제규격으로 인쇄하여 배포한다. 국제규격의 발간과 함께 발간단계는 종료된다.

6) ISO의 기타 규격

ISO는 일반적인 국제규격 이외에 PAS(Publically Available Specification), 기술시방서(technical specification), 기술보고서(technical report), ITA(Industry Technical Agreement), 가이드(guide) 등을 발간하고 있다.

5. ISO 9001 & 14001 품질 / 환경경영시스템의 연혁

국제표준화기구의 조직에는 기술관리부(Technical Management Board)산하에 여러 개의 기술위원회(TC : Technical Committee)가 있다.

TC 176에서는 ISO 9000 품질경영시스템, TC 207에서는 ISO 14000 환경경영시스템 관련 규격을 제정하며, 각 TC에는 각각 부회(sub committee), 작업반(working group)이 있다.

ISO 9000 품질경영시스템의 뿌리는 1959년에 제정된 미국방성규격(US military Defense Standards) MIL-Q-9858과 이를 응용하여 1979년에 제정한 영국 표준 BS 5750 Pt 1 / 2 / 3을 모델로 하여 1987년 ISO 9001, 9002 및 9003 품질관리시스템 패밀리(family) 규격으로 제정되었다.

이어 1994년 ISO 9001, 9002 및 9003 품질보증시스템 패밀리 규격으로의 개정을 거쳐 2000년 ISO 9001 품질경영시스템으로 단일화 되었으며, 2008년 부분적인 개정을 거쳐 2015년 9월 몇 가지 의미있게 개정되어 오늘에 이르고 있다.

ISO 14001 환경경영시스템은 영국의 BS 7750을 토대로 1996년 최초로 제정되었으며, 2004년에 1차 개정되었고, 2015년 9월에 2차 개정되어 오늘에 이르고 있다.

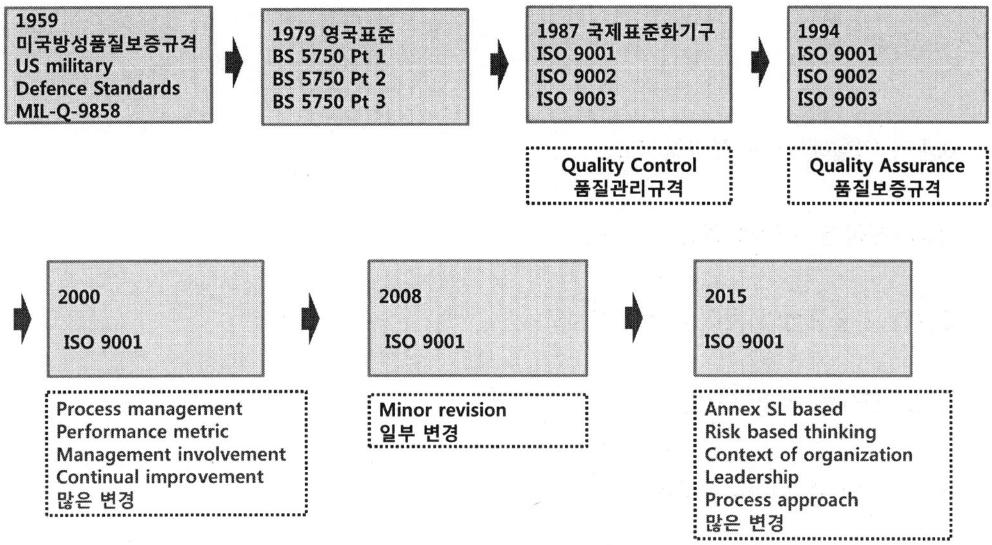

[그림 1-4] ISO 9001 품질경영시스템 요구사항의 개정 이력

각 기업들은 이미 ISO 9001은 2008년판, 14001은 2004년판으로 구축되어 있을 것이나, 이는 최소한 2018년 9월 15까지는 2015년판으로 재구축하여 전환심사를 받아야 할 것이다. 이를 위해 2015년 개정본에 대한 이해가 필요할 것이며, 현재의 표준문서 일부분을 보완하고 연계성을 다시 구성하여야 할 것이다.

연습문제

1. 표준의 역할에 대해 설명하시오.
2. 커뮤니케이션 수단의 예를 드시오.
3. 표준과 기술규정의 차이를 설명하시오.
4. WTO / TBT를 설명하시오.
5. 적합성 평가를 설명하시오.
6. 임의제도와 강제제도의 차이를 설명하시오.
7. 제품인증과 시스템 인증의 차이를 설명하시오.
8. 제품(서비스)이나 부분품, 원자재 등을 표준화함으로써 기대하는 효과를 쓰시오.
9. 사실상의 표준과 공정 표준의 차이를 설명하시오.
10. 표준의 영역에 의한 분류를 기술하시오.
11. 국제표준의 제정절차에 대해 기술하시오.

제2장

ISO 9001 & 14001 : 2015 주요 변경사항

2.1 HLS(High Level Structure)

2015년에 개정된 ISO 9001 품질경영시스템과 14001 환경경영시스템에는 몇 가지 의미있는 변화가 있다.

우리는 경영시스템의 홍수 속에 살고 있다. 1987년 ISO 9000으로 시작된 경영시스템 표준은 21세기에 들어와서 유행처럼 우후죽순 생겨났고, 2015년 7월 현재 약 20종에 이르고 있다. 이러한 표준은 주제만 다를 뿐 본문 내용상으로는 그다지 차이가 없음에도 불구하고 조항의 구성과 본문의 표현방식, 조항의 명칭이 각기 달라 이를 이용하는 사용자들에게 큰 혼선을 빚고 있었다.

경영시스템의 구조를 표준화하기 위한 방법으로 개별 표준보다 상위의 개념에서 공통되는 내용을 정한 것이 HLS(High Level Structure : 통일된 상위레벨구조)이며, '경영시스템 국제표준의 기본 틀'이라고 정의할 수 있다.

〈표 2-1〉에서 보는 바와 같이 ISO 9001 : 2008년판과 ISO 14001 : 2004년판은 각기 다른 요구사항의 배열을 갖고 있으나, 2015년판에서는 동일한 배열을 갖는 것이다.

조직의 표준문서에서의 HLS란 예를 들면 절차서의 내용전개에서 1. 적용범위,

〈표 2-1〉

ISO 9001 : 2008	ISO 14001 : 2004	ISO 9001 & 14001 : 2015
0. Introduction(서문)		0. Introduction(서문)
1. Scope(적용범위)		1. Scope(적용범위)
2. Normative Reference(인용표준)		2. Normative Reference(인용표준)
3. Terms and Definition(용어와 정의)		3. Terms and Definition(용어와 정의)
4. Quality Management System(품질경영시스템)	4. Environmental Management System(환경경영시스템)	4. Context of the Organization (조직의 상황)
5. Management Responsibility (경영책임)	4.1 General Requirement(일반사항)	5. Leadership(리더십)
	4.2 Environmental Policy(환경방침)	6. Planning(기획)
6. Resources Management(자원관리)	4.3 Planning(기획)	7. Support(지원)
7. Product Realization(제품실현)	4.4 Implementation & Operation(실행 및 운영)	8. Operation(운용)
8. Measurement(측정), Analysis(분석) and Improvement(개선)	4.5 Checking(점검)	9. Performance Evaluation(성과평가)
	4.6 Management Review(경영검토)	10. Improvement(개선)

2. 목적, 3. 용어의 정의, 4. 책임과 권한, 5. 업무절차(각 sub-process별로 전개), 6. 관련 양식 및 보관 / 보존기간, 7. 관련 표준, 8. 별첨 … 등으로 일관성 있게 전개하는 것을 의미한다.

1. 공통용어 및 핵심 정의

경영시스템 표준의 명확한 이해를 위해서는 용어의 통일과 용어에 대한 이해가 중요하다. HLS에서 사용된 다음의 21개 공통 용어 및 핵심 정의(common terms and core definition)는 모든 경영시스템에서 동일하게 사용된다는 의미이다.

3.1.1 top management(최고경영자)	3.7.1 objective(목표)
3.2.1 organization(조직)	3.7.8 performance(성과)
3.2.3 interested party(이해관계자)	3.7.9 risk(리스크)
3.3.2 continual improvement(지속적 개선)	3.7.11 effectiveness(효과성)
3.4.1 process(프로세스)	3.8.6 documented information(문서화된 정보)
3.4.6 outsource(아웃소스)	3.10.4 competence(적격성)
3.5.3 management system(경영시스템)	3.11.3 monitoring(모니터링)
3.5.8 policy(방침)	3.11.4 measurement(측정)
3.6.4 requirement(요구사항)	3.12.2 corrective action(시정조치)
3.6.9 nonconformity(부적합)	3.13.1 audit(심사)
3.6.11 conformity(적합성)	

ISO 9000 : 2015 품질경영시스템 - 기본사항 및 용어는 위의 용어를 포함한다.

2. 동일한 핵심 텍스트

동일한 핵심 텍스트(identical core text)란 경영시스템 요구사항 5항 리더십을 보면 다음과 같다.

5.1 리더십 및 의지

"최고경영자는 XXX 경영시스템에 관한 리더십 및 의지를 실증하여야 한다."

a) XXX 경영시스템의 효과성에 대한 책무(accountability)를 짐

b) XX 방침과 XX 목표가 XXX 경영시스템을 위하여 수립되고, 조직상황과 전략적 방향과 조화됨을 보장－고 되어 있는데, XXX는 품질 / 환경 / 안전보건 …에 공통적으로 적용될 수 있다는 의미이다.

2.2 조직의 상황에 대한 이해

ISO 9001 & 14001 / 4. 조직 상황

4.1 조직 및 조직 상황 이해(understanding the organization and its context)

조직은, 조직의 목적 및 전략적 방향과 관련 이 있는 외부 및 내부 이슈를, 그리고 품질경영시스템의 의도된 결과를 달성하기 위한 조직의 능력에 영향을 주는 외부 및 내부의 이슈를 정하여야/규명하여야 한다. 이러한 이슈에는 조직에 의해 영향을 받거나 영향을 미칠 수 있는 환경여건(environmental condition)이 포함되어야 한다.

조직은 이러한 외부 및 내부 이슈에 대한 정보를 모니터링하고 검토하여야 한다.

비고 1 이슈에는 긍정적, 부정적 요인 또는 고려해야 할 조건(상태)이 포함될 수 있다.

비고 2 국제적, 국가적, 지역적 또는 지방적이든 법적, 기술적, 경쟁적, 시장, 문화적, 사회적 및 경제적 환경에서 비롯된 이슈를 고려함으로써, 외부 상황에 대한 이해를 용이하게 할 수 있다.

비고 3 조직의 가치, 문화, 지식 및 성과와 관련 되는 이슈를 고려함으로써 내부 상황에 대한 이해를 용이하게 할 수 있다.

경영시스템을 구축하려는 조직이나 기 구축되어 있는 조직에서 '상황을 파악하는 것'은 매우 중요한 일이며, 일반적으로 '상황파악'은 조직의 전략을 수립하기 위한 준비작업으로 수행된다.

상황=(외부+내부 이슈)+관련된 이해관계자의 관련 이해관계 사항이라고 할 수 있으며, 내부 및 외부 이슈는 조직에 대해 나쁜점, 위험성, 리스크(risk)도 있을 수 있지만 기회(opportunities)의 요인이 될 수도 있다.

내부 및 외부 이슈는 관련된 이해관계자에 따라 변할 수 있기 때문에 상황은 주기적으로 재검토되어야 한다. 조직의 상황을 분석하는 기법은 다양하다.

일반적으로 경영에 영향을 주는 외부 환경파악과 같은 일반 환경분석, 회사 자신의 경쟁 환경요소를 도출하는 경쟁 환경분석, 경영에 영향을 주는 내부 환경요소를 파악하는 내부 역량분석, 회사의 비전/전략/과제를 중심으로 핵심성공요소(CSF : Critical Success Factor)를 도출하는 비전/전략 분석 등이 있다.

내부 및 외부 상황을 파악하는 대표적인 기법의 예는 다음과 같다.

1. 경쟁세력 모델

마이클 포터(Michael E. Porter)가 특정 산업 내의 경쟁정도를 분석하기 위한 도구로 제안한 것으로 기업은 해당 산업 내에 있는 5개의 경쟁세력(competitive 5-forces)과 경쟁하는 관계에 있다고 가정한다. 이들 경쟁세력들의 강도가 높으면 산업 내의 전반적인 경쟁강도도 높으며, 따라서 기업의 기대이윤도 낮아진다.

경쟁세력 모형은 산업 내의 경쟁세력의 움직임에 적절히 대응함으로써 전반적인 경쟁강도를 약화시킬 수 있는 방안을 모색하는데 활용하며 주요 내용은 〈표 2-2〉와 같다.

〈표 2-2〉

구 분	주요 내용
구매자의 교섭력 (bargaining power of buyers)	구매자가 대량 구매자일 경우 교섭력이 크다. 교섭력이 크면 타 공급자에게 전환한다고 협박이 가능하다. 교섭력이 크면 품질 격상이나 가격인하 요구가 가능하다.
공급자의 교섭력 (bargaining power of suppliers)	산업 내에 공급자가 몇 안될 때 교섭력이 클 수 있다. 교섭력이 클 경우, 가격인상이나 품질저하의 가능성이 있다.
신규진입자의 위협 (threat of new entrants)	진입장벽이 낮을 때, 시장진입의 위협이 높다. 진입장벽의 첨단기술, 대규모 자본투자, 정부규제의 예가 있다.
대체 재화 / 용역의 위협 (threat of substitute goods or services)	대체재의 가격이 매우 낮을 때 혹은 위협이 강하다. (예 커피와 홍차, 병원과 한의원)
기존 경쟁사들간의 경쟁 (competition among existing rivalry)	산업 내 기존 기업들간의 경쟁 경쟁형태는 가격, 광고, 제품품질 / 기능, 서비스, 시간이다.

2. SWOT 분석

어떤 기업의 내부환경을 분석하여 강점과 약점을 발견하고, 외부환경을 분석하여 기회와 위협을 찾아내어 이를 토대로 강점은 살리고 약점은 죽이고, 기회는 활용하고 위협은 억제하는 마케팅 전략을 수립하는 것을 말한다.

이때 사용되는 4요소를 강점 · 약점 · 기회 · 위협(SWOT : Strength, Weakness, Opportunity, Threat)이라고 하는데, 강점은 경쟁기업과 비교하여 소비자로부터 강점으로 인식되는 것은 무엇인지, 약점은 경쟁기업과 비교하여 소비자로부터 약점으로 인식되는 것은 무엇인지, 기회는 외부환경에서 유리한 기회요인은 무엇인지, 위협은 외부환경에서 불리한 위협요인은 무엇인지를 찾아낸다. 기업 내부의 강점과 약점을, 기업 외부의 기회와 위협을 대응시켜 기업의 목표를 달성하려는 SWOT 분석에 의한 마케팅 전략의 특성은 다음과 같다.

- SO전략(강점 - 기회전략) : 시장의 기회를 활용하기 위해 강점을 사용하는 전략을 선택한다.
- ST전략(강점 - 위협전략) : 시장의 위협을 회피하기 위해 강점을 사용하는 전략을 선택한다.
- WO전략(약점 - 기회전략) : 약점을 극복함으로써 시장의 기회를 활용하는 전략을 선택한다.
- WT전략(약점 - 위협전략) : 시장의 위협을 회피하고 약점을 최소화하는 전략을 선택한다.

학자에 따라서는 기업 자체보다는 기업을 둘러싸고 있는 외부환경을 강조한다는 점에서 위협 · 기회 · 약점 · 강점(TOWS)으로 부르기도 한다(두산백과).

〈표 2-3〉

	Helpful(목표에 대해 도움을 줌)	Harmful(목표에 대해 해로움)
Internal (조직 내부)	Strength(강점) – –	Weakness(약점) – –
External (조직 외부)	Opportunities(기회) – –	Threats(위협) – –

3. Bench Marking 기법

어느 특정 분야에서 우수한 상대를 표적으로 삼아 자기 기업과의 성과차이를 비교하고, 이를 극복하기 위해 그들의 뛰어난 운영과정을 배우면서 부단히 자기 혁신을 추구하는 경영기법이다.

즉, 뛰어난 상대에게서 배울 것을 찾아 배우는 것이다. 벤치마킹은 원래 토목 분야에서 사용되던 말이었다. 강물 등의 높낮이를 측정하기 위해 설치된 기준점을 벤치마크라고 하는데, 그것을 세우거나 활용하는 일을 벤치마킹(bench marking)이라고 하였다.

그 후 컴퓨터 분야에서 각 분야의 성능을 비교하는 용어로 사용되다가 기업경영에 도입되었다. 벤치마킹 기법을 활용한 경영혁신의 추진은 일반적으로

- 벤치마킹 적용분야의 선정
- 벤치마킹 상대의 결정
- 정보수집
- 성과와 차이의 확인 및 분석
- 벤치마킹 결과의 전파 및 회사 내 공감대 형성
- 혁신계획의 수립
- 실행 및 평가

의 순으로 진행된다. 벤치마킹을 성공적으로 활용하기 위해서는 벤치마킹의 적용분야, 상대, 성과측정지표, 운영과정이라는 벤치마킹의 4가지 구성요소에 대한 명확한 이해가 필요하다.

경쟁사나 동일업종에서의 국내 Top, 세계적인 Top에 대해 그들의 이슈가 무엇이고, 그들을 극복하기 위해 벤치마킹하면서 Gap을 해소해 나가는 것은 조직의 지속적인 발전에 큰 도움이 될 것이다.

〈표 2-4〉

비교 항목	단위	ABC사	World Best		국내 Best	
			수준	Gap(%)	수준	Gap(%)
매출액	억원	100	1,000	10	200	50
평균인원	명	60				
영업이익률	%	2.5				
(이하 다양한 지표선정)						

4. 3C(혹은 4C) FAW 분석

3C 분석은 조직의 경쟁여건을 Customer(시장동향, 표적시장, 고객의 욕구), Competitor(상대적 경쟁력, 경쟁사, 강점과 약점), Company(자사의 현황, 자사의 강약점, 자사의 목표)의 세 가지로 분석하는 기법(Channel_유통경로를 포함하여 4C라고도 함)이며, FAW(Force At Work)란 사업에 영향을 미치는 거시적인 환경을 주로 분석하는 기법으로, 3C 분석을 사용하는 경우에는 거시적인 분석이 빠지게 되는데 이러한 단점을 극복하기 위해 사용한다.

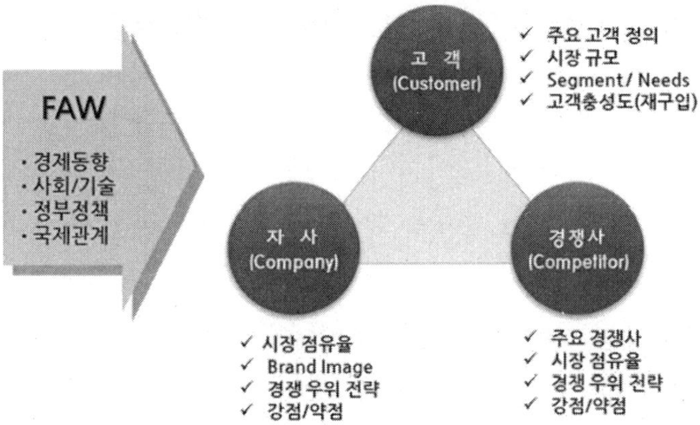

[그림 2-1] 3C FAW 분석

5. PESTEL 분석

〈표 2-5〉

정치적 환경분석(P)	경제적 환경분석(E)	사회적 환경분석(S)
• 규제기관 및 프로세스 • 정부정책 • 정부 집권기간과 변화 • 무역정책 • 자금, 보조금 및 이니셔티브 • 국내 시장의 로비, 압력단체 • 국제적인 압력단체 • 전쟁과 갈등	• 해당 국가의 경제 시스템 유형 • 자유시장에 대한 정부 개입 정도 • 해당 국가의 경쟁 우위 • 환율과 해당 국가 통화안정성 • 금융시장의 효율성 • 인프라의 질 • 인적 자원의 업무 기술수준 • 임금 • 경제성장률 • 경기 사이클 (호황기, 불황기, 회복기 등) • 실업률 • 인플레이션 • 이자율	• 라이프 스타일 동향 • 인구통계 • 계층구조 • 미디어, 광고 및 홍보 • 윤리적 문제 • 소비자 구매 패턴 • 교육 • 종교 및 인종 요인 • 문화(성별 역할 등) • 기업가 정신 • 사고방식(건강, 환경에 대한 인식) • 레저에 대한 관심

기술적 환경분석(T)	환경적 환경분석(E)	법규적 환경분석(L)
• 경쟁 기술개발 • 연구기금 • 대체기술, 솔루션 • 기술의 성숙도 • 정보통신 • 기술확산 속도 • 혁신 가능성 • 기술접근, 라이선스, 특허 • 지적재산권 문제	• 이산화탄소 방출량 • 고체 폐기물 생성량 • 액체 폐기물 방출량 • 에너지 소비량 • 재활용률 • 청정수 소비량 • 전반적인 환경 관행	• 독점금지법 • 가격 관련 법규 • 과세 : 세율과 인센티브 • 임금 관련 법규 : 최저임금, 시간외 근무 1주 노동시간 • 의무적 종업원복리후생제도 • 산업안전보건 관련 법규 • 제품 상표 부착규정, PL법

6. 부문 / 팀별 내부 및 외부 이슈 파악(㉈ 영업부문)

영업조직의 핵심성과지표(KPI)는 다양하겠지만, 이해를 돕기 위해 매출액과 영업이익률을 내부 및 외부 이슈의 하나로 가정하여 파악해 보기로 한다. 최근 매출동향이나 영업이익률 추이를 분석하고, 이에 대한 긍정적 요인과 부정적 요인을 분석한 후 이에 대한 대책을 수립, 실행하면서 그 성과를 주기적으로 모니터링 및 측정하는 것은 내부 및 외부 이슈를 파악한 문서화된 정보(documented information)의 하나라고 볼 수 있을 것이다.

〈표 2-6〉 KPI(핵심성과지표) : 매출액 및 영업이익률

<table>
<tr><td rowspan="2">(위 지표에 대한 목표대비 실적을 가급적 수치와 함께 그래프, 추이로 나타내어 의사결정에 도움을 주도록 함)</td><td>〈현황 및 문제점〉
1) 긍정적 요인(opportunities)

2) 부정적 요인(risk)</td></tr>
<tr><td>〈향후 대책〉 strategy</td></tr>
</table>

7. 환경부문의 내부 및 외부 이슈의 예

1) 내부 이슈의 예

공정 개선 테마, 법규 및 기타 요구사항의 준수상태, 신/증설 및 설비교체, 전사원의 환경의식, 작업자의 스킬, 비상사태의 유형, 원료상하역 시 누출 등

2) 외부 이슈의 예

인근주민의 민원(소음, 악취 등), 인근회사의 화재시 전화 가능성, 경쟁사와의 환경비용 비교, 고객사로부터 인증획득 요구, 주주로부터의 환경 리스크 대비 요구, 천재지변으로 인한 피해 가능성(침수 등)이다.

2.3 이해관계자의 니즈와 기대사항에 대한 이해

> **ISO 9001 : 2015 / 4.4.2 이해관계자의 니즈 및 기대 이해**
> (Understanding of the interested party needs and expectation)
>
> 고객 요구사항, 그리고 적용되는 법적 및 규제적 요구사항을 충족하는 제품 및 서비스를 일관성 있게 제공하기 위한 조직의 능력에 미치는 영향 또는 잠재적 영향을 미치기 때문에 조직은 다음 사항을 정하여야 / 규명하여야 한다.
>
> a) 품질 / 환경경영시스템에 관련되는 이해관계자
> b) 품질 / 환경경영시스템에 관련되는 이해관계자의 요구사항(니즈와 기대)
> c) 이러한 니즈와 기대에서 비롯된 조직의 준수의무사항(ISO 14001)
>
> 조직은 이해관계자와 이해관계자 관련 요구사항에 대한 정보를 모니터링하고 검토하여야 한다.

조직이 경영시스템을 수립하고 운영함에 있어 이해관계자들이 누구인지를 파악하라는 개념이다.

ISO 9000 : 2015 / 3.2.3 이해관계자의 용어 설명에서는 "의사결정 또는 활동에 영향을 줄 수 있거나, 영향을 받을 수 있거나 또는 그들 자신이 영향을 받는다는 인식을 할 수 있는 사람 또는 조직"을 의미하며, 이해관계자의 예로는 고객(customer), 소유주 / 투자자(stakeholder), 조직 내의 인원(employee), 공급자, 금융인, 규제당국, 노동조합, 파트너 또는 경쟁자 또는 반대 입장의 압력집단을 포함하는 사회 등이 될 수 있다.

이해관계자의 요구(needs)와 기대(expectation)를 파악하면 이를 구체적인 요구사항으로 전환하여야 한다. 이는 '이해관계자 요구사항의 결정'으로 표현하고 있다. 관련 이해관계자를 다음과 같이 파악하는 방법도 있을 수 있을 것이다(실제는 이보다 많을 수 있음).

〈표 2-7〉

원부자재 / 서비스 공급자 (supplier, provider)		소비자단체(consumer group)		고객(customer)
소유주 / 투자자(stakeholder)				종업원(employee)
언론(mass com.)		ABC사		관리자(manager)
관공서(offices)				유통업체(retailers)
인근주민(neighborhood)				은행(bank)
경쟁회사(competitor)		비정부단체(NGO)		인근회사(nearby company)

이해관계자의 니즈와 기대사항의 예는 〈표 2-8〉과 같이 파악할 수도 있을 것이다.

〈표 2-8〉

구분	이해관계자 종류	니즈와 기대사항
내부(internal)	노조 종업원 관리자	급여 인상, 인센티브, 개인보호구, 위험요인 제거, 복리후생 향상, 매출액 증대, 공장의 이전 / 증설 / 신설, 핵심인력 이직 …
외부(external)	인근주민, 고객사 인근회사, 협력사	대기 / 수질오염 억제, 폐기물 발생억제, 소음 및 진동억제, 법규 준수, 화재 / 폭발방지, 품질 / 환경 / 안전보건 인증, 신속한 A / S 2자 심사 합격, cost down, delivery 준수 납품품질 안정유지

1. 핵심인력의 기대사항 : 인센티브(예 1)

인센티브의 내용을 파악하고, 이에 대한 근본 원인이 무엇인지, 예를 들면 급여에 대한 불만인지, 승진 / 승급에 대한 불만인지, 상사와의 불만인지 등을 분석하고, 그들의 이직을 방지하기 위한 다양한 프로그램을 전개하여 이를 주기적으로 모니터링 및 측정함으로써 조직의 핵심인력을 유지하기 위한 성과를 달성할 수 있을 것이다.

2. 고객사 : 제3자 인증을 요구(예 2)

조직과 거래관계에 있는 주요 고객이 ISO 9001 품질경영시스템 인증을 지정된 기일 내에 획득하기를 요구하고 있다면 이를 달성하기 위한 전력을 수립하는 것 등이 이해관계자의 니즈와 기대사항의 예가 될 수 있을 것이다.

3. 고객사 : 납기 100% 준수를 요구(예 3)

조직과 거래관계에 있는 고객사로부터 최근의 납기준수율을 통보받고, 그들이 향후 납기를 100% 준수하지 않는다면, 거래를 단절할 수도 있다는 요구를 하고 있다면 우리 조직은 어떻게 대응할 것인가?

현재의 납기준수율을 파악, 원인을 분석하고, 100% 납기준수 달성을 위한 전략을 수립하고, 이의 성과를 주기적으로 모니터링 및 측정해야 할 것이다.

4. 고객사 : 납품단가 5% 인하를 요구(예 4)

어떻게 대응할 것인가?에 대해 대책을 수립하여 보시오.

2.4 리스크 및 기회를 다루는 조치

ISO 9001 : 2015 / 6.1 리스크와 기회를 다루는 조치(Actions to address risk and opportunities)

6.1.1 품질경영시스템을 기획할 때, 조직은 4.1의 이슈 및 4.2의 요구사항을 고려하여야 하며, 다음 사항에 대하여 다루어야 할 필요성이 있는 리스크와 기회를 정하여야 한다.

a) 품질경영시스템이 의도된 결과를 달성할 수 있음을 보증
b) 바람직한 영향의 증진
c) 바람직하지 않는 영향의 예방 또는 감소
d) 개선의 성취

6.1.2 조직은 다음 사항을 기획하여야 한다.
a) 리스크와 기회를 다루기 위한 조치
b) 다음 사항에 대한 방법 :
1) 조치를 품질경영시스템의 프로세스에 통합하고 실행(4.4 참조)
2) 이러한 조치의 효과성 평가

리스크 및 기회를 다루기 위하여 취해진 조치는 제품 및 서비스의 적합성에 미칠 잠재적 영향에 상응하여야 한다.

비고 1 리스크를 다루기 위한 선택사항에는 리스크 회피, 기회를 잡기 위한 리스크 감수, 리스크 요인 제거, 발생가능성 또는 결과의 변경, 리스크 공유 또는 정보에 근거한 의사결정에 의한 리스크 유지가 포함될 수 있다.
비고 2 기회는 새로운 실행 방안의 채택, 신제품 출시, 새로운 시장 개척, 신규 고객 창출, 파트너십 구축, 신기술 활용, 그리고 조직 또는 고객의 니즈를 다루기 위한 그 밖의 바람직하고 실행 가능한 방안으로 이어질 수 있다.

ISO 14001 : 2015 / 6.1 리스크와 기회를 다루는 조치

6.1.2 일반사항
조직은 6.1.1부터 6.1.4까지의 요구사항을 충족하기 위해, 필요한 프로세스를 수립, 실행 및 유지하여야 한다.
환경경영시스템을 기획할 때, 조직은 다음을 고려하여야 한다.
a) 4.1에 언급된 이슈
b) 4.2에 언급된 요구사항
c) 조직의 환경경영시스템 적용범위

그리고, 환경측면(6.1.2 참조), 준수의무사항(6.1.3 참조) 그리고 4.1 및 4.2에 명시된 기타 이슈 및 요구사항과 관련된 리스크 및 기회를 규명하여야 한다. 조직은 이를 통해 다음을 다룰 필요가 있다.
– 환경경영시스템의 의도한 결과를 달성할 수 있음에 대한 확신을 줌

- 조직에 영향을 주는 외부 환경여건의 잠재가능성을 포함하는 바람직하지 않은 결과를 예방하거나 감소시킴
- 지속적인 개선을 달성함

환경경영시스템의 적용범위 내에서 조직은 환경영향이 있을 수 있는 것들을 포함하는 잠재적인 비상상황을 규명하여야 한다.
조직은 다음 사항에 대한 문서화된 정보를 유지하여야 한다.
- 다루어져야 할 필요가 있는 리스크 및 기회
- 6.1.1부터 6.1.4에서 요구된 프로세스(계획대로 실행되고 있음을 확신하는 데 필요한 수준으로)

경영시스템 표준에 갑자기 '리스크'란 용어가 나온 것에 대해 조직의 경영문제에 너무 깊숙이 관여하는 것이 아닌가하는 의문을 가질 수도 있을 것이다.

ISO 27001 : 2013 정보보호 경영시스템에 '정보보호 리스크'에 관한 내용이 포함된 경우가 있다.

경영시스템에 리스크가 포함된 이유는 그동안 논란거리 중 하나였던 예방조치에 대한 방향을 명확히 제시하기 위한 것이다. 개정된 요구사항에는 예방조치의 요구사항은 없다.

분야별 심각성(severity)이 다르기 때문에 각 분야별 경영시스템 표준에 리스크 관리의 범위와 깊이를 구체적으로 제시할 것으로 보인다. 일상생활에서 리스크에 기반을 둔 사고(risk based thinking)의 예는 무엇일까?

만약 우리가 차도를 건너는 경우 횡단보도를 이용하여 녹색 신호가 켜진 상태에서 건넌다면 리스크는 매우 낮을 것이다. 그러나 무단으로 신호를 무시하며 길을 건넌다면 리스크는 매우 커질 것이다. 육교를 이용하여 건넌다면 다소의 시간이 걸리나 안전할 것이다.

이와 같이 우리는 이렇게 일상생활에서 수많은 리스크를 파악하고 대응하면서 살아가고 있다. 마찬가지로 조직도 수많은 리스크가 존재할 것이다. 리스크는 ISO 9001 : 2015 요구사항 4.1과 4.2의 내용을 고려해야 할 것이다.

일반적으로 리스크 관리접근(risk management approach)은 다음과 같은 흐름으로 진행한다.

〈표 2-9〉

리스크 식별	리스크 평가	리스크 관리	리스크 모니터링
조직의 상황설정 (establish context)	리스크 분석 (analyze risk)	관리계획의 개발 (develop control plans)	리스크 모니터링 및 관리 (monitor risk & controls)
위험, 위협 및 기회식별/확인(identify hazards, threats & opportunities)	리스크 평가 (evaluate risks)	관리계획의 실행 (implement control plans)	리스크 경영시스템의 검토 및 개선(review & improve risk management system)
무엇이 문제인가? 무엇이 잘못 될 수 있는가?	리스크란 무엇인가? 그래서 어떤 것인가?	우리는 지금 무엇을 하고 있는가? 조치합시다.	잘 작동하는가? 더 좋게 만들 수는 없는가?

1. 조직의 리스크 종류의 예(1)

〈표 2-10〉

부 문	리스크의 예
전략적 리스크	적대적 M & A / 경영권 위협 / 마케팅 전략 오류 / 생산전략 오류 / 제품개발전략 오류 / 영업전략 오류
사업 리스크	경쟁사 출현 / 실업률 증가 / 소비자 취향변화 / 인구 연령비율 변화 / 신기술 출현
법적 리스크	법규위반 / 제품문제 / 각종 소송 / 지적 재산권 침해 / 법(규제) 개정 및 추가
보안 리스크	사이버 범죄 / 기록 및 데이터 손실 / 산업 스파이
인프라 리스크	전력감축 및 중단 / 가스 감축 및 중단 / 식용수 감축 및 중단 / 연료감축 및 중단 / 물류체계 마비 / 통신망 마비
내부장치 리스크	내부전원 마비 / 냉장, 냉동, 냉각장치 마비 / 생산라인 마비 / IT 시스템 마비 / 설비 마비
공급자 리스크	공급 재고 불충분 / 공급자 파산 / 외부 공급품 품질불량
자연재해 리스크	폭풍, 폭우, 폭설 / 지진 / 산불 / 산사태 / 환경오염 / 전염병

2. 조직의 리스크 종류의 예(2)

〈표 2-11〉

부 문	리스크의 예
재무(finance)	자금부족, 리스크 경영, 투명성, 분식회계, 비자금, 유동성, Cash flow, 환율, 유가, 무역, 조세, 대표이사 도덕성 / 윤리성, 단기부채율 증가
경영(management)	보상제도, 의사소통, 태도, 교육, 경험, 기밀관리, 측정 시스템, 업무부하

인원(people)	기업문화, 부정, 태도, 숙련도, 경험, 지식, 동기부여, 교육훈련, 인적 자원, 자부심, 상사의 괴롭힘, 핵심 인재의 이직, 노사분규
운영(operation)	자연재해, 환경사고, 화재 / 폭발, 종업원 안전사고, 물류, 연속생산, 생산효율, 오염, 환경측면, 원재료 품질, 기술력, 협력사, 제품품질, 유틸리티 차단
정보, 통신기술(ICT)	연계성, IT-보안, 정보관리, 보안 인프라, 신규기술, 연속성 기획, 전자무역, 접속관리, 해킹, 유연성, 태업, 시스템 장애, 투자유보 / 타이밍 부적절 …
마케팅 / 고객 (marketing & customer)	고객충성도, 브랜드 가치, 회사신뢰도, 시장점유율, 구매흐름도, 신제품, 수익성, 경쟁력, 계약조건, 가격, 이윤, 계약내용 이해 / 지식부족
협력업체 / 동반자 (suppliers & partners)	파산, 품질문제, 경영시스템, 원재료 가격, 장래성, 충성심, 관심사항의 충돌, 노사분규, 신뢰도, 정보교류, 비공개 사안, 부당거래 고발
법규 / 정부요구사항 (Legal & authority requirement)	신규법규제정 / 입법예고사항 이해 및 대비 부족, 법규위반, 신고, 기업윤리, 신뢰성, 책임감, 도덕성, 감사, 대표이사의 정치적 성향

3. 조직의 리스크 종류의 예(3)

기업 리스크를 제품 수명주기 단계로 구분하여 관리할 수 있도록 리스크의 종류를 기획 및 개발, 구매, 생산, 물류, 판매 및 서비스로 구분하는 방법이며, 각각의 단계를 전략적 수준 리스크, 전술적 수준 리스크, 운영적 수준 리스크로 분류하는 방법이다.

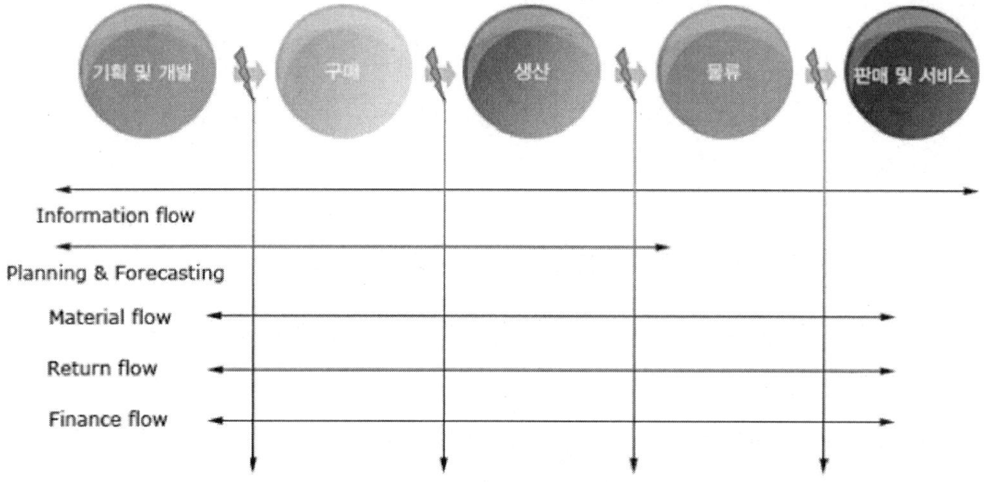

[그림 2-2] 공급자 사슬 리스크

① 전략적 수준 리스크(strategic level) : 기업의 장기적 판매전략, 기업의 역량을 투입할 사업선정, 공급사슬의 설계 및 구성 등의 전략적 목적을 결정하는 데 영향을 미치는 리스크

② 전술적 수준 리스크(tactical level) : 공급사슬 주체들 간의 생산 및 판매를 조율하여 분기 혹은 월단위의 기준계획을 수립하는 데 있어 영향을 미치는 리스크

③ 운영적 수준 리스크(operational level) : 공급차원에서의 생산계획 및 스케쥴링 그리고 실제적인 제품의 운송을 위한 물류 실행계획과 관련하여 주 단위 혹은 일 단위의 상세일정계획을 수립하는 데 영향을 미치는 리스크

위의 흐름에서 생산 리스크의 예로는 〈표 2-12〉와 같이 나눌 수 있을 것이다.

〈표 2-12〉

전략적 수준 리스크	전술적 수준 리스크	운영적 수준 리스크
• 수요공급 불균형 • 과잉생산 • 설비투자의 오류 • 생산능력의 증대 요구 • Product ownership 부족 • 인력의 혁신역량 부족	• 생산 유연성의 부족 • 생산인력의 파업 • 생산능력의 한계 • 재고 증가 • 배송물품의 증가	• 설비, 전기고장 • 생산용량의 축소 • 리드 타입 변동 • 근로자 실수 • 낮은 생산품질 • 비효율적인 물질수지

ISO 9001 & 14001 : 2015년판에서는 파악된 리스크에 대해 평가(assessment, evaluation)할 것을 요구하고 있지는 않으나, 우선순위(priority)를 결정하기 위해 다음과 같은 도구를 사용할 수는 있을 것이다.

1) 도구(1) : 체크리스트 방법(㉮ 제품개발 리스크)

① 평가기준 등급표 : 5(매우 만족), 4(만족), 3(보통), 2(불만족), 1(매우 불만족), 0(전혀 없음)

② 참고 사이트 : http : //www.irm.or.kr에서 인용함

〈표 2-13〉

중분류	No.	체크항목	항목별 배점						N.A
			0	1	2	3	4	5	
개발 일정 차질	1	회사차원에서 기술개발을 촉진하는 지원책을 보유하고 있는가?							
	2	업무의 진행 및 프로세스에 대한 정보가 '눈으로 확인할 수 있는 상태'로 공유하는가?							
	3	일정관리와 인력배치 등은 업무를 효율적으로 진행할 수 있도록 적절한 상태인가?							
	4	IT를 활용해 업무를 간소화할 수 있는가?							
		(이하 생략)							
기술 개발 인력	1	회사의 기술개발 인력수 / 연령 등은 적절한가?							
	2	직원의 성장을 목표로 한 교육체계를 보유하고 있는가?							
		(이하 생략)							

2) 도구(2) : 리스크 우선순위 평가기법

(예 안전보건경영시스템에서 통상적으로 적용)

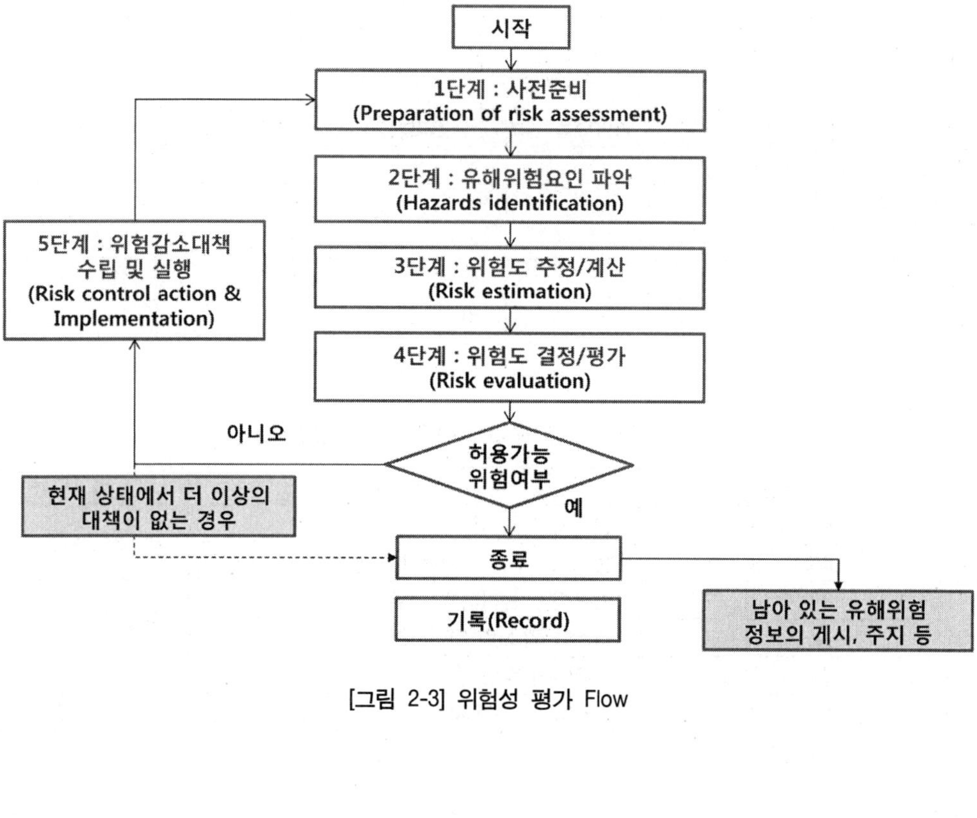

[그림 2-3] 위험성 평가 Flow

> 위험도=리스크가 발생할 가능성(빈도)
> ×리스크 발생 시 영향을 미치는 심각한 정도(심각도)

〈표 2-14〉 가능성(예)

가능성 구분	가능성 수준	내 용
가능성이 거의 없음	1	5~10년에 1회 발생할 경우
가능성 낮음	2	3~5년에 1회 발생할 경우
가능성 있음/보통	3	1~2년에 1회 발생할 경우
가능성 높음	4	1~2개월에 1회 발생할 경우
가능성 빈번함	5	1~3일에 1회 발생할 경우

– 발생빈도의 주기설정기준은 조직에 따라 다를 것임

〈표 2-15〉 리스크 발생 시 영향을 미치는 심각한 정도/강도(예)

중대성 구분	중대성 수준	내 용
영향 없음	1	리스크로 인한 인적/재산 손실이 없음
경미한 영향	2	조직운영에 경미한 영향
보통 정도의 영향	3	조직운영에 보통 이상의 영향
중대한 영향	4	대규모 리콜 등 조직운영에 심각한 영향

〈표 2-16〉 리스크 수준평가(예)

중대성		영향없음	경미함	보통 정도	중대함
가능성	수준	1	2	3	4
거의 없음	1	1	2	3	4
낮음	2	2	4	6	8
있음/보통	3	3	6	9	12
높음	4	4	8	12	16
빈번함	5	5	10	15	20

〈표 2-17〉 리스크 수준에 따른 전략의 수립(예)

리스크 수준		관리기준	비 고
1~3	무시할 수준	현재의 대책 유지	리스크 수용
4~6	미미한 리스크	정보 및 주기적 교육제공 필요	
7~8	경미한 리스크	기본적인 관리대책 필요	조건부 리스크 수용
9~11	상당한 리스크	리스크 감소를 위한 대책 수립	
12~15	중대한 리스크	긴급대책 수립 필요	
16~20	허용 불가 리스크	즉시작업/활동중단	리스크 불요

3) 도구 3 : 리스크 우선순위 평가기법
(예) FMEA : Failure Mode & Effect Analysis 응용)

〈표 2-18〉

XX 공장 / 사업본부 --

No	문제점 / 과제 / 이슈	RPN				Score	Rank	Program
		O	S	D				
1	XX 공정 부적합률 과다	4	3	3		36		2016-01
2	XX 설비 고장률 과다							
3								
4								

① RPN(Risk Priority Number) : O(Occurrence, 발생빈도), S(Severity, 심각도), D(Detection, 시스템 검출도), 항목 추가가 가능하다.
발생빈도의 경우, 매우 높음(5), 높음(4), 보통(3), 낮음(2), 매우 낮음(1) 등으로 구분하거나, 이를 수치로 구분하는 방법 등이 있다.

② 자세한 것은 FMEA(잠재적 고장형태와 영향분석) 제4판을 참고하면 도움을 줄 것이다.

4) 도구 4 : 리스크 지표에 의한 관리(www.irm.or.kr 참고)

리스크 관리지표(KRI : Key Risk Indicator)는 리스크 특성 변화를 계량화하여 사전에 리스크 징후를 포착하여 관리하고자 하는 도구라고 할 수 있다.

각 지표별 한도관리를 위해 관심 〈 주의 〈 경계 〈 심각단계 등으로 관리할 수 있으며 그 임계값은 조직의 실정에 맞게 설정하여 관리한다.

〈표 2-19〉

<table>
<tr><td rowspan="7">지표일반</td><td>리스크명</td><td>기술개발 정보누출</td></tr>
<tr><td>KRI명</td><td>개인 이메일 사용증가율</td></tr>
<tr><td>측정주기</td><td>월 1회</td></tr>
<tr><td>지표관리목적</td><td>공식 이메일이 아닌 개인 이메일 사용증가율을 확인하여 기술개발 누출가능성 여부를 관리하기 위함임</td></tr>
<tr><td>지표설계 개요</td><td>(당월 개인 이메일 총전송건수 / 전월 개인 이메일 총전송건수−1)×100</td></tr>
<tr><td>지표단위</td><td>%</td></tr>
<tr><td>지표특성</td><td>수치가 클수록 나쁨</td></tr>
<tr><td rowspan="5">지표관리</td><td>임계치</td><td><table><tr><th>관심</th><th>주의</th><th>경계</th><th>심각</th></tr><tr><td>Blue</td><td>Yellow</td><td>Orrange</td><td>Red</td></tr><tr><td>0~10</td><td>11~15</td><td>16~20</td><td>21~100</td></tr></table></td></tr>
<tr><td>지표담당자</td><td>R & D 담당자, 품질담당자</td></tr>
<tr><td>지표자료
수집담당자</td><td>R & D 담당자, IT팀, 품질팀</td></tr>
<tr><td>자료수집원</td><td>ERP, 품질계획서, 품질경영시스템, 프로세스 검토서</td></tr>
<tr><td>자료수집방법</td><td>ERP, 품질경영시스템에서 추출</td></tr>
<tr><td colspan="2">비고</td><td></td></tr>
</table>

2.5 조직의 지식관리

ISO 9001 : 2015 / 7.1.6 조직의 지식(organizational knowledge)

조직은 프로세스 운용에 필요한, 그리고 제품 및 서비스의 적합성 달성에 필요한 지식을 정하여야 한다.

이 지식은 유지되고, 필요한 정도까지 이용 가능하여야 한다.

변화하는 니즈 및 경향(trend)의 변경을 다룰 경우, 조직은 현재의 지식을 고려하여야 하고 추가로 필요한 모든 지식 및 요구되는 최신 정보의 입수 또는 접근방법을 정하여야 한다.

비고 1 조직의 지식은 조직에게 특정한 지식으로, 일반적으로 경험에 의해 얻어진다. 이는 조직의 목표를 달성하기 위하여 활용되고 공유되는 정보이다.
비고 2 조직의 지식은 다음을 기반으로 할 수 있다.
a) 내부 출처(㉨ 지적 재산, 경험에서 얻은 지식, 실패 및 성공한 프로젝트로부터 얻은 교훈, 문서화되지 않은 지식 및 경험의 포착 및 공유, 프로세스, 제품 및 서비스에서 개선된 결과)
b) 외부 출처(㉨ 표준, 학계, 컨퍼런스, 고객 또는 외부 공급자로부터 지식 수집)

본 요구사항은 제품 및 서비스의 적합성을 달성할 수 있음을 보장하기 위하여 조직이 유지하는 지식을 정하고 관리할 필요성을 다룬다. 조직의 지식에 관한 요구사항은 다음의 목적을 위해 도입되었다.

① 지식의 손실로부터 조직을 보호, 예를 들면 조직원의 이직, 정보수집 및 공유의 실패

② 조직의 지식획득 장려, 예를 들면 경험으로부터의 학습, 멘토링, 벤치마킹 등이 있다. 지식은 일반적으로 학문적 지식+실용적 지식+현장경험 지식의 합이다.

지식의 습득단계를 Debra M Amidon(미국 ENTOVATION International, Ltd.설립자)은 다음과 같이 구분한다.

① 데이터(data : 사실, 관찰사항, 데이터 포인트)
② 정보(information : 상황설명을 위한 데이터)
③ 지식(knowledge : 의미 있는 정보)
④ 지혜(wisdom : 통찰력을 가진 지혜)

예를 들어 겨울철 외부 기온이 영하 5℃라고 예보되는 경우 이러한 데이터를 근거로 경험이 있는 공장에서는 과거의 예로 볼 때 이 정도의 온도라면 매우 추운 날씨로 인지하고, 이러한 정보를 활용하여 각종 파이프나 저장 탱크 등이 얼지 않도록 온수나 스팀 등의 보온을 하는 등의 지식을 발휘함으로써 각종 손실을 예방할 수 있을 것이다.

Nonaka & Takeuchi(1995)는 〈지식전환의 4단계〉를 다음과 같이 설명한다.

① 공동화(socialization) : 개인의 암묵지가 다른 개인의 암묵지와 만나 또 다른 암묵지를 창조하는 과정

② 표출화(externalization) : 공동화 과정을 통해 생성된 암묵지를 형식지화 하는 과정

③ 연결화(combination) : 표출화되어 생성된 형식지들이 체계적으로 연결되는 과정

④ 내면화(internalization) : 연결된 고부가가치 지식을 개인이 받아들여 개인의 암묵지와 연결하여 새로운 지식으로 내면에 쌓아두는 과정

공동화 → 표출화 → 연결화 → 내면화를 지속적으로 반복하면서 지식의 깊이가 깊어진다.

〈표 2-20〉

	암묵지(tacit knowledge)	암묵지(tacit knowledge)	
암묵지	**사회화 / 공동화(socialization)**	**외부화 / 표출화(exteralization)**	형식지
	암묵지를 교환하면 일어나는 현상으로 일의 절차를 시현하고 따라 배움	암묵지를 중심으로 대화하고 글의 형식으로 정리하면 나타나는 현상	
	어머니의 요리법을 관찰하여 이를 터득함	어머니의 요리법을 책으로 저술함	
암묵지	**내면화(internalization)**	**연결화(combination)**	형식지
	형식지로 표현된 각종 자료를 응용하면 내면화가 일어남	다양한 자료를 사이버방에서 공유하고 이들로부터 새로운 자료를 만들면 나타나는 현상	
	요리책을 보고 요리를 배우는 단계임	여러 종류의 요리법을 조합하여 새로운 요리책을 저술함	
	형식지(explicit knowledge)	형식지(explicit knowledge)	

조직의 지식은 일반적으로 제조업의 경우에는 제조 생산 / 공정관리 중에 많이 내포되어 있을 것이다.

예를 들면 배합(mixing)공정의 경우 배합온도, 단계별 온도유지 조건, 배합효율을 증대시키기 위한 배합기의 RPM 관리 등이 있을 수 있으며, 압출(extruding)의 경우 금형의 구조나 온도유지 조건, 압출 압력의 유지 등이 있을 수 있다.

통상적으로 이러한 지식관리는 품질관리(QC)공정도, 관리계획서(Control

Plan), 공정별 제조작업표준(SOP : Standard Operating Procedure), 설비운전 관리 기준 등에 내포되었을 수가 있으며, 건설업의 경우 프로젝트 입찰시의 도면의 해독, 견적서 작성 노하우 등이 있을 수가 있다.

문제는 작업자가 보유하고 있는 문서화되지 않은 지식을 어떻게 문서화, 표준화하여 정보를 유지하고, 조직의 지속적인 발전에 기여할 수 있게 할 것인가가 관건이 될 수 있을 것이다.

2.6 전과정 사고

ISO 14001 : 2015 / 6.1.2 환경측면

환경경영시스템의 결정된 적용범위 내에서 전과정 관점을 고려하여, 조직이 관리할 수 있고 영향을 미칠 수 있는 조직의 활동, 제품 및 서비스의 환경측면과 그와 연관된 환경영향을 규명하여야 한다(이하 생략).

ISO 14001 : 2015 / 8.1 운용기획 및 관리

(이전 생략)
전과정 관점과 일관되게 조직은 다음을 수행하여야 한다.

a) 조직의 환경요구사항이 각 전과정 단계를 고려하여 제품이나 서비스의 설계 및 개발 프로세스에서 다루어짐을 보장하기 위해 관리방법(controls)을 적절한 수준에서(as appropriate) 결정
b) 제품 및 서비스의 구매에 대한 조직의 환경요구사항을 적절한 수준에서(as appropriate) 결정
c) 조직의 환경요구사항을 계약자를 포함한 외부 공급자와 의사소통
d) 조직이 제품이나 서비스의 운송 또는 배송, 사용, 사용 후 처리 및 최종 폐기와 관련된 잠재적인 중대한 환경영향에 대한 정보의 제공 필요성을 고려(consider)

조직은 프로세스가 계획된 대로 실행되었음을 확신할 수 있는 범위까지 필요한 문서화된 정보(documented information)를 유지하여야 한다.

1. 전과정 사고

① 전과정평가(LCA : Life Cycle Analysis)는 제품의 친환경성을 비교, 분석, 평가하기 위하여 1970년대에 개발되어 세계적으로 많은 기업 및 연구기관에서 활용되는 대표적인 녹색경영기법으로 제품의 공정별로 발생하는 환경문제를 분석, 평가할 수 있으며 제품간의 비교 분석 수행이 가능하다.

② '요람에서 무덤까지'라고도 불리며, 제품 · 제조공정 및 서비스를 포함한 모든 산업활동이 환경에 미치는 영향을 평가하는 방법으로서, 3단계로 나뉘며 첫단계는 원료물질의 채취에서부터 각 제조 및 가공공정, 수송 및 유통과정, 사용 · 재활용 · 최종 폐기에 이르기까지 한제품의 전생애에서 소요되는 에너지 및 원료물질의 사용과 오염배출에 대한 데이터 작성, 두번째 단계에서는 소요된 에너지 및 원료물질의 양과 오염배출에 대한 데이터를 토대로 환경영향을 평가한다.

③ 환경개선의 기회를 포착해 적극적인 개선작업을 추진하는 것이다. 즉, 전과정 사고(life cycle thinking)란 투입물에서부터 제조공정의 관리 및 출력물에 이르기까지 전과정을 통해 지구온난화(global warming), 자원고갈(resource depletion), 오존층 파괴(destruction of the ozone layer), 생태계 독성(ecosystem toxicity), 산성화(acidification) 등을 염두에 두면서 제품 및 서비스를 제공하는 개념을 의미한다.

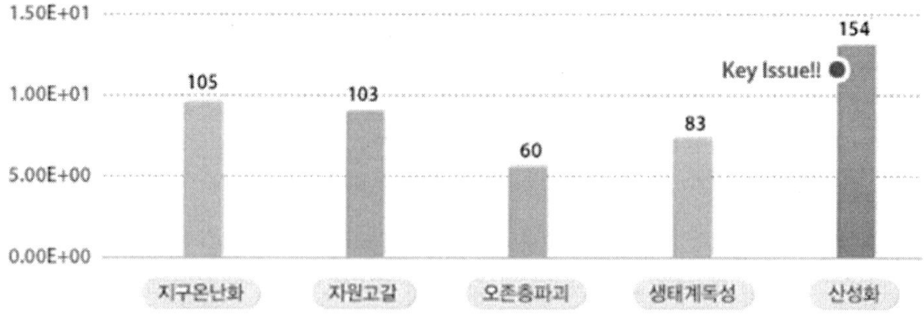

[그림 2-4] 전과정 영향평가 결과를 통한 환경 이슈 분석

2. 전과정평가의 필요성과 기대효과

1) 필요성

① 제품의 환경성을 평가하며
② 해외 제품환경규제에 대응하기 위해
③ 친환경 제품개발 및 친환경 인증획득 근거가 되기 위해 필요하다.

2) 기대효과

① 제품의 생산부터 폐기 / 재활용까지 전과정에서 물질별 / 공정별 환경영향을 비교, 분석, 평가할 수 있으며, 주요 환경 이슈를 객관적으로 도출할 수 있다.
② 친환경 제품개발 및 설계 시에 환경성 개선의 기준으로 활용 가능하다.
③ 국내 대기업 납품 및 해외 제품수출 시 제품의 환경영향평가 근거로 제출할 수 있다.
④ 환경 / 탄소성적표지 인증 및 친환경 제품 인증획득을 통하여 시장 및 소비자에게 긍정적인 이미지 제고가 가능하다.

3. 전과정평가의 용도(적용 사례)

① 친환경 디자인(DfE : Design for Environment)
② 환경성과평가(EPE : Environment Performance Evaluation)
③ 환경 마케팅
④ 환경 라벨링(EL : Environment Labelling)
⑤ 환경보고서(ER : Environment Report)
⑥ 환경비용분석(LCC : Life Cycle Cost)
⑦ 환경경영시스템(EMS : Environment Management System)

〈표 2-21〉

구분	정 부	기 업	환경단체
기존의 용도	• 법적 규제수단 (예 환경 라벨링, 포장 폐기물 등)	• 제품, 서비스, 기능, 시스템 등과 관련된 환경부하의 정의 및 비교 • 마케팅 활동 • 소비자에게 대한 정보제공 (예 환경 라벨링)	• 정부와 기업에 대한 비판 근거 • 기업의 평가결과에 대한 반박 수단 • 제품 및 공정에 대한 정보원
새로운 용도	• 법적 규제의 우선순위 결정 • 표준 설정	• 구매규격 결정 및 공급업체 선정 • 제품 / 공정의 설계와 최적화 • 전략적 계획 및 우선순위 결정	• 환경 라벨링에 관한 의견제시의 근거 • 현안과제에 대한 입장정립 • 캠페인의 우선과제 선정
잠재적 용도	• 정책수립 • 경제적 유인책에 의거한 정책수단의 선택 • 공공교육	• 환경경영 전략수립 • 공공교육 • 성과평가의 척도 • 제품의 환경성 제고	• 다수의 환경단체가 참여하여 제품평가에 대한 기반구축

4. 전과정평가의 기본구조

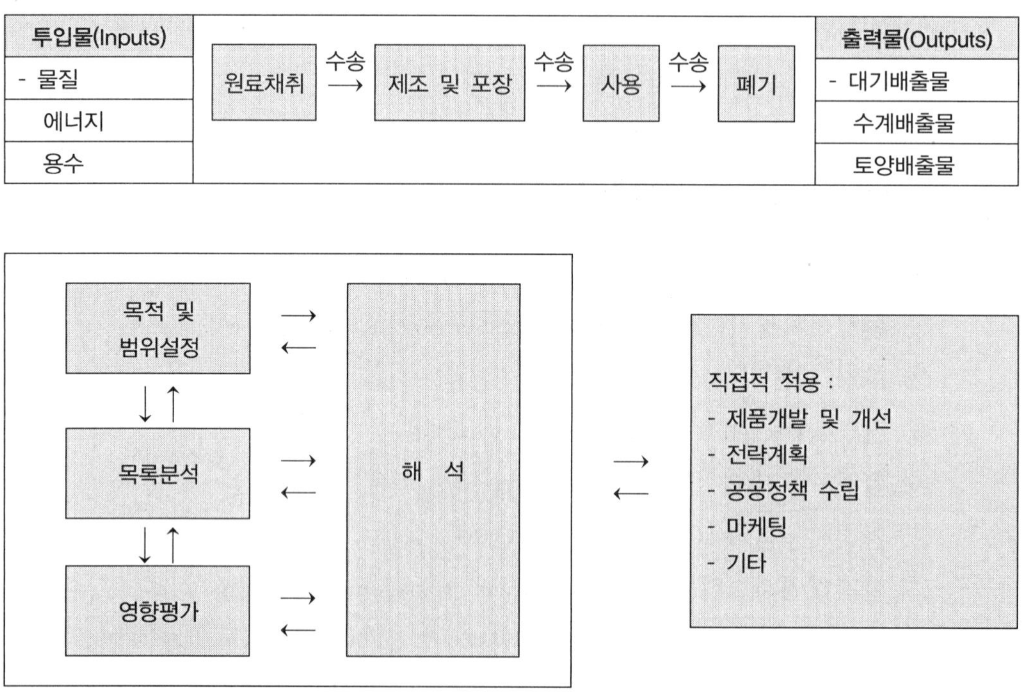

[그림 2-5] 전과정평가 기본구조

다음 규격은 전과정평가(LCA)에 관한 것보다 많은 정보를 제공해 줄 것이다.

- ISO 14040 : 2006 Environmental Management - Life Cycle Assessment - Principles and framework

연습문제

1. A사는 B자동차사에 플라스틱 사출제품을 납품하는 조직이다. A사의 내부 및 외부 이슈를 열거해 보고 A사의 리스크를 파악해 본 후 이를 극복하기 위한 전략을 수립하여 보시오.

2. 제조업이면서 중소기업인 경우의 예를 들어 당해 연도의 사업계획서(business plan)를 수립하는 경우 고려해야 할 요소들을 열거해 보시오.

3. A사는 전국적인 네트워크를 가진 물류회사이다. 이 조직을 둘러싸고 있는 내외부 이해관계자를 구분하여 보고, 그들의 니즈와 기대사항이 무엇인지를 파악해 보시오.

4. A사는 선박용 부품을 용접(welding), 도장(painting)하여 납품하는 조직이다. 이 회사의 리스크와 기회요인을 파악한 후 선택해야 할 대책을 수립하여 보시오.

5. 중국과의 FTA 협상에 대한 A사의 내외부 이슈 및 리스크, 기회를 파악해 보시오.

제3장

경영시스템 기본사항 및 용어

3.1 ISO 9000 : 2015 품질경영시스템 기본개념 및 용어

1. 기본개념

1) 품질(quality)

품질에 중점을 둔 조직은 고객과 기타 이해관계자의 니즈와 기대의 충족을 통해 가치를 제공하는 행동, 태도, 활동 및 프로세스를 낳는 문화를 촉진한다.

조직의 제품 및 서비스 품질은 고객을 만족시키는 능력, 그리고 관련 이해관계자에게 미치는 의도된, 그리고 의도되지 않은 영향에 의해 결정된다. 제품 및 서비스의 품질에는 의도된 기능과 성과뿐만 아니라 고객에게 인지된 가치와 이점(benefit)도 포함된다.

2) 품질 / 환경경영시스템(quality / environmental management system)

① 품질 / 환경경영시스템에는 조직이 목표를 파악하고 원하는 결과를 달성하기 위해 필요한 프로세스와 자원을 정하는 활동이 포함된다.

② 품질 / 환경경영시스템은 관련 이해관계자에게 가치를 제공하고, 결과를 실현하는 데 필요한 상호작용 프로세스와 자원을 관리한다.

③ 품질 / 환경경영시스템을 통하여 최고경영자는 의사결정의 장단기 결과를 고려하여 자원의 활용을 최적화할 수 있다.

④ 품질 / 환경경영시스템은 제품 및 서비스 제공에 대하여 의도된, 그리고 의도되지 않은 결과를 다루기 위한 조치를 파악할 수 있는 수단을 제공한다.

3) 조직의 상황(context of an organization)

조직상황을 이해하는 것은 하나의 프로세스이다. 이 프로세스는 조직의 목적, 목표 및 지속가능성에 영향을 미치는 요인을 정한다. 이 프로세스는 조직의 가치, 문화, 지식 및 성과와 같은 내부 요인을 고려한다. 이 프로세스는 법적, 기술적, 시장, 문화적, 사회적 및 경제적 환경과 같은 외부 요인을 고려한다. 조직의 목적을 표현할 수 있는 방법의 예는 조직의 비전, 방침 및 목표가 포함된다.

4) 이해관계자(interested parties)

이해관계자의 개념은 단지 고객에만 중점을 두는 것을 넘어서서 확대된다.

모든 관련 이해관계자를 고려하는 것이 중요하다. 조직상황을 이해하기 위한 프로세스는 조직의 이해관계자를 파악하는 것이다. 관련 이해관계자는 자신의 니즈와 기대가 충족되지 않으면 조직의 지속 가능성에 심각한 리스크를 제공하는 사람들이다.

조직은 리스크를 감소시키기 위해 관련 이해관계자에게 어떤 결과를 제공하는 것이 필요한지 규정한다. 조직은 조직의 성공이 달려 있는 관련 이해관계자의 지지를 끌어들이고 확득하며 유지한다.

5) 지원(support)

(1) 일반사항(general)

최고경영자의 품질경영시스템 지원과 인원의 적극참여를 통하여 다음 사항이 가능하다.

① 충분한 인적 자원과 기타 다른 자원의 제공
② 프로세스와 결과에 대한 모니터링
③ 리스크와 기회의 명확화 / 결정 및 평가
④ 적절한 조치의 실행

자원에 대한 책임이 있는 획득, 배분, 증대 및 처분은 조직의 목표달성을 지원한다.

(2) 인원(people)

인원은 조직 내 필수적인 지원이다. 조직의 성과는 인원이 일하는 시스템 내에서 어떻게 행동하는지에 달려 있다. 방침과 조직이 원하는 결과에 대한 공동의 이해를 통하여 인원이 조직 내에서 적극 참여하게 되고 한 방향으로 정렬된다.

(3) 역량 / 적격성(competence)

모든 종업원이 자신의 역할과 책임을 수행하는 데 필요한 스킬, 교육훈련, 학력 및 경험을 이해하여 적용할 때 품질경영시스템이 가장 효과적이다. 인원이 필요한 역량을 개발하도록 기회를 제공하는 것은 최고경영자의 책임이다.

(4) 인식(awareness)

인원이 자신의 책임을, 그리고 자신의 행동이 조직의 목표달성에 어떻게 기여하는지를 이해할 때 인식이 조성된다.

(5) 의사소통(communication)

계획되고 효과적인 내부(㉑ 조직 전체)와 외부(㉑ 관련 이해관계자) 의사소통은 인원의 적극참여를 강화하고 다음 사항에 대한 이해를 증진시킨다.

① 조직상황
② 고객과 기타 관련 이해관계자의 니즈와 기대
③ 품질 / 환경경영시스템

2. 품질경영원칙

1) 고객중시(customer focus)

(1) 설명(statement)

품질경영의 가장 중요한 초점은 고객 요구사항을 충족시키고, 고객의 기대를 능가하기 위해 노력하는 것이다.

(2) 이론적 근거(rationale)

지속적인 성공은 조직이 고객과 기타 이해관계자의 신뢰를 끌어내고 유지될 때 달성된다.

고객과의 상호작용에 대한 모든 측면은 고객에게 더 많은 가치를 창출할 수 있는 기회를 제공한다. 고객과 기타 이해관계자의 현재와 미래의 니즈를 이해하는 것은 조직의 지속적인 성공에 기여한다.

(3) 주요 이점(key benefits)

몇몇 잠재적인 주요 이점은 다음과 같다.

① 고객가치 증가, 고객만족 증가, 고객충성도 개선
② 사업의 반복성(repeat business) 향상, 조직평판 향상
③ 고객 기반 확대, 수익과 시장점유율 증가

(4) 가능한 조치(possible actions)

가능한 조치는 다음 사항을 포함한다.

① 직간접적인 고객을 조직으로부터 가치를 받는 사람들로 인식
② 고객의 현재 및 미래의 니즈와 기대를 이해
③ 조직의 목표를 고객 니즈와 기대에 연계
④ 조직 전반에 걸쳐 고객 니즈와 기대를 의사소통
⑤ 고객 니즈와 기대를 충족시키기 위해 제품 및 서비스의 계획, 설계, 개발, 생산, 인도
⑥ 고객만족을 측정하고 모니터링하며 적절한 조치를 취함
⑦ 고객만족에 영향을 미칠 수 있는 관련 이해관계자의 니즈와 적절한 기대를 정하고 조치를 취함
⑧ 지속적인 성공을 달성하기 위해 고객과의 적극적인 관계 관리

2) 리더십(leadership)

(1) 설명(statement)

모든 계층의 리더는 목적과 방향의 통일성을 수립하고, 인원이 조직의 목표 달성에 적극 참여하는 여건을 조성한다.

(2) 이론적 근거(rationale)

조직은 목적과 방향의 통일성 조성, 그리고 인원의 적극참여를 통하여 목표를 달성하기 위해 조직의 전략, 방침, 프로세스 및 자원을 한 방향으로 정렬할 수 있다.

(3) 주요 이점(key benefits)

몇몇 잠재적인 주요 이점은 다음과 같다.

① 조직의 목표충족에 대한 효과성과 효율성 증가
② 조직의 프로세스에 대해 더 좋은 조정
③ 조직의 계층과 기능 간의 의사소통 개선
④ 바람직한 결과를 제공하기 위하여 조직과 인원의 능력개발 및 개선

(4) 가능한 조치(possible actions)

가능한 조치는 다음 사항을 포함한다.

① 조직 전반에 걸쳐 조직의 미션, 비전, 전략, 방침 및 프로세스의 의사소통
② 조직의 모든 계층에서 행동에 대한 가치공유, 공정성 및 윤리적 모델을 창출하고 유지
③ 신뢰와 진실(integrity)의 문화수립
④ 품질 / 환경에 대한 전 조직적 의지표명과 장려
⑤ 모든 계층의 리더가 조직의 인원에게 긍정적 모범임을 보장
⑥ 인원이 책무(accountability)를 갖고 행동하도록 필요한 자원, 교육훈련 및 권한을 제공
⑦ 인원의 기여에 대한 고무, 격려 및 인정

3) 전원 참여(engagement of people)

(1) 설명(statement)

조직 전반에 걸쳐 모든 계층에서 역량과 권한을 갖고 적극참여하는 인원은 가치를 창출하고 전달하는 조직의 능력증진에 필수적이다.

(2) 이론적 근거(rationale)

효과적이고 효율적으로 조직을 경영 / 관리하기 위해서는 모든 계층에서 모든 인원을 존중하여 참여하도록 하는 것이 중요하다. 인정, 권한위임 및 역량증진을 통하여 조직의 목표달성에 대한 인원의 적극 참여가 촉진된다.

(3) 주요 이점(key benefits)

몇몇 잠재적인 주요 이점은 다음과 같다.

① 목표에 대한 조직 인원의 이해 향상, 그리고 목표의 달성 의욕향상
② 개선활동에 인원의 참여 증진
③ 개인 발전, 진취성 및 창의성 증진
④ 직원만족 증진, 조직 전체에 신뢰와 협력 증진
⑤ 조직 전체에 공유된 가치와 문화에 대한 관심 증대

(4) 가능한 조치(possible actions)

가능한 조치는 다음 사항을 포함한다.

① 개인 기여의 중요성에 대한 이해를 촉진하기 위해 인원과 의사소통
② 조직 전체에 협력을 촉진
③ 개방된 토론과 지식 및 경험의 공유를 촉진
④ 성과에 대한 제약조건을 정하고 두려움 없이 이니셔티브를 잡도록 권한 위임
⑤ 인원의 기여, 학습 및 개선을 포함하고 인정
⑥ 개인 목표에 대한 성과의 자체 평가가능
⑦ 직원 만족에 대한 조사를 하고, 그 결과를 의사소통하며 적절한 조치실행

4) 프로세스 접근(process approach)

(1) 설명(statement)

일관된 시스템으로 작용하는 상호 관련된 프로세스로 활동이 이해되고 관리될 때, 일관성 있고 예측 가능한 결과는 더욱 효과적이고 효율적으로 달성된다.

(2) 이론적 근거(rationale)

품질 / 환경경영시스템은 상호 관련된 프로세스로 구성된다. 이 시스템에 의해 어떻게 결과가 도출되는지 이해함으로써 조직의 시스템과 시스템의 성과를 최적화할 수 있다.

(3) 주요 이점(key benefits)

몇몇 잠재적인 주요 이점은 다음과 같다.

① 개선에 대한 핵심 프로세스와 기회에 노력을 집중하는 능력을 증진
② 정렬된 프로세스의 시스템을 통해 일관되고 예측 가능한 결과 도출
③ 효과적인 프로세스 관리, 자운의 효율적인 활용, 그리고 부서 간 장벽(cross-functional barriers) 감소를 통한 성과를 최적화
④ 조직의 일관성, 효과성 및 효율성에 관련된 이해관계자에게 신뢰제공 가능

(4) 가능한 조치(possible actions)

가능한 조치는 다음 사항을 포함한다.

① 목표를 달성하기 위해 필요한 시스템과 프로세스의 목표를 규정
② 프로세스 관리에 대한 권한, 책임 및 책무(accountability)를 수립
③ 조직의 능력을 이해하고 조치가 취해지기 전에 자원의 제약을 결정
④ 프로세스의 상호 의존성을 정하고, 전체 시스템에 대한 개별 프로세스 변경 효과 분석
⑤ 조직의 목표를 효과적이고 효율적으로 달성하기 위해 프로세스와 프로세스 상호 관계를 하나의 시스템으로 관리
⑥ 필요한 정보가 프로세스 운영 및 개선에 이용 가능하고 전반적인 시스템 성과의 모니터링, 분석 및 평가에 이용 가능함을 보장
⑦ 프로세스 출력과 경영시스템의 전반적인 결과에 영향을 미칠 수 있는 리스크를 관리

5) 개선(improvement)

(1) 설명(statement)

성공적인 조직은 지속적으로 개선에 초점을 맞춘다.

(2) 이론적 근거(rationale)

조직이 현재 수준을 성과를 유지하고, 내부와 외부 조건의 변화에 대응하며 새로운 기회를 창조하기 위해서 개선은 필수적이다.

(3) 주요 이점(key benefits)

몇몇 잠재적인 주요 이점은 다음과 같다.

① 프로세스 성과, 조직의 능력 및 고객만족 개선
② 예방조치 및 시정조치 전에 근본 원인조사 및 결정의 중요성 증진
③ 내부 및 외부 리스크와 기회를 예측하고 대응하는 능력의 증진
④ 점진적인 개선과 획기적인 개선 모두의 고려를 증진
⑤ 개선을 위한 학습의 활용을 개선
⑥ 혁신을 위한 드라이브 증진

(4) 가능한 조치(possible actions)

가능한 조치는 다음 사항을 포함한다.

① 조직의 모든 계층에서 개선 목표의 수립을 촉진
② 개선 목표를 달성하기 위한 기본적인 도구 및 방법론의 적용방법에 관하여 모든 계층 인원의 교육과 훈련
③ 개선 프로젝트의 성공적인 촉진과 완결을 위한 역량을 갖춘 인원을 보장
④ 조직 전반에 걸쳐 개선 프로젝트를 실행하는 프로세스의 개발 및 전개
⑤ 개선 프로젝트의 기획, 실행, 완료 및 결과의 추적, 검토 및 심사
⑥ 신규 또는 수정된 제품 및 서비스와 프로세스 개발에 개선의 고려를 통합
⑦ 개선의 인식 및 인정

6) 증거 기반 의사결정(evidence-based decision making)

(1) 설명(statement)

데이터와 정보의 분석 및 평가에 기반을 둔 의사결정은 원하는 결과를 도출할 가능성이 더 높아진다.

(2) 이론적 근거(rationale)

의사결정은 복잡한 프로세스가 될 수 있고, 항상 어느 정도의 불확실성을 수반한다. 주관적일 수 있는 해석뿐만 아니라, 여러 유형과 원천의 입력을 종종 포함한다. 인과 관계와 잠재적이고 의도하지 않은 결과를 이해하는 것이 중요하다. 사실, 증거 및 데이터 분석은 의사결정에 대하여 더 큰 객관성과 신뢰성을 높인다.

(3) 주요 이점(key benefits)

몇몇 잠재적인 주요 이점은 다음과 같다.

① 의사결정 프로세스의 개선
② 프로세스 성과와 목표달성 능력의 개선
③ 운용의 효과성과 효율성 개선
④ 의견과 의사결정을 검토, 대응 및 변경하는 능력의 강화
⑤ 과거 의사결정의 효과성을 실증하는 능력의 강화

(4) 가능한 조치(possible actions)

가능한 조치는 다음 사항을 포함한다.

① 조직의 성과를 실증하는 주요 지표의 결정, 측정 및 모니터링
② 모든 필요한 데이터를 관련 인원이 이용 가능하게 함
③ 데이터와 정보는 충분히 정확하고, 신뢰성이 있고 안전함을 보장
④ 적절한 방법을 활용하여 데이터와 정보의 분석 및 평가
⑤ 인원이 필요에 따라 데이터를 분석 및 평가하는 역량이 있음을 보장
⑥ 경험과 직관과의 균형을 맞추어 증거를 기반으로 한 의사결정과 조치

7) 관계 경영(relationship management)

(1) 설명(statement)

지속적인 성공을 위해 조직은 공급자와 같은 관련 이해관계자와의 관계를 관리한다.

(2) 이론적 근거(rationale)

관련 이해관계자는 조직의 성과에 영향을 미친다. 조직의 성과에 대한 이해관계자의 영향을 최적화하도록 모든 이해관계자와의 관계를 관리할 경우, 지속적인 성공은 더욱 달성되기 쉽다. 제공자와 파트너 네트워크와의 관계관리가 특히 중요하다.

(3) 주요 이점(key benefits)

몇몇 잠재적인 주요 이점은 다음과 같다.

① 각 이해관계자와 관련된 기회와 제약사항에 대한 대응을 통해 조직과 관련 이해관계자의 성과 증진

② 이해관계자와 함께 목표와 가치의 공통 이해

③ 자원과 역량의 공유, 그리고 품질 / 환경 관련 리스크 관리에 의해 이해관계자의 가치를 창출하는 능력향상

④ 제품 및 서비스의 안정적인 흐름을 제공하는, 잘 관리된 공급망

(4) 가능한 조치(possible actions)

가능한 조치는 다음 사항을 포함한다.

① 관련 이해관계자(㉔ 공급자, 파트너, 고객, 투자자, 종업원 또는 사회 전체) 및 조직과의 관계를 명확히 함

② 관리할 필요가 있는 이해관계자 관계를 정하고 우선순위를 결정

③ 단기적 이익이 장기적 고려와 균형되는 관계를 구축

④ 관련 이해관계자와 정보, 전문지식 및 자원을 수집하여 공유

⑤ 개발 발의를 증진하기 위하여 해당되는 경우, 성과를 측정하여 이해관계자

에게 성과피드백을 제공

⑥ 제공자, 파트너 및 기타 이해관계자와의 공동개발 및 개선활동 수립

⑦ 제공자와 파트너에 의한 개선과 성과를 격려하고 인정

3. 용어와 정의

1) ISO 9000 : 2005 vs ISO 9000 : 2015 용어 비교요약표

ISO 9000 : 2005			ISO 9000 : 2015		
조항	용어구분	수량	조항	용어구분	수량
3.1	품질 관련 용어	5	3.1	사람(person or people) 관련 용어	6
3.2	경영 관련 용어	15	3.2	조직 관련 용어	9
3.3	조직 관련 용어	7	3.3	활동(activity) 관련 용어	13
3.4	프로세스 및 제품 관련 용어	5	3.4	프로세스 관련 용어	8
3.5	특성 관련 용어	4	3.5	시스템 관련 용어	12
3.6	적합성 관련 용어	13	3.6	요구사항 관련 용어	15
3.7	문서 관련 용어	6	3.7	결과(result) 관련 용어	11
3.8	조사 관련 용어	7	3.8	데이터, 정보 및 문서(document) 관련 용어	15
3.9	심사 관련 용어	12	3.9	고객 관련 용어	6
3.10	측정 프로세스에 대한 품질보증 관련 용어	6	3.10	특성 관련 용어	7
			3.11	결정(determine) 관련 용어	9
			3.12	조치(action) 관련 용어	10
			3.13	심사(audit) 관련 용어	17
계		80	계		138

2) ISO 9000 : 2015 품질경영시스템 - 기본사항과 용어

카테고리별 용어는 다음을 참고하지만 자세한 용어와 정의는 KS Q ISO 9000 : 2015를 따른다.

3.1 Terms related to person or people
3.1.1 Top management(최고경영자 / 최고경영진)
3.1.2 QMS consultant(품질경영시스템 컨설턴트)

3.1.3 involvement(참여)
3.1.4 engagement(적극참여)
3.1.5 configuration authority(형상 / 컨피규레이션 책임자)
3.1.6 dispute resolver(분쟁해결자)

3.2 Terms related to organization
3.2.1 organization(조직)
3.2.2 context of the organization(조직의 상황)
3.2.3 interested party(이해관계자)
3.2.4 customer(고객)
3.2.5 provider(공급자)
3.2.6 external provider(외부 공급자)
3.2.7 DRP(dispute resolution process)−provider(DRP 공급자)−분쟁해결 프로세스 공급자
3.2.8 association(협회)
3.2.9 metrological function(측정학적 / 계량학적 기능)

3.3 Terms related to activity
3.3.1 improvement(개선)
3.3.2 continual improvement(지속적 개선)
3.3.3 management(경영 / 관리)
3.3.4 quality management(품질경영)
3.3.5 quality planning(품질기획)
3.3.6 quality assurance(품질보증)
3.3.7 quality control(품질관리)
3.3.8 quality improvement(품질개선)
3.3.9 configuration management(형상관리)
3.3.10 change control(변경관리)
3.3.11 activity(활동)
3.3.12 project management(프로젝트 관리)
3.3.13 configuration object(형상 대상)

3.4 Terms related to process
3.4.1 process(프로세스)
3.4.2 project(프로젝트)
3.4.3 QMS realization(품질경영시스템 실현)
3.4.4 competence acquisition(역량 / 적격성 획득)
3.4.5 procedure(절차)
3.4.6 outsource(verb)(외주처리하다)
3.4.7 contract(계약)
3.4.8 design and development(설계 및 개발)

3.5 Terms related to system
3.5.1 system(시스템)
3.5.2 infrastructure(기반구조)
3.5.3 management system(경영시스템)
3.5.4 quality management system(품질경영시스템)
3.5.5 work environment(업무환경)
3.5.6 metrological confirmation(측정학적 / 계량학적 확인)
3.5.7 measurement management system(측정경영시스템)
3.5.8 policy(방침)
3.5.9 quality policy(품질방침)
3.5.10 vision(비전)
3.5.11 mission(미션)
3.5.12 strategy(전략)

3.6 Terms related to requirement
3.6.1 object(대상)
3.6.2 quality(품질)
3.6.3 grade(등급)
3.6.4 requirement(요구사항)
3.6.5 quality requirement(품질 요구사항)
3.6.6 statutory requirement(법적 요구사항)
3.6.7 regulatory requirement(규제적 요구사항)
3.6.8 product configuration information(제품형상 정보)
3.6.9 nonconformity(부적합)
3.6.10 defect(결함)
3.6.11 conformity(적합)
3.6.12 capability(능력)
3.6.13 traceability(추적성)
3.6.14 dependability(신인성)
3.6.15 innovation(혁신)

3.7 Terms related to result
3.7.1 objective(목표)
3.7.2 quality objective(품질목표)
3.7.3 success(성취 / 성공)
3.7.4 sustained success(지속적 성취 / 성공)
3.7.5 output(출력 / 산출물)
3.7.6 product(제품)
3.7.7 service(서비스)
3.7.8 performance(성공)
3.7.9 risk(리스크)

3.7.10 efficiency(효율성)
3.7.11 effectiveness(효과성)

3.8 Terms related to data, information and document
3.8.1 data(데이터)
3.8.2 information(정보)
3.8.3 objective evidence(객관적 증거)
3.8.4 information system(정보 시스템)
3.8.5 document(문서)
3.8.6 documented information(문서화된 정보)
3.8.7 specification(시방서)
3.8.8 quality manual(품질 매뉴얼)
3.8.9 quality plan(품질계획서)
3.8.10 record(기록)
3.8.11 project management plan(프로젝트 관리계획서)
3.8.12 verification(검증)
3.8.13 validation(실현성 확인 / 타당성 확인)
3.8.14 configuration status accounting(형상상태 기록)
3.8.15 specific case(특정 사안)

3.9 Terms related to customer
3.9.1 feedback(피드백)
3.9.2 customer satisfaction(고객만족)
3.9.3 complaint(불만 / 불평)
3.9.4 customer service(고객 서비스)
3.9.5 customer satisfaction code of conduct(고객만족 행동강령 / 행동수칙)
3.9.6 dispute(분쟁)

3.10 Terms related to characteristic
3.10.1 characteristic(특성)
3.10.2 quality characteristic(품질특성)
3.10.3 human factor(인적 요인)
3.10.4 competence(역량 / 적격성)
3.10.5 metrological characteristic(측정학적 / 계량학적 특성)
3.10.6 configuration(형상)
3.10.7 configuration baseline(형상 베이스라인)

3.11 Terms related to determination
3.11.1 determination(확인 / 결정)
3.11.2 review(검토)
3.11.3 monitoring(모니터링)

3.11.4 measurement(측정)
3.11.5 measurement process(측정 프로세스)
3.11.6 measurement equipment(측정장비)
3.11.7 inspection(검사)
3.11.8 test(시험)
3.11.9 progress evaluation(진도평가)

3.12 Terms related to action
3.12.1 preventive action(예방조치)
3.12.2 corrective action(시정조치)
3.12.3 correction(시정)
3.12.4 regrade(재등급 / 등급변경)
3.12.5 concession(특채)
3.12.6 deviation permit(규격완화)
3.12.7 release(불출 / 출시 / 해제)
3.12.8 rework(재작업)
3.12.9 repair(수리)
3.12.10 scrap(폐기)

3.13 Terms related to audit
3.13.1 audit(심사)
3.13.2 combined audit(결합심사)
3.13.3 joint audit(합동심사)
3.13.4 audit programme(심사 프로그램)
3.13.5 audit scope(심사범위)
3.13.6 audit plan(심사계획서)
3.13.7 audit criteria(심사기준)
3.13.8 audit evidence(심사증거)
3.13.9 audit findings(심사 발견사항)
3.13.10 audit conclusion(심사결론)
3.13.11 audit client(심사의뢰자)
3.13.12 auditee(피심사자)
3.13.13 guide(안내자)
3.13.14 audit team(심사팀)
3.13.15 auditor(심사원)
3.13.16 technical expert(기술전문가)
3.13.17 observer(참관인)

3.2 ISO 14001 : 2015 환경경영시스템 요구사항(용어와 정의)

3. ISO 14001 : 2015 환경경영시스템 요구사항(3항 용어와 정의만 발췌)

- 보다 상세한 용어정의는 해당 규격서 KS I ISO 14001 : 2016 참고바람
- 용어의 번호는 규격서에서의 번호를 의미함

3.1 조직 및 리더십 관련 용어

3.1.1 경영시스템(management system)

방침과 목표(3.2.5)를 수립하고, 그 목표의 달성을 위한 프로세스(3.3.5)를 수립하는 조직(3.1.4)의 상호 관련되거나 상호 작용하는 조직요소의 집합

3.1.2 환경경영시스템(environmental management system)

환경측면(3.2.2)을 관리하고, 준수의무사항(3.2.9)을 충족하며, 리스크 및 기회(3.2.11)를 다루기 위한 경영시스템(3.1.1)의 일부

3.1.3 환경방침(environmental policy)

최고경영자(3.1.5)에 의해 공식적으로 제시된 환경성과(3.4.11)와 관련된 조직의 의도 및 방향

3.1.4 조직(organization)

조직의 목표(3.2.5)달성에 책임, 권한 및 관계가 있는 자체의 기능을 가지 사람 또는 사람의 집단

3.1.5 최고경영자(top management)

최고의 계층에서 조직(3.1.4)을 지휘하고 관리하는 사람 또는 그룹

3.1.6 이해관계자(interested party)

의사결정 또는 활동에 영향을 줄 수 있거나 영향을 받을 수 있거나 또는 그들 자신이 영향을 받는다는 인식을 할 수 있는 사람 또는 조직(3.1.4)

3.2 기획 관련 용어

3.2.1 환경(environment)

조직(3.1.4)이 운용되는 주변여건(공기, 물, 토양, 천연자원, 식물군, 동

물군, 인간 및 이들 요소간의 상호관계를 포함)

3.2.2 환경측면(environmental aspect)

환경(3.2.1)과 상호작용하거나 상호작용할 수 있는 조직(3.1.4)의 활동 또는 제품 또는 서비스 요소

3.2.3 환경여건(environmental condition)

어떤 시점에서 결정된 환경의 상태 또는 특성

3.2.4 환경영향(environmental impact)

조직(3.1.4)의 환경측면(3.2.2)에 의해 전체적 또는 부분적으로 환경(3.2.1)에 좋은 영향을 미치거나 나쁜 영향을 미칠 수 있는 모든 환경변화

3.2.5 목표(objectives)

달성되어야 할 결과

3.2.6 환경목표(environmental objectives)

환경방침(3.1.3)과 일관성이 있게 조직(3.1.4)이 설정한 목표(3.2.6)

3.2.7 오염예방(prevention of pollution)

부정적 환경적 영향(3.2.4)을 감소시키기 위하여 어떠한 형태의 오염물질 또는 폐기물의 발생, 방출 또는 배출의 회피, 저감 또는 관리(분리 또는 조합하여)를 위한 프로세스(3.3.5), 관행, 기술, 재료, 제품, 서비스 또는 에너지의 사용

3.2.8 요구사항(requirement)

명시적이거나 일반적으로 묵시적이거나 또는 의무적인 니즈(needs) 또는 기대

3.2.9 준수의무사항(compliance obligations, 표준용어)

법적 요구사항 및 그 밖의 요구사항(legal requirements and other requirements, 허용용어)

조직(3.1.4)이 준수해야 하는 법적 요구사항(3.2.8)과 조직이 준수해야 하거나 준수하기로 선택한 그 밖의 요구사항

3.2.10 리스크(risk)

불확실성의 영향(effect)

3.2.11 리스크와 기회(risk and opportunities)

잠재적 악영향(위협)과 잠재적 유익한 결과(기회)

3.3 지원 및 운용 관련 용어

3.3.1 역량(competence)

의도된 결과를 달성하기 위해 지식과 기술을 적용하는 능력

3.3.2 문서화된 정보(documented information)

조직(3.1.4)에 의해 관리되고 유지되도록 요구되는 정보와 그 정보가 포함되어 있는 매체

3.3.3 전과정(life cycle)

천연자원으로부터 원료의 획득 또는 채취에서 최종 폐기까지의 제품(서비스)시스템의 연속적이고 상호 연결된 단계

3.3.4 외주처리하다(outsource)

외부 조직(3.1.4)이 조직의 기능 또는 프로세스(3.3.5)의 일부를 수행하도록 하다

3.3.5 프로세스(process)

입력을 출력으로 전환하는 상호 작용하는 활동의 집합

3.4 성과평가 및 개선 관련 용어

3.4.1 심사(audit)

심사기준에 충족되는 정도를 결정하기 위하여 심사증거를 수집하고 객관적으로 평가하기 위한 체계적이고 독립적이며 문서화된 프로세스(3.3.5)

3.4.2 적합(conformity)

요구사항(3.2.8)의 충족

3.4.3 부적합(nonconformity)

요구사항(3.2.8)의 불충족

3.4.4 시정조치(corrective action)

부적합(3.4.3)의 원인을 제거하고 재발을 방지하기 위한 조치

3.4.5 지속적 개선(continual improvement)

성과(3.4.10)를 향상시키기 위하여 반복하는 활동

3.4.6 효과성(effectiveness)

계획한 활동이 실현되어 계획한 결과가 달성되는 정도

3.4.7 지표(indicator)

운용, 경영 또는 여건의 조건 및 상태를 측정할 수 있는 대표값

3.4.8 모니터링(monitoring)

시스템, 프로세스(3.3.5) 또는 활동의 상태를 규명(determine)하는 것

3.4.9 측정(measurement)

하나의 값을 결정하는 프로세스(3.3.5)

3.4.10 성과(performance)

측정 가능한 결과

3.4.11 환경성과(environmental performance)

환경측면(3.2.2)의 관리(management)와 관련된 성과

연습문제

1. 다음 용어를 설명하시오.
   (KS Q ISO 9001 : 2015 혹은 KS I ISO 14001 : 2015를 이용하시오)
   1) 방침(policy)
   2) 목표(objective)
   3) 객관적 증거(objective evidence)
   4) 문서화된 정보(documented information)
   5) 시정조치(corrective action)
   6) 부적합(nonconformity)
   7) 환경측면(environment aspects)
   8) 효과성과 효율성(effectiveness, efficiency)
   9) 심사(audit)
   10) 특채(concession)

2. 다음 용어는 무엇을 설명한 용어인가?
   (KS Q ISO 9001 : 2015 혹은 KS I ISO 14001 : 2015를 이용하시오)
   1) 조직의 목표달성에 대한 책임, 권한 및 관계가 있는 자체의 기능을 가진 사람 또는 사람의 집단(   )
   2) 측정 가능한 결과(   )
   3) 조직의 목표달성과 개발에 대한 조직의 접근법에 영향을 줄 수 있는 내부 및 외부 이슈의 조합(   )
   4) 형상을 지시하고 관리하기 위한 조정 활동(   )
   5) 활동 또는 프로세스를 수행하기 위하여 규정된 방식(   )
   6) 상호 관련되거나 상호 작용하는 요소들의 집합(   )
   7) 법적 기관이 규정한 의무 요구사항(   )
   8) 제품 또는 서비스를 제공하는 조직(   )
   9) 천연자원으로부터 원료의 획득 및 생성에서 최종처분까지 제품 (또는 서비스) 시스템의 연속 또는 연결된 단계(   )
   10) 불확실한 영향(   )

제4장

품질 / 환경경영시스템 프로세스와 요구사항 이해 (ISO 9001 & 14001 : 2015)

4.1 ISO 9001 : 2015 vs ISO 9001 : 2008 요구사항 비교
4.2 ISO 14001 : 2015 vs ISO 14001 : 2004 요구사항 비교
4.3 프로세스 정의와 구분
4.4 품질/환경경영시스템 통합 실무
■ 연습문제

4.1 ISO 9001 : 2015 vs ISO 9001 : 2008 요구사항 비교

ISO 9001 : 2015	ISO 9001 : 2008
1. Scope(적용 범위)	1 Scope(적용범위) 1.1 General(일반사항) 1.2 Application(적용)
2. 인용 표준	2. 인용표준
3. 용어와 정의	3. 용어와 정의
4. Context of the organization(조직상황)	4. Quality management system 품질경영시스템
4.1 Understanding the organization and its context(조직과 조직상황 이해)	
4.2 Understanding the needs and expectations of interested parties (이해관계자 니즈 및 기대의 이해)	
4.3 Determining the scope of the quality management system (품질경영시스템의 범위 결정)	1.2 Application(적용) 4.2.2 Quality manual(품질 매뉴얼)
4.4 Quality management system and its processes(품질경영시스템과 그 프로세스)	4. Quality management system 4.1 General requirements(일반사항)
5. Leadership(리더십)	5. Management responsibility(경영자 책임)
5.1 Leadership and commitment (리더십과 의지표명)	5.1 Management commitment(경영자 의지)
5.1.1 General(일반사항)	5.1 Management commitment(경영자 의지)
5.1.2 Customer focus(고객 초점)	5.2 Customer focus(고객중심)
5.2 Policy(방침)	5.3 Quality policy(품질방침)
5.2.1 Developing the Quality Policy (품질방침의 수립)	
5.2.2 Communicating the Quality Policy (품질방침에 대한 의사소통)	
5.3 Organizational roles, responsibilities and authorities(조직의 역할, 책임 및 권한)	5.5.1 Responsibility and authority (책임 및 권한) 5.5.2 Management representative(경영자 대리인) 5.4.2 Quality management system planning
6. Planning(기획)	5.4.2 Quality management system planning
6.1 Actions to address risks and opportunities (리스크와 기회를 다루는 조치)	5.4.2 Quality management system planning 8.5.3 Preventive action(예방조치)
6.2 Quality objectives and planning to achieve them(품질목표와 품질목표달성 기획)	5.4.1 Quality objectives(품질목표)
6.3 Planning of changes(변경의 기획)	5.4.2 Quality management system planning
7. Support(지원)	6 Resource management(자원관리)

7.1 Resources(자원)	
7.1.1 General(일반사항)	6.1 Provision of resources(자원확보)
7.1.2 People(인원)	
7.1.3 Infrastructure(기반구조)	6.3 Infrastructure(기반구조)
7.1.4 Environment for the operation of processes (프로세스 운용 환경)	6.4 Work environment(업무환경)
7.1.5 Monitoring and measuring resources (모니터링 및 측정 자원)	7.6 Control of monitoring and measuring equipment(모니터링 장비 및 측정장비 관리)
7.1.5.1 General(일반사항)	
7.1.5.2 Measurement traceability(측정 소급성)	7.6 Control of monitoring and measuring equipment
7.1.6 Organizational knowledge(조직의 지식)	No equivalent clause
7.2 Competence(역량/적격성)	6.2.1 General(일반사항) 6.2.2 Competence, training and awareness (적격성, 훈련 및 인식)
7.3 Awareness(인식)	6.2.2 Competence, training and awareness (적격성, 훈련 및 인식)
7.4 Communication(의사소통)	5.5.3 Internal communication(내부 의사소통)
7.5 Documented information(문서화된 정보)	4.2 Documentation requirements(문서화 요구사항)
7.5.1 General(일반사항)	4.2.1 General(일반사항)
7.5.2 Creating and updating(작성 및 갱신)	4.2.3 Control of documents(문서관리) 4.2.4 Control of records(기록관리)
7.5.3 Control of documented Information (문서화된 정보의 관리)	
8. Operation(운용)	7. Product realization(제품실현)
8.1 Operational planning and control (운용기획 및 관리)	7.1 Planning of product realization (제품실현의 기획)
8.2 Requirements for products and services (제품 및 서비스 요구사항)	7.2 Customer-related processes (고객 관련 프로세스)
8.2.1 Customer communication (고객과의 의사소통)	7.2.3 Customer communication (고객과의 의사소통)
8.2.2 Determination of requirements related to products and services (제품 및 서비스에 대한 요구사항의 결정)	7.2.1 Determination of requirements related to the product (제품 관련 요구사항의 결정)
8.2.3 Review of requirements related to products and services (제품 및 서비스에 대한 요구사항의 검토)	7.2.2 Review of requirements related to the product (제품 관련 요구사항의 검토)
8.2.4 Changes to requirements for products and services (제품 및 서비스에 대한 요구사항의 변경)	
8.3 Design and development of products and services (제품 및 서비스의 설계 및 개발)	7.3 Design and development (설계 및 개발)
8.3.1 General(일반사항)	7.3.1 Design and development planning

8.3.2 Design and development planning (설계와 개발 기획)	(설계 및 개발 기획)
8.3.3 Design and development inputs (설계와 개발 입력)	7.3.2 Design and development inputs (설계 및 개발 입력사항)
8.3.4 Design and development controls (설계와 개발 관리)	7.3.4 Design and development review (설계 및 개발 검토) 7.3.5 Design and development verification (설계 및 개발 검증) 7.3.6 Design and development validation (설계 및 개발 타당성 확인)
8.3.5 Design and development outputs (설계와 개발 출력)	7.3.3 Design and development outputs (설계 및 개발 출력사항)
8.3.6 Design and development changes (설계와 개발 변경)	7.3.7 Control of design and development changes (설계 및 개발 변경관리)
8.4 Control of externally provided processes, products and services (외부에서 제공되는 프로세스, 제품 및 서비스의 관리)	4.1 I General requirements(일반사항) 7.4.1 Purchasing process(구매 프로세스)
8.4.1 General(일반사항)	7.4.1 Purchasing process(구매 프로세스)
8.4.2 Type and extent of control (관리의 유형과 정도)	7.4.1 Purchasing process(구매 프로세스) 7.4.3 Verification of purchased product (구매제품의 검증)
8.4.3 Information for external providers (외부 공급자를 위한 정보)	7.4.2 Purchasing information(구매정보) 7.4.3 Verification of purchased product (구매제품의 검증)
8.5 Production and service provision (생산 및 서비스 제공)	7.5 Production and service provision (생산 및 서비스 제공)
8.5.1 Control of production and service provision (생산 및 서비스 제공의 관리)	7.5.1 Control of production and service provision(생산 및 서비스 제공의 관리) 7.5.2 Validation of processes for production and service provision (생산 및 서비스 제공에 대한 프로세스의 실현성 확인)
8.5.2 Identification and traceability (식별 및 추적성)	7.5.3 Identification and traceability (식별 및 추적성)
8.5.3 Property belonging to customers or external providers (고객 또는 외부 공급자의 재산)	7.5.4 Customer property(고객재산)
8.5.4 Preservation(보존)	7.5.5 Preservation of product(제품의 보존)
8.5.5 Post-delivery activities(인도 후 활동)	7.5.1 Control of production and service provision (생산 및 서비스 제공의 관리)
8.5.6 Control of changes(변경관리)	7.3.7 Control of Design and Development Changes (설계 및 개발 변경관리)

8.6 Release of products and services (제품 및 서비스의 불출)	7.4.3 Verification of purchased product (구매제품의 검증) 8.2.4 Monitoring and measurement of product (제품의 모니터링 및 측정)
8.7 Control of nonconforming outputs (부적합 출력/산출물 관리)	8.3 Control of nonconforming product (부적합 제품의 관리)
9. Performance evaluation(성과 평가)	8. Measurement, analysis and improvement (측정, 분석 및 개선)
9.1 Monitoring, measurement, analysis and evaluation(모니터링, 측정, 분석 및 평가)	
9.1.1 General(일반사항)	8.1 General(일반사항) 8.2.3 Monitoring and Measurement Processes (모니터링 및 측정 프로세스)
9.1.2 Customer satisfaction(고객만족)	8.2.1 Customer satisfaction(고객만족)
9.1.3 Analysis and evaluation(분석 및 평가)	8.4 Analysis of data(데이터의 분석)
9.2 Internal audit(내부심사)	8.2.2 Internal audit(내부심사)
9.3 Management review(경영검토/경영평가)	5.6 Management review(경영검토)
9.3.1 General(일반사항)	5.6.1 General(일반사항)
9.3.2 Management review input(경영검토 입력)	5.6.2 Review input(검토 입력)
9.3.3 Management review output(경영검토 출력)	5.6.3 Review output(검토 출력)
10. Improvement(개선)	8.5 Improvement(개선)
10.1 General(일반사항)	8.5.1 Continual improvement(지속적 개선)
10.2 Nonconformity and corrective action (부적합 및 시정조치)	8.3 Control of nonconforming product (부적합 제품의 관리) 8.5.2 Corrective action(시정조치)
10.3 Continual Improvement(지속적 개선)	8.5.1 Continual improvement(지속적 개선) 8.5.3 Preventive action(예방조치)

4.2 ISO 14001 : 2015 vs ISO 14001 : 2004 요구사항 비교

ISO 14001 : 2015	ISO 14001 : 2004
1. Scope(적용범위)	1 Scope(적용범위)
	2. 인용표준
	3. 용어와 정의
4. Context of the organization(조직상황)	4. Environmental management system (환경경영시스템)
4.1 Understanding the organization and its context(조직 및 조직상황의 이해)	

4.2 Understanding the needs and expectations of interested parties (이해관계자의 니즈 및 기대 이해)	
4.3 Determining the scope of the environmental management system (환경경영시스템의 적용범위 결정)	4.1 General requirement(일반 요구사항)
4.4 Environmental management system and its processes (환경경영시스템 및 그 프로세스)	
5. Leadership(리더십)	
5.1 Leadership and commitment (리더십과 의지표명)	4.1 General requirements(일반 요구사항)
5.2 Environmental Policy(환경방침)	4.2 Environmental policy(환경방침)
5.3 Organizational roles, responsibilities and authorities(조직의 역할, 책임 및 권한)	4.4.1 Resources, roles, responsibility and authority (자원, 역할, 책임 및 권한)
6. Planning(기획)	4.3 Planning(기획)
6.1 Actions to address risks and opportunities (리스크와 기회를 다루기 위한 조치)	
6.1.1 General(일반사항)	
6.1.2 Environmental aspects(환경측면)	4.3.1 Environmental aspects(환경측면)
6.1.3 준수의무사항	4.3.2 Legal and other requirements (법규 및 기타 요구사항)
6.1.4 조치계획	
6.2 environmental objectives and planning to achieve them (환경목표와 이를 달성하기 위한 기획)	4.3.3 Objectives, target and program (목표, 세부목표 및 프로그램)
6.2.1 환경목표	
6.2.2 환경목표 달성을 위한 조치계획	
7. Support(지원)	4.4 Imprementation and operation (실행 및 운영)
7.1 Resources(자원)	4.4.1 Resources, roles, responsibility and authority (자원, 역할, 책임 및 권한)
7.2 Competence(역량)	4.4.2 Competence, training and awareness (적격성, 훈련 및 인식)
7.3 Awareness(인식)	
7.4 Communication(의사소통) 7.4.1 General(일반사항) 7.4.2 Internal Communication (내부 의사소통) 7.4.2 External Communication (외부 의사소통)	4.4.3 Communication(의사소통)
7.5 Documented information (문서화된 정보)	4.4.4 Documentation(문서화)
7.5.1 General(일반사항)	
7.5.2 Creating and updating(작성 및 갱신)	4.4.5 Control of documents(문서관리)

7.5.3 Control of documented Information (문서화된 정보의 관리)	4.5.4 Control of records(기록관리)
8. Operation(운용)	4.4 Imprementation and operation (실행 및 운영)
8.1 Operational planning and control (운용기획 및 관리)	4.4.6 Operation control(운영관리)
8.2 Emergency preparedness and response (비상사태 대비 및 대응)	4.4.7 Emergency preparedness and response (비상시 대비 및 대응)
9. Performance evaluation(성과 평가)	4.5 Checking(점검)
9.1 Monitoring, measurement, analysis and evaluation (모니터링, 측정, 분석 및 평가)	4.5.1 Monitoring and Measurement (모니터링 및 측정)
9.1.1 General(일반사항)	
9.1.2 Evaluation of compliance(준수평가)	4.5.2 준수평가(Evaluation of compliance)
9.1.3 Analysis and evaluation(분석 및 평가)	
9.2 Internal audit(내부심사)	4.5.5 Internal audit(내부심사)
9.2.1 General(일반사항)	
9.2.2 Internal audit programme (내부심사 프로그램)	
9.3 Management review(경영 검토)	4.6 Management review(경영검토)
10. Improvement(개선)	8.5 Improvement(개선)
10.1 General(일반사항)	8.5.1 Continual improvement(지속적 개선)
10.2 Nonconformity and corrctive action (부적합 및 시정조치)	4.5.3 Nonconformity, corrective action and preventive action (부적합, 시정조치 및 예방조치)
10.3 Continual Improvement (지속적 개선)	

4.3 프로세스 정의와 구분

1. 프로세스(KS Q ISO 9000 : 2015 / 3.4.1)

1) 활동의 집합

의도된 결과(intended results)를 만들어 내기 위해 입력을 사용하여 상호 관련되거나 상호작용하는 활동의 집합이다.

비고	1. 프로세스의 "의도된 결과"는 출력, 제품 또는 서비스 중 무엇인지는 내용의 문맥에 따른다. 2. 프로세스에 대한 입력을 일반적으로 다른 프로세스의 출력이고, 프로세스의 출력은 일반적으로 다른 프로세스의 입력이다. 3. 연속된 둘 또는 그 이상의 상호 관련되거나 상호작용하는 연속되는 프로세스도 하나의 프로세스로 볼 수 있다. 4. 조직의 프로세스는 가치를 부가하기 위하여, 일반적으로 관리된 조건하에서 계획되고 수행된다. 5. 결과로 산출된 출력의 적합성이 즉시, 또는 경제적으로 실현성을 확인할 수 없는 프로세스를 흔히 "특별 프로세스(special process)"라고 한다. 6. 이 용어의 정의는 ISO / IEC Directives, 제1부의 통합 ISO 보충판의 부속서 SL에 제시된 ISO 경영시스템 표준을 위한 공통 용어와 핵심 정의 중의 하나이다.

2) 단일 프로세스에 대한 도식적 표현

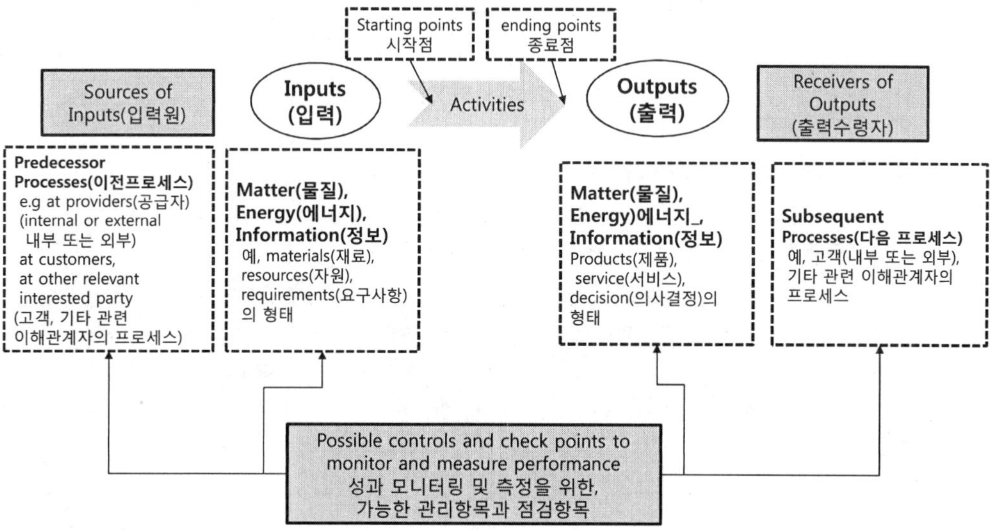

[그림 4-1] 단일 프로세스에 대한 도식적 표현

3) 프로세스와 관련된 개념

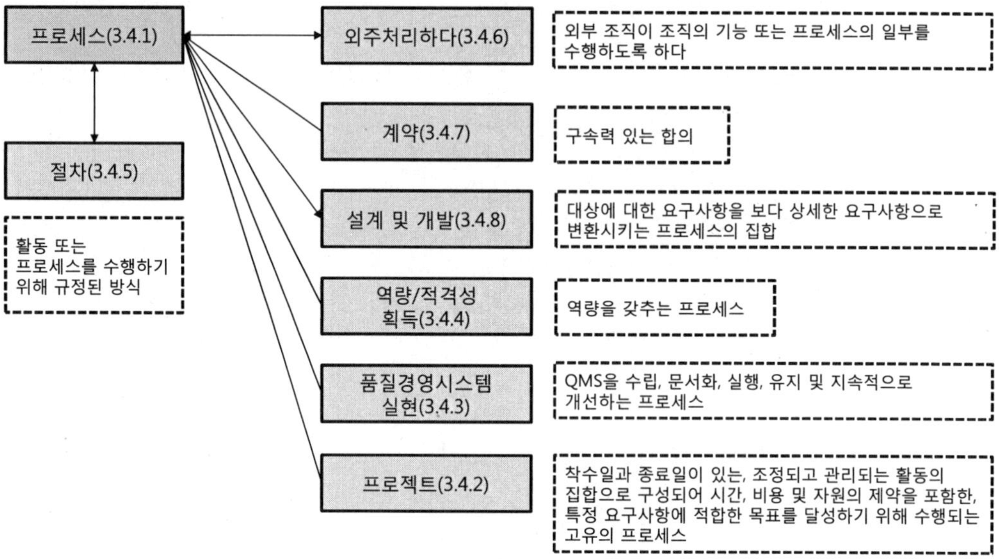

[그림 4-2] 프로세스와 관련된 개념

4) PDCA 사이클에서의 경영시스템 구조

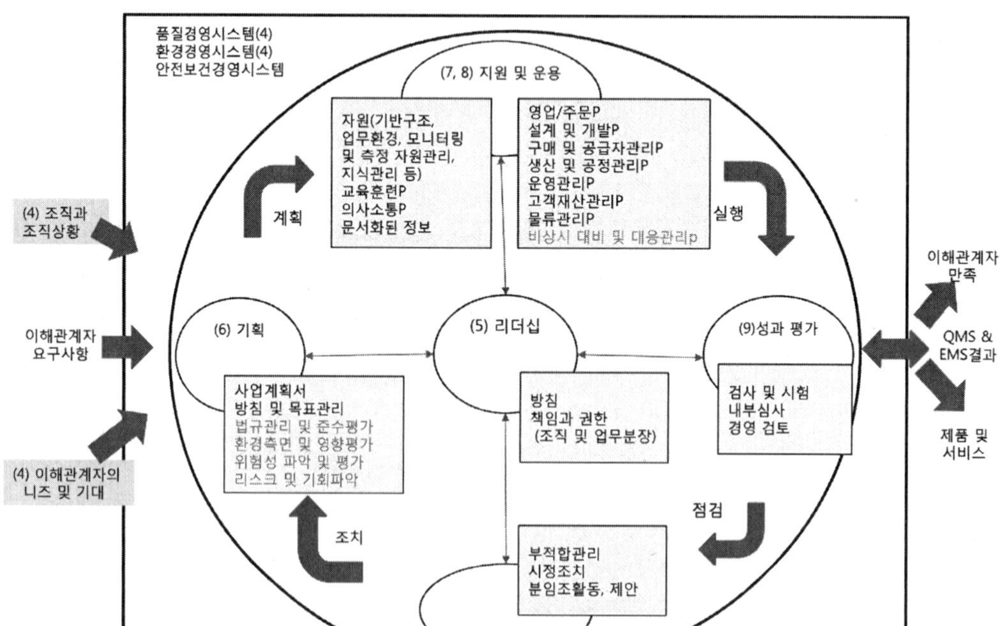

[그림 4-3] PDCA 사이클에서의 경영시스템 구조

5) 프로세스 접근방식

프로세스 접근방식은 수직적인 것보다는 수평적으로, 서로 다른 부서/부문간의 장애물을 제거하여 궁극적으로는 고객만족을 달성하는 것이 가장 큰 목적일 것이다. 이를 달성하기 위해 조직은 프로세스를 정의(Define)하고, 계획(Plan) → 실행(Do, Implement) → 점검(Check) → 조치(Action)의 사이클을 반복하는 것이다.

2. 프로세스의 구분

품질경영시스템 2008년판에서는 다음과 같이 프로세스를 구분하였다.

① 조직경영을 위한 프로세스 : 전략계획, 방침의 수립, 목표의 설정, 의사소통, 자원의 가용성 및 경영검토

② 자원경영을 위한 프로세스 : 조직경영을 위한, 실현을 위한, 측정을 위한 프로세스에 필요한 자원관리

③ (제품)실현 프로세스 : 의도된 결과물을 공급하기 위한 모든 프로세스

④ 측정, 분석 및 개선 프로세스 : 성과분석 및 효과성과 효율성의 개선을 위한 데이터의 수집, 측정 및 프로세스를 모니터링하고 심사하는 프로세스, 시정조치 및 예방조치 프로세스 등

프로세스는 조직별로 업종, 규모, 업무의 복잡성, 구성원의 적격성, 기반구조의 수준 등을 고려하여 구분하며, 다음과 같이 구분하는 경우도 있다.

① 핵심 프로세스, 고객지향 프로세스 : COP(Customer Oriented Process, Core Process)

- 주문/계약관리 프로세스
- 설계 및 개발 관리 프로세스
- 생산/공정관리 프로세스
- 고객불만관리 프로세스

② 경영 프로세스(MP : Management Process)

- 사업경영계획 프로세스
- 내부심사 프로세스

- 방침 및 목표관리 프로세스
- 지속적 개선 프로세스

③ 지원 프로세스 : SP(Support Process)

- 문서화된 정보관리 프로세스
- 구매 및 공급자 평가 / 관리 프로세스
- 인적자원 / 교육훈련관리 프로세스
- 모니터링 장비 및 측정장비관리 프로세스
- 설비 및 설비보전관리 프로세스
- 검사 및 시험관리 프로세스
- 부적합(품) 관리 및 시정조치 프로세스
- 고객재산관리 프로세스

3. 품질 / 환경경영시스템 및 그 프로세스(예)

〈표 4-1〉

구 분	ISO 9001 품질경영시스템		ISO 14001 환경경영시스템	
	조 항	프로세스 명칭	조 항	프로세스 명칭
통합경영 시스템	4.1 / 4.2 6.1 / 6.2	사업계획(business plan)관리		
	5.2, 6.2	방침 및 목표관리(management by objectives)		
	7.1.3	설비관리		
	7.1.5	모니터링 장비 및 측정장비관리		
	7.2, 7.3	교육훈련관리(지식관리 포함)		
	7.5	문서화된 정보관리		
	8.3	(신제품)설계 및 개발관리		
	8.4	구매 및 공급자 관리		
	8.7, 10.2	부적합, 시정조치		
	9.1	검사 및 시험관리(모니터링 및 측정관리)		
	8.5.5 9.1.2, 10.2	고객불만 / 고객만족관리(이해관계자의 불만사항 포함)		
	9.2	내부심사		
	9.3	경영검토		
고유 프로세스	8.5	생산 / 공정 / 운용관리	8.1	운용관리
	8.2	영업, 주문 / 계약관리	6.1.2	환경측면 및 영향평가
			8.2	비상시 대비 및 대응
			6.1.3 / 9.1.2	법규관리 및 준수평가

요구사항 조항과 프로세스의 명칭을 구분한 것은 요구사항 이해를 위해 편의상 구분한 것이며, 실제 프로세스별 요구사항 연관은 위와 같이 1~2개로 표현하는 것은 바람직하지 않다.

예를 들어 "구매 및 공급자 관리 프로세스"는 ISO 9001 : 2015 요구사항 중 8.4항 외부에서 제공되는 프로세스, 제품 및 서비스 관리와 관계가 깊으나, 구매품의 검증은 9.1항 모니터링, 측정, 분석 및 평가와도 관련이 있고, ISO 14001 : 2015 요구사항 중 8.1항 운용기획 및 관리와도 관계가 없다하지 않을 것이다.

4. 프로세스의 문서화(documentation)

1) 절차(procedure) ISO 9000 : 2015 / 3.4.5

활동 또는 프로세스를 수행하기 위하여 규정된 방식

비고 절차는 문서화될 수도 있고 문서화되지 않을 수도 있다.

2) 문서(document) ISO 9000 : 2015 / 3.8.5

정보 및 정보가 포함된 매체

[보기] 기록(record), 시방서(specification), 절차문서(procedure document), 도면(drawing), 보고서(report), 표준(standard)

1. 매체는 종이(paper), 자기(magnetic), 전자 또는 광학 컴퓨터 디스크(electronic and optical computer disc.), 사진(photograph)이나 한도견본(master sample) 또는 그것의 조합이 될 수 있다.
2. 예를 들면, 시방서 및 기록과 같은 일련의 문서를 종종 '문서류(documentation)'라고 칭한다.
3. 어떤 요구사항(예 읽을 수 있어야 하는 요구사항)은 모든 형태의 문서에 관련된다. 그러나 시방서(예 개정관리가 되어야 하는 요구사항)와 기록(예 검색 가능해야 하는 요구사항)에 대한 요구사항은 다를 수 있다.

3) 문서화된 정보(documented information) ISO 9000 : 2015 / 3.8.6

조직에 의해 관리되고 유지되도록 요구되는 정보 및 정보가 포함되어 있는 매체

비고	1. 문서화된 정보는 어떠한 형태 및 매체일 수 있으며 어떠한 출처로부터 올 수 있다. 2. 문서화된 정보는 다음으로 언급될 수 있다. • 관련 프로세스를 포함하는 품질경영시스템 • 조직에서 운영하기 위해서 만든 정보(문서화) • 달성된 결과의 증거 3. 이 용어와 정의는 ISO / IEC Directives 제1부의 통합 ISO 보충판의 부속서 SL에 제시된 ISO 경영시스템 표준을 위한 공통 용어와 핵심 정의 중의 하나이다.

4) 시방서(specification) ISO 9000 : 2015 / 3.8.7

요구사항을 명시한 문서

[보기] 품질 매뉴얼(quality manual), 품질계획서(quality plan), 기술도면(technical drawing), 절차문서(procedure document), 작업지침(work instruction)

1. 시방서는 활동(예 절차 문서, 프로세스 시방서 및 시험시방서), 또는 제품(예 제품 시방서, 성능시방서 및 도면)에 관련될 수 있다.
2. 요구사항을 추가적으로 시방서에 기술하는 것은 설계 및 개발에 의해 달성되는 결과를 명시하는 것이며, 그에 따라 어떤 경우에는 기록으로 사용될 수 있다.

5) 품질 매뉴얼(quality manual) ISO 9000 : 2015 / 3.8.8

조직의 품질경영시스템에 대한 시방서

비고	품질 매뉴얼은 개별조직의 규모와 복잡성에 적절하게 세부적으로 그리고 형태가 다양할 수 있다.

6) 품질계획서(quality plan) ISO 9000 : 2015 / 3.8.9

특정 대상에 대해 적용시점과 책임을 정한 절차 및 연관된 자원에 관한 시방서

비고	1. 이들 절차는 일반적으로 품질경영 프로세스와 제품 및 서비스 실현 프로세스에서 언급하는 것들을 포함한다. 2. 품질계획서는 흔히 품질 매뉴얼이나 절차문서의 일부를 인용한다. 3. 품질계획서는 일반적으로 품질기획의 결과 중의 하나이다.

7) 기록(record) ISO 9000 : 2015 / 3.8.10

달성된 결과를 명시하거나 수행한 활동의 증거를 제공하는 문서

비고	1. 기록은 예를 들면, 추적성을 공식화하고 검증, 예방조치 및 시정조치의 증거를 제공하기 위해 사용될 수 있다. 2. 일반적으로 기록은 개정 관리할 필요가 없다.

8) 프로젝트 관리계획서(project management plan) ISO 9000 : 2015 / 3.8.11

프로젝트의 목표를 만족시키는데 필요한 것을 명시한 문서

비고	1. 프로젝트 관리계획은 프로젝트 품질계획서를 포함하거나 참조하여야 할 것이다. 2. 프로젝트 관리계획은 조직구조, 자원, 일정, 예산, 리스크 경영, 환경경영, 안전보건경영 및 보안경영에 관련된 것과 같은 다른 계획 또한 적절하게 포함하거나 인용된다.

4.4 품질 / 환경경영시스템 통합 실무

여기에 열거한 프로세스의 명칭은 조직별 실무적 관점에서는 의견을 달리할 수 있으므로 다만 참고로 적용하기 바란다. 단, 요구사항에서 언급한 품질경영시스템은 품질/환경경영시스템의 요구사항과 동일한 개념이므로 통합 경영시스템으로 이해하기 바란다.

1. 사업계획관리 프로세스

규격구분	ISO 9001 : 2015	ISO 14001 : 2015
요구사항	4.1, 4.2, 6.1	4.1, 4.2, 6.1

경영시스템 요구사항

4.1 조직 및 조직상황 이해(understanding the organization and its context)

조직은 조직의 목적 및 전략적 방향과 관련 이 있는 외부 및 내부 이슈를, 그리고 품질경영시스템의 의도된 결과를 달성하기 위한 조직의 능력에 영향을 주는

외부 및 내부의 이슈를 정하여야 한다. 조직은 이러한 외부 및 내부 이슈에 대한 정보를 모니터링하고 검토하여야 한다.

4.2 이해관계자의 니즈 및 기대 이해(understanding the needs and expectations of interested parties)

고객 요구사항, 그리고 적용되는 법적 및 규제적 요구사항을 충족하는 제품 및 서비스를 일관성 있게 제공하기 위한 조직의 능력에 미치는 영향 또는 잠재적 영향을 미치기 때문에, 조직은 다음 사항을 정하여야 한다.

a) 품질경영시스템에 관련되는 이해관계자

b) 품질경영시스템에 관련되는 이해관계자의 요구사항

조직은 이해관계자와 이해관계자 관련 요구사항에 대한 정보를 모니터링하고 검토하여야 한다.

6.1 리스크와 기회를 다루는 조치(actions to address risk and opportunities)

6.1.1 품질경영시스템을 기획할 때, 조직은 4.1의 이슈 및 4.2의 요구사항을 고려하여야 하며, 다음 사항에 대하여 다루어야 할 필요성이 있는 리스크와 기회를 정하여야 한다.

a) 품질경영시스템이 의도된 결과를 달성할 수 있음을 보증

b) 바람직한 영향의 증진

c) 바람직하지 않는 영향의 예방, 또는 감소

d) 개선의 성취

6.1.2 조직은 다음 사항을 기획하여야 한다.

a) 리스크와 기회를 다루기 위한 조치

b) 다음 사항에 대한 방법 :

1) 조치를 품질경영시스템의 프로세스에 통합하고 실행(4.4 참조)

2) 이러한 조치의 효과성 평가

리스크 및 기회를 다루기 위하여 취해진 조치는 제품 및 서비스의 적합성에 미칠 잠재적 영향에 상응하여야 한다.

요구사항 해설

(생략) 제2장을 참고한다.

본 요구사항의 적절한 실행기록은 **사업계획서**(business plan) 혹은 이와 유사한 명칭(㉥ 경영계획서, 운영계획서 등)의 문서가 될 수 있다.

사업 / 운영 / 경영계획서의 일반적인 내용(contents)

1) 경영 환경 : 내부 및 외부 주요 이슈, SWOT 분석, BCG 분석, 고객 분석
2) 전년도 사업성과(개요)
3) 금년도 사업목표(개요)
4) 영업부문 주요 실적 및 목표(매출액, 영업이익률, 신규고객 창출계획 등)
5) 인원 및 인건비 계획
6) 원부자재 구매 및 공급자 관리계획, 재고관리계획
7) 생산 및 생산성 계획, 공정 부적합률 관리계획
8) 설비 투자계획
9) 프로세스별 KPI 목표 및 달성계획
10) 고객불만 및 고객만족계획
11) 검사 및 시험계획, 검교정계획
12) (신제품) 설계 및 개발계획
13) 주요 행사계획
14) 기타

■ 심사 Focus

1) 조직상황 관련 내부 및 외부 이슈가 파악되었는가?
2) 이해관계자가 파악되었으며, 그들의 니즈와 기대사항이 파악되었는가?
3) 4.1 및 4.2를 기반으로 리스크와 기회가 파악되었는가?
4) 파악된 리스크와 기회는 적절히 조치하였는가?
5) 그 조치사항에 대해 효과성을 평가하였는가?

2. 방침 및 목표관리 프로세스

규격구분	ISO 9001 : 2015	ISO 14001 : 2015
요구사항	5.2, 6.2 / 9.2, 9.3	5.2, 6.2 / 6.1.2, 9.2, 9.3

경영시스템 요구사항

5.2 방침(policy)

5.2.1 품질 / 환경방침의 수립(establishing the quality / environmental policy)

최고경영자는 다음과 같은 품질 / 환경방침을 수립, 실행 및 유지하여야 한다.

a) 조직의 목적과 상황에 적절하고 조직의 전략적 방향을 지원

b) 품질 / 환경목표의 설정을 위한 틀을 제공

c) 적용되는 요구사항의 충족에 대한 의지표명을 포함

d) 품질 / 환경경영시스템의 지속적 개선에 대한 의지표명을 포함

5.2.2 품질 / 환경방침에 대한 의사소통(communicating the quality / environmental policy)

품질 / 환경방침은 다음과 같아야 한다.

a) 문서화된 정보로 이용가능하고 유지됨

b) 조직 내에서 의사소통 되고 이해되며 적용됨

c) 해당되는 경우, 관련 이해관계자에게 이용 가능함

6.2 품질 / 환경목표 및 품질 / 환경목표 달성기획(quality / environmental objectives and planning to achieve them)

6.2.1 조직은 품질 / 환경경영시스템에 필요한, 관련 기능, 계층 및 프로세스에서 품질 / 환경목표를 수립하여야 한다.

품질 / 환경목표는 다음과 같아야 한다.

a) 품질 / 환경방침과 일관성이 있어야 함

b) 측정 가능해야 함

c) 적용되는 요구사항이 고려되어야 함

d) 제품 및 서비스의 적합성과 고객만족의 증진과 관련되어야 함

e) 모니터링되어야 함

f) 의사소통되어야 함

g) 필요에 따라 갱신되어야 함

조직은 품질 / 환경목표에 관하여 문서화된 정보를 유지하여야 한다.

(○ ISO 14001 : 2015 / 6.2.1 environmental objectives 환경목표)

조직은 조직의 중대한 환경측면과 이와 관련된 준수의무사항 그리고 조직의 리스크와 기회를 고려하여, 관련 부서와 계층에서 환경목표를 수립하여야 한다.

6.2.2 품질 / 환경목표를 달성하는 방법을 기획할 때, 조직은 다음 사항을 정하여야 한다.

a) 달성 대상(what will be done)

b) 필요 자원(what resources will be required)

c) 책임자(who will be responsible)

d) 완료시기(when it will be completed)

e) 결과 평가방법(how the results will be evaluated)

(○ ISO 14001 : 2015 / 6.2.2 환경목표 달성을 위한 조치 기획)

a) 무엇을 하여야 하는가?

b) 어떤 자원이 필요한가?

c) 누가 책임을 질 것인가?

d) 언제까지 완료할 것인가?

e) 조직의 측정가능한 환경목표 달성에 대한 진척상황을 모니터링하기 위한 지표를 포함하여, 어떻게 결과를 평가할 것인가?

조직은 조직의 환경목표를 달성하기 위한 활동을 조직의 비즈니스 프로세스에 어떻게 통합할 것인지를 고려하여야 한다.

요구사항 해설

1) 최고경영자는 다음 사항을 보장할 수 있는 품질 / 환경방침을 수립하여야 한다.

- 조직의 목적에 적절해야 한다.
- 요구사항 충족과 지속적인 개선에 대한 의지를 포함해야 한다.
- 목표의 수립과 검토를 위한 틀(frame)을 제공한다.
- 조직의 관련 계층에 전달되고 이해되어야 한다(적절한 교육 등 의사소통).
- 지속적 적절성에 대한 검토를 하여야 한다.

2) 방침수립 시 고려사항
- 기대되거나 바람직한 고객만족에 대한 기대수준과 정도
- 이해관계자의 요구 및 기대사항
- 지속적 개선에 대한 기회와 요구사항
- ISO 9001 & 14001 요구사항 이상을 달성하기 위해서 필요 자원
- 공급자(supplier, provider) 및 협력자의 잠재적 공헌
- 성공적인 조직이 되기 위해서 필요한 개선의 수준 및 형태
- 조직 내 구성원의 발전

3) 이러한 방침이 수립되면
- 조직 내 인원에게 방침수립 배경에 대한 설명으로 이해시키고, 조직이나 개인의 목표 설정에 반영시키도록 의사소통되어야 한다.
- 틀을 제공한다는 의미는 목표수립을 위한 방향(나침판)을 제시한다는 뜻이다.

4) 방침이 다음과 같은 경우, 개선을 위해 활용될 수 있다.
- 조직의 미래를 위한 최고 경영자의 비전 및 전략과 일관성이 있는 경우
- 조직 전체를 통해서 품질/환경목표가 이해되고 추구하는 경우(understood and pursued)
- 최고경영자가 품질/환경에 대한 실행의지 및 목표달성을 위해 적절한 자원을 제공한다는 실행의지를 실증할 경우
- 명확한 리더십을 가진 최고경영자가 조직 전체를 통하여 품질에 대한 실행의지를 촉진하는 것을 조성하는 경우
- 고객 및 이해관계자들의 욕구 및 기대의 충족과 연계된 지속적인 개선을 포함할 경우
- 품질/환경 방침이 효과적으로 구성되고 효율적으로 의사소통이 될 경우

5) 조직의 관련된 기능과 계층별로 목표를 수립하고 문서화하여야 한다.
- 목표는 가능한 한 전 계층과 기능별로 수립되는 것이 전원참여라는 측면에서 바람직하다. 이는 개인별로 목표를 수립해야 한다는 뜻은 아니다.
- 그러나 필요에 따라 개인별 목표관리를 하는 조직도 있다.

6) 목표의 설정방법과 핵심사항
- 문서화할 것
- 측정가능(shall be measurable)하고, 품질방침과 일관성(consistent)이 있어야 함(조직의 합의, 설정된 방침이 불량률 감소라면, 그 방향으로 전개해야 달성 가능)
- 문제의 경감 혹은 제거, 개선 혹은 유지의 내용을 포함
- 조직 및 시장의 현재 및 미래사항 고려, 즉 경영검토결과, 제품 및 프로세스 성과, 이

해관계자의 만족 수준 고려
- 목표달성을 위해 정해진 책임에 따라 조직 전반에 걸쳐 전개
- 조직구성원은 목표와 자신들의 개인적 공헌이 어떤 관계를 가지고 있는지 명확히 인식해야 한다.
- 계획된 주기로 검토하고 필요시 변경해야 한다. 변경시에는 권한자의 승인하에 목표변경이 이루어져야 한다.
- 품질 / 환경경영시스템을 유지하고 있는 조직은 품질 / 환경목표가 서로 상충되지 않도록 가능한 한 통합하는 것이 좋다.

7) 목표수립의 SMART 이론

Specific(구체적이며)

Measurable(측정 가능하며)

Attainable, Achievable, Agree-to(달성가능하고, 상호 합의하는)

Realistic, Reasonable, Relevant(현실적이며, 합리적인, 타당성 있는)

Time bound, Tangible(시간이 정해져 있고, 만져질 수 있는)

㉮ 고객만족도 55% → 65% 달성, 설계 에러율 5% 이하 유지, 생산성 향상 전년대비 20% 향상, 불량률 전년대비 25% 감소, 지연출동률 30% 감소, 품질불량 500PPM 달성

8) 효과성 파악
- 9.2 내부심사
  9.2.1 b) 효과적으로 실행되고 있는지
- 9.3 경영검토
  4.의 c) 환경목표가 달성되었는지의 여부

9) 방침 및 목표 전개의 특성

〈표 4-2〉

<table>
<tr><td>Top</td><td>경영자</td><td>장
기
관
점</td><td rowspan="3">구
체
적
↓</td><td>필요에
의한
발상</td><td>- 신 념
정치력, 선견력, 통찰력
섬광력, 지도력, 지식 / 경험</td></tr>
<tr><td>Middle</td><td>중간관리자</td><td rowspan="2">단
기
관
점</td><td rowspan="2">실무적
발상</td><td>- 지식, 경험
기획력, 판단력, 지도력, 행동력</td></tr>
<tr><td>Low</td><td>초급관리자</td><td>- 성실성
책임감, 의욕, 공부, 노력</td></tr>
</table>

■ 심사 Focus

1) 방침은 문서화된 정보로 수립되어 있는가?
2) 방침에 대한 내부 의사소통(교육훈련 등)이 이루어졌는가?
3) 목표는 방침과 일관성이 있는가?
4) 목표는 문서화되어 있으며, 측정 가능하고, 해당 KPI를 포함하고 있는가?
5) 목표를 달성하기 위한 추진계획에는 책임자, 추진 일정계획, 필요 자원, 결과 평가방법 등이 포함되어 있는가?
6) 목표의 달성 여부는 주기적으로 모니터링 및 측정하고 있으며, 미달시 적절한 조치를 취하고 있는가?

3. 환경측면 및 영향평가 프로세스

규격구분	ISO 9001 : 2015	ISO 14001 : 2015
요구사항	(4.1, 4.2, 6.1, 8.3)	6.1.2 / 6.2, 9.2, 9.3

경영시스템 요구사항

○ ISO 14001 : 2015/6.1.2 환경측면

환경경영시스템의 결정된(defined) 적용범위 내에서 전과정 관점을 고려하여, 조직이 관리할 수 있고 영향을 미칠 수 있는 조직의 활동, 제품 및 서비스의 환경측면과 그와 연관된 환경영향을 규명(determine)하여야 한다.

환경측면을 규명할 때 조직은 다음 사항을 반영(take into account)하여야 한다.

a) 계획된 또는 새로 수립된 변경사항, 그리고 신규 또는 수정된(modified) 활동, 제품 및 서비스
b) 비정상적인 조건 및 합리적으로 예측 가능한 비상상황

조직은 수립된 기준을 활용하여 환경에 중대한 영향을 미치거나 미칠 가능성이 있는 측면, 즉 중대한 환경측면을 규명(determine)하여야 한다.

조직은 적절한 수준에서(as appropriate), 중대한 환경측면을 조직의 다양한 계층과 부서(function)들과 의사소통하여야 한다.

조직은 다음을 문서화된 정보로 유지하여야 한다.

– 환경측면 및 관련된 환경영향
– 조직의 중대한 환경측면을 규명(determine)하는 데 사용한 기준
– 중대한 환경측면

비고	중대한 환경측면은 환경 악영향(위협) 또는 유익한 환경영향(기회)과 관련된 리스크 및 기회로 귀결될 수 있다.

요구사항 해설

1) 본 요구사항은 ISO 14001 환경경영시스템 고유 요구사항이다.
2) 6.1.2항은 조직이 환경측면을 파악하고 환경경영시스템에 의해 우선적으로 다루어야 할 중대한 환경측면을 결정하기 위한 프로세스를 제공하는 것을 의도한다.
   조직은 환경경영시스템의 적용범위 내에서 현재 및 관련된 과거의 활동, 제품 및 서비스, 그리고 계획된 또는 새로운 개발, 또는 새롭거나 수정된 활동, 제품 및 서비스에 대한 입력과 출력(의도되었거나 의도되지 않은 것 모두)을 감안하여 조직의 환경측면을 파악하여야 한다. 이 프로세스는 합리적으로 예견할 수 있는 비상사태뿐만 아니라 정상 운영조건, 비정상 운영조건, 가동 중단 및 가동개시 조건을 고려하여야 한다.
   조직은 각 제품, 부품 또는 원자재 등의 입력을 개별적으로 고려할 필요는 없다. 조직은 환경측면을 파악하기 위한 활동, 제품 및 서비스의 범주를 선정할 수 있다.
   환경측면을 파악하기 위한 접근방법에는 여러 가지가 있지만 선택된 방법은 다음 사항이 고려되어야 한다.
   a) 대기로의 배출
   b) 수계(水系)로의 방류
   c) 토양으로의 배출
   d) 원자재 및 천연자원의 사용
   e) 에너지 사용
   f) 에너지 방출(㉠ 열, 복사, 진동 등)
   g) 폐기물 및 부산물
   h) 물리적 특성(크기, 형태, 색깔, 외관 등)

   조직이 직접 관리할 수 있는 환경측면뿐만 아니라, 조직이 사용하는 제품과 서비스에 관련되거나, 조직이 제공하는 제품이나 서비스에 관련된 환경측면과 같이 조직이 영향을 미칠 수 있는 환경측면도 고려하여야 한다. 관리와 영향을 평가하는 지침이 아래에 제공된다. 하지만 어떠한 상황에서도 관리의 정도와 영향을 미치는 측면의 결정은 조직이 수행하여야 한다. 조직의 활동, 제품 및 서비스와 관련된 측면에 대한 고려사항은 다음과 같다.

- 설계 및 개발
- 제조 프로세스
- 포장 및 운송
- 계약자 및 공급자의 환경성과 및 관행
- 폐기물 관리
- 원자재 및 천연자원의 추출 및 유통
- 제품의 유통, 사용 및 폐기
- 야생생물 및 생물다양성

조직에 공급되는 제품의 환경측면에 대한 관리 및 영향은 시장상황과 공급자에 따라 매우 다양하다. 제품의 설계에 대한 책임이 있는 조직이, 예를 들어 투입물질 하나를 변경함으로써 그러한 측면에 중대하게 영향을 줄 수 있는 반면, 외부에서 결정된 제품 시방에 따라 공급할 의무가 있는 조직의 경우에는 선택할 수 있는 것이 거의 없다.

제공되는 제품과 관련하여 조직이 사용자의 제품 사용과 폐기에 대해 제한적인 관리밖에 할 수 없다는 점은 인정되지만, 실행 가능한 경우 조직은 제품의 사용자들에게 영향을 주기 위해 적절한 취급 및 처리 메커니즘에 대해 의사소통하는 것을 고려할 수 있을 것이다.

환경측면에 의해 전체 또는 부분적으로 야기되는 긍정적, 또는 부정적인 환경변화를 환경영향이라고 한다. 환경측면과 환경영향은 원인과 결과의 관계라 할 수 있다.

몇몇 지역에서는 문화적 유산이 조직이 운영되는 주변여건의 중요한 요소가 될 수 있기 때문에 환경영향을 이해하는 데 문화적 유산이 고려되어야 할 것이다.

어떤 조직이든 다수의 환경측면과 이에 관련된 환경영향을 가질 수 있기 때문에, 조직은 그러한 것이 중대한지를 평가하기 위한 기준과 방법을 수립하여야 한다. 중대한 환경측면을 평가하는 방법이 한 가지만 있는 것은 아니지만, 사용되는 방법은 일관된 결과를 제공하고 환경문제, 법적문제, 그리고 내부 및 외부 이해관계자의 관심사항과 관련된 사항에 대한 평가기준의 수립 및 적용을 포함하여야 할 것이다.

조직의 중대한 환경측면에 관련된 정보를 발굴할 때에, 조직은 환경경영시스템의 설계 및 실행 시 정보의 활용방법뿐만 아니라 이력관리(historical)의 목적을 위해 해당 정보의 보유 필요성도 고려하여야 할 것이다.

환경측면의 파악 및 평가 프로세스에서는 그 행위가 이루어지는 장소분석에 소요되는 비용과 시간, 그리고 신뢰할 수 있는 데이터의 가용성을 감안하여야 할 것이다.

3) 환경측면 파악에서는 상세한 전과정 평가(제2장 2.6 참고)를 요구하지는 않는다. 규제 또는 기타 목적을 위해 발굴된 정보가 이 프로세스에서 활용할 수 있다. 환경측면의 파악 및 평가 프로세스는 조직의 법적 의무를 변경 또는 강화하기 위한 것은 아니다.

4) 어느 조직은 환경측면과 관련된 환경영향의 유형에 대해 쉽게 얻을 수 있으나, 어떤 조직

은 원인 - 결과 도표 혹은 투입, 산출물 또는 물질 / 에너지 수지를 설명하는 흐름도 혹은 환경영향 평가 또는 전과정평가(LCA : Life Cycle Assessment)와 같은 다른 방법을 선택할 수도 있다.

선택한 접근방법은 다음 사항을 인식(awareness)할 수 있어야 한다.

① 부정적인(나쁜) 환경영향뿐만 아니라 긍정적인(좋은) 환경영향
② 실재적 및 잠재적 환경영향
③ 대기, 수질, 토양, 동물, 식물, 문화유산 등과 같은 영향을 받을 수 있는 환경의 부분
④ 지역 기후조건, 수면의 높이, 토양의 형태 등과 같이 환경영향에 영향을 미칠 수 있는 지역 특성

5) 중대한 환경측면(significant impacts on the environment)의 결정

① 중대성이란 상대적인 개념이며, 절대적인 개념으로 정의될 수 없다.
어느 한 조직에서 중대한 것이 다른 조직에서는 중대하지 않을 수 있다.
② 중대성을 평가하는 것은 기술적인 것과 조직에 의한 판단 두 가지를 모두 포함한다.
③ 중대성에 대한 기준을 수립할 때 다음 사항을 고려하는 것이 좋다.
- 환경적 기준(크기, 영향의 심각성 및 지속기간 또는 환경측면의 형태, 규모 및 빈도 등)
- 적용되는 법규 요구사항(규정되거나 허가된 배출 및 방류 한계 등)
- 내부 및 외부 이해관계자의 관심사항(조직의 가치, 대외적인 이미지, 소음, 악취 또는 시력저하 등)

④ 기준을 정할 때 발생가능성(확률 / 빈도)과 그 결과(심각성 / 강도)의 조합에 근거하여 각각의 기준에 관련된 중대성의 수준(값)을 설정할 수 있다.
- 몇 가지 유형의 척도 또는 등급은 중대성을 결정하는 데 도움이 될 수 있다(㉮ 높음 / 중간 / 낮음 / 무시 가능함 등).

⑤ 평가결과를 근거로 조직은 허용값을 사용하여 어떤 환경측면이 중대한지를 결정해야 할 것이다.
- 중대하다고 판단되는 환경측면에 대한 적절한 정보를 유지해야 할 것이다.
- 이러한 정보는 주기적으로 검토되고 갱신되어야 하며, 주변여건이 변할 경우 최신의 상태로 유지됨을 보장하여야 한다.
- 이를 만족시키기 위해 정보를 목록, 등록부, 데이터 베이스 또는 다른 형태로 유지하는 것이 도움이 될 것이다.

6) 환경측면 및 환경영향을 결절하기 위한 정보의 출처의 예

① 소책자, 카탈로그 및 연차보고서와 같은 일반 정보문서
② 운영 매뉴얼, 프로세스 흐름도, 또는 품질계획 및 제품계획
③ 이전의 심사보고서, 초기 환경검토 또는 전과정평가(LCA)와 같은 심사 또는 검토보고서
④ 품질 또는 안전보건과 같은 다른 경영시스템으로부터의 정보

⑤ 기술데이터 보고서, 출판된 분석자료 또는 연구자료, 독성물질의 목록
⑥ 적용되는 법규 요구사항 및 조직이 동의한 그 밖의 요구사항
⑦ 업무규약(Code of Practice), 국가 및 국제정책, 지침 그리고 프로그램
⑧ 구매데이터
⑨ 제품시방서, 제품개발 데이터, 물질 / 화학안전보건 데이터 시트(M / CSDS) 또는 에너지 및 물질수지 데이터
⑩ 폐기물 목록
⑪ 모니터링 데이터
⑫ 환경 관련 인가 · 허가서
⑬ 이해관계자의 견해, 요청, 또는 합의사항
⑭ 비상상황 및 사고에 대한 보고서

■ 심사 Focus

1) 환경측면을 파악하는(문서화된) 도구가 있는가?
   – 책임과 권한, 절차, 관련 양식 및 기록
   – 비정상적인 조건, 비상상황 조건 등이 고려되었는가?
2) 환경측면 파악정보에는 모든 제품, 활동 및 서비스가 포함되었는가?
3) 최신 정보가 포함되어 있는가?
   – 최신 증설, 신설, 신제품 개발정보 등을 고려
4) 중대한 환경측면은 목표, 세부목표 및 개선을 위한 추진 프로그램 등에 반영되었는가?

4. 설비관리 프로세스

규격구분	ISO 9001 : 2015	ISO 14001 : 2015
요구사항	7.1.3, 7.1.4	8.1

경영시스템 요구사항

7.1.3 기반구조(infrastructure)

조직은 프로세스의 운용에 필요한, 그리고 제품 및 서비스의 적합성 달성에 필요한 기반구조를 결정, 제공 및 유지하여야 한다.

비고	기반구조에는 다음이 포함할 수 있다. a) 건물 및 연관된 유틸리티 b) 장비(하드웨어, 소프트웨어 포함) c) 운송 자원 d) 정보통신 기술

7.1.4 프로세스 운용환경(environment for the operation of processes)

조직은 프로세스의 운용에 필요한, 그리고 제품 및 서비스의 적합성 달성에 필요한 환경을 결정, 제공 및 유지하여야 한다.

비고	적절한 환경은 다음과 같이 인적 요인과 물리적 요인의 조합이 될 수 있다. a) 사회적(예 비차별, 평온, 비대립) b) 심리적(예 스트레스 완화, 극심한 피로예방, 정서적 보호) c) 물리적(예 온도, 열, 습도, 빛, 기류, 위생, 소음) 이러한 요인은 제공되는 제품 및 서비스에 따라 상당히 달라질 수 있다.

요구사항 해설

1) 기반구조[infrastructure, 基盤構造]
   ① infra(하부)+structure(구조), 사회 기반, 사회 설비 기반이라고도 한다.
   ② 조직의 운용에 필요한 시설, 장비 및 서비스 시스템 기반
   ③ 어떤 하나의 산업을 유지하기 위하여 필요한 기반 산업의 총칭으로 예를 들면, 국가 기반구조로는 철도, 항만, 공항, 도로, 교량 등이 있을 수 있으며, 컴퓨터 시스템에서는 시스템을 실현하기 위한 소프트웨어 및 하드웨어의 기반을 말한다.
   즉, 애플리케이션을 구축할 때의 통신기능 또는 네트워크 구축 시의 통신회선, 기기 및 통신요금 체계와 대용량의 자료처리 장치 등이 해당된다.

2) 제품 및 서비스 적합성을 보장하기 위해 다음과 같은 기반구조를 파악, 제공 및 유지한다.
   ① 빌딩, 사무실, 공장, 작업장, (지상 / 지하)창고 및 관련 유틸리티
   ② 프로세스 설비 및 장비, 금형 및 치공구, 실험실, 하드웨어 및 소프트웨어
   ③ 지원 서비스(즉, 운송, 의사소통), 정보 및 통신기술, 폐기물, 재활용과 같은 환경 / 안전 등

3) 조직에서의 우발사고에 대한 대비(preparedness)나 대응(response)계획의 수립은 매우 중요하다. 우발사고란 유틸리티 장애(정전, 용수공급 중단), 인력부족(노사분규 등), 주요 장비의 고장(main equipment failure) 등을 의미할 수 있는데, 이는 태풍, 지진 등의 자연재해

나 인위적인 문제에 기인하는 경우가 있다. 이에 대한 대책으로는 적정 재고의 유지, 비상발전기의 확보, 중요 예비부품(spare parts)의 확보, 외부 자원의 활용(outsourcing) 등이 있을 수 있다.

4) 자원(資源, resources)의 예

① 인적자원 : 구성원(사원) 개개인 및 이들에 대한 교육훈련, 인식, 능력의 정도(해당되는 경우 적절한 자격보유 인력 등)

② 정보 : 품질 / 환경정보, 시장정보

③ 기반구조 : 시설, 소프트웨어, 하드웨어, 공간, 장비 등

④ 작업환경(work environment) : 인간적, 신체적 요소

⑤ 천연자원(natural resources) : 에너지, 자재

⑥ 재무자원 : 자금, 지적 재산

⑦ 공급자(supplier, provider) 및 협력자 : 상호 유익한 관계

⑧ 실현 프로세스 관리를 위한 것뿐만 아니라 모니터링 및 측정, 시정 및 예방조치 등을 위한 자원도 포함됨. 또한, 프로세스의 복잡성과 상호관계 그리고 양호한 결과를 위한 기능과 경험도 고려하여야 함

5) 물리적 환경의 예

① 조도(사무실, 병원, 공장, 공공시설 등) 기준 : KS A 3011을 참고한다.

② 작업환경 측정 : 산업안전보건법 제42조 및 동법 시행령, 시행규칙, 규칙 등을 참고한다.

■ 심사 Focus

1) (지원, 생산) 설비 목록(규격 / 모델 / 제조사 등)이 있으며, 최신 상태인가?
2) 설비 이력카드를 유지하는가?
3) 설비 점검기록이 적절히 유지되고 있는가?
4) 윤활관리, 예비부품 관리상태는 적절한가?
5) 설비 관련 성과지표(MTBF, MTTR 등)는 관리하는가?
 – MTBF(Mean Time Between Failure) 평균 고장간격
 – MTTR(Mean Time To Repairs) 평균 수리시간

5. 모니터링 장비 및 측정장비관리 프로세스

규격구분	ISO 9001 : 2015	ISO 14001 : 2015
요구사항	7.1.5	(7.1)

경영시스템 요구사항

7.1.5 모니터링 및 측정자원(monitoring and measuring resources)

7.1.5.1 일반사항(general)

제품 및 서비스가 요구사항에 대하여 적합한지를 검증하기 위하여 모니터링 또는 측정이 활용되는 경우, 조직은 유효하고 신뢰할 수 있는 결과를 보장하기 위하여 필요한 자원을 정하고 제공하여야 한다.

조직은 제공되는 자원이 다음과 같음을 보장하여야 한다.

a) 수행되는 특정 유형의 모니터링과 측정활동에 적절함
b) 자원의 목적에 지속적으로 적합함(fitness)을 보장하도록 유지됨

조직은 모니터링 및 측정 자원의 목적에 적절하다는 증거로, 적절한 문서화된 정보를 보유하여야 한다.

7.1.5.2 측정 소급성(traceability)

측정 소급성이 요구사항이거나, 조직이 측정결과의 유효성에 대한 신뢰제공을 필수적인 부분으로 고려하고 있는 경우, 측정장비는 다음과 같아야 한다.

a) 규정된 주기 또는 사용 전에, 국제 또는 국가 측정표준에 소급 가능한 측정표준에 대하여 교정 또는 검증 혹은 두 가지 모두 시행될 것. 그러한 표준이 없는 경우, 교정 또는 검증에 사용된 근거는 문서화된 정보로 보유될 것
b) 측정장비의 교정상태를 알 수 있도록 식별될 것
c) 교정상태 및 후속되는 측정결과를 무효화할 수 있는 조정, 손상 또는 열화로부터 보호될 것

조직은 측정장비가 의도한 목적에 맞지 않는 것으로 발견된 경우, 이전 측정결과의 유효성에 부정적인 영향을 미쳤는지 여부를 규명하고, 필요하다면 적절한 조치를 취하여야 한다.

요구사항 해설

1) 경영자는 고객 및 이해관계자 만족을 보장하기 위해 제품과 프로세스의 검증과 타당성 확인방법과 장치를 포함하는 효과적이고 효율적인 측정 및 모니터링 프로세스를 정하고 이행하여야 할 것이다. 이러한 방법에는 조사, 모의실험, 측정 및 모니터링 활동이 포함될 수 있다.
   데이터의 신뢰성을 확보하기 위해 측정 및 모니터링 프로세스는 적절한 정확도와 수용된 표준에 적합하도록 유지되고 사용의 적합한 장비의 확인을 포함해야 함은 물론 장치의 상태를 식별할 수 있는 수단이 포함되어야 할 것이다. 조직은 측정 및 모니터링 장치관리의 필요성을 최소화하기 위한 프로세스 출력에 대한 검증 시 실수방지와 같이 프로세스의 잠재오류를 제거하고, 이해관계자에게 가치를 부여하기 위한 여타 수단을 강구하여야 할 것이다.
2) 교정검사(calibration)
   산업체, 연구기관, 의료기관 등에서 사용하는 정밀측정기는 그보다 정밀도가 높은 표준기와 측정값을 비교하여 그 표준기에 맞도록 교정하거나 보정한 값을 부여하여 향후 측정 시의 그 가감한 값을 측정값으로 하는 것(KASTO, 한국측정기기교정협회 정의)이며, 교정검사 절차에 포함되어야 할 일반적 사항으로 다음과 같다.
   ① 조직 및 운영에 관한 사항
   ② 시험 및 환경관리에 관한 사항
   ③ 교정검사 설비 및 표준물질 관리에 관한 사항
   ④ 교정검사 관리책임자 및 담당자의 교육 등에 관한 사항
   ⑤ 교정검사 방법 및 절차와 측정의 소급성 유지에 관한 사항
   ⑥ 교정검사 성적서 및 필증발급과 기록의 관리에 관한 사항
   ⑦ 측정 및 교정검사 시스템의 감사 및 재검토에 관한 사항 등

3) 표준물질(CRM : Certified Reference Material)
   물리적·화학적 측정의 정밀도 및 정확도를 유지, 향상하기 위하여 측정기의 교정검사, 측정방법의 평가 또는 물질의 값에 부여에 사용되는 하나 이상의 특성치가 일정한 물질(계량 및 측정에 관한 법률 제17조)
   인증표준물질은 측정오차 또는 불확도가 분명하여야 함

4) 교정검사의 대상(계량 및 측정에 관한 법률 시행규칙 운용규정 제5조)

표준기	←	교정용 표준기	←	정밀계기	←	일반계기
1~3등급		4~5등급		6등급		7~8등급

[그림 4-4]

단, 측정기를 보유, 사용하는 자가 자체 규정을 정하여 운용할 수 있음

5) 측정장비의 오차 발생원인

① 내란(열화) : 측정시스템으로 사용하고 있는 측정장비의 부품특성이 변화하기도 하고, 재료가 마모되기도 하고, 측정시스템의 변수가 변화하여 측정값에 영향을 주어 오차가 생긴다.

② 외란(환경의 변화) : 온도, 습도, 먼지, 기압, 전압 따위의 환경조건 변화로 인해 오차 발생

6) 교정주기

정밀도 6등급 이상의 측정기를 보유하고 또는 사용하는 자는 계량에 관한 법률 및 계량 및 측정에 관한 시행규칙 운용규정의 별표 2(표준 교정검사 대상 및 주기)의 주기를 기준으로 주기를 설정하되, 측정기의 정확도, 안정성, 사용목적, 환경조건 및 사용빈도를 감안하여 교정검사 주기를 자체적으로 설정할 수 있다.

7) 측정장비 선택 시 파악할 사항은 정밀도, 정확도, 측정대상, 사용부서, 사용환경 등이며, 환경조건으로는 교정실은 온도, 습도, 먼지, 진동으로부터 영향이 없도록 유지하여야 한다. 모니터링 및 측정장비가 운반하기가 곤란한 경우 등 교정실에서 교정하지 못할 때에는 소재장소에서 교정을 하되 그 장소의 환경내역을 기재하여야 한다.

8) 교정검사성적서에 포함할 일반적인 정보

① 교정등록번호, 품명, 제작회사 및 형식, 기기번호, 교정주기, 교정절차 또는 절차번호

② 교정결과값(보정값 포함), 측정 및 오차정도(불확도), 소급성을 얻는데 이용된 측정표준(표준기), 교정시의 환경조건, 교정자, 교정일자 및 차기 교정일

③ 기타 필요한 사항(교정필증 및 봉인)

9) 부적합 모니터링 및 측정장비의 측정값 평가

① 이전 측정값의 신뢰도 확인

② 이전 측정값이 제품규격을 벗어난 경우, 출하된 제품처리

③ 부적합 측정장비의 교정주기 재설정 등

10) 종업원 및 고객 소유 게이지를 포함하여 모든 게이지, 측정 및 시험장비에 대한 교정의 기록은 다음 사항을 포함하여야 한다.

① 장비의 교정에 대한 측정 표준을 포함한 장비의 식별

② 엔지니어링 변경에 따른 개정

③ 교정/검증을 위해 접수시 시방을 벗어나는 모든 사항

④ 벗어난 시방의 영향에 대한 평가, 교정/검증 이후 시방에 적합하다는 내용

⑤ 의심스런 자재 또는 제품이 선적되었을 경우 고객에게 통지

11) 측정시스템분석(MSA : Measurement System Analysis) 및 내부 및 외부 시험실 조건 등에 대한 고객의 요구사항을 파악하여야 한다.

■ 심사 Focus

1) 모니터링 장비 및 측정장비의 목록(문서화된 정보)을 유지하고 있는가?
2) 이들 장비에 대한 점검, 수리이력 등이 유지되고 있는가?
3) 모니터링 장비 및 측정장비에 대한 검, 교정 이력(문서화된 정보)이 관리되고 있는가?
4) 고객요구에 의한 MSA 실행기록을 유지하는가?
5) 시험실 조건은 고객요구를 충족시키는가?

6. 교육훈련 프로세스

규격구분	ISO 9001 : 2015	ISO 14001 : 2015
요구사항	7.2. 7.3, 7.4 (7.1.6)	7.2, 7.3, 7.4, (7.1)

경영시스템 요구사항

7.1.6 조직의 지식

조직은 프로세스 운용에 필요한, 그리고 제품 및 서비스의 적합성 달성에 필요한 지식을 정하여야 한다.

이 지식은 유지되고, 필요한 정도까지 이용 가능하여야 한다.

변화하는 니즈 및 경향(trend)의 변경을 다룰 경우, 조직은 현재의 지식을 고려하여야 하고 추가로 필요한 모든 지식 및 요구되는 최신 정보의 입수 또는 접근방법을 정하여야 한다.

비고 1. 조직의 지식은 조직에게 특정한 지식으로, 일반적으로 경험에 의해 얻어진다. 이는 조직의 목표를 달성하기 위하여 활용되고 공유되는 정보이다.
2. 조직의 지식은 다음을 기반으로 할 수 있다.
a) 내부 출처(예 지적 재산, 경험에서 얻은 지식, 실패 및 성공한 프로젝트로부터 얻은 교훈, 문서화되지 않은 지식 및 경험의 포착 및 공유, 프로세스, 제품 및 서비스에서 개선된 결과)
b) 외부 출처(예 표준, 학계, 컨퍼런스, 고객 또는 외부 공급자로부터 지식수집)

7.2 역량 / 적격성

조직은 다음 사항을 실행하여야 한다.

a) 품질경영시스템의 성과 및 효과성에 영향을 미치는 업무를 조직의 관리하에 수행하는 인원에 필요한 역량 결정
b) 이들 인원이 적절한 학력, 교육훈련 또는 경험에 근거하여 역량이 있음을 보장
c) 적용 가능한 경우, 필요한 역량을 얻기 위한 조치를 취하고, 취해진 조치의 효과성을 평가
d) 역량의 증거로 적절한 문서화된 정보를 공유

비고 적용할 수 있는 조치에는, 예를 들어 현재 고용된 인원에 대한 교육훈련 제공, 멘토링이나 재배치 실시, 또는 역량 있는 인원의 고용이나 그러한 인원과의 계약체결을 포함할 수 있다.

○ ISO 14001 : 2015/7.2 역량(competence)

조직은 다음을 실행하여야 한다.

a) 조직의 환경성과에 영향을 미치는 업무와 준수의무사항을 충족시키는 조직의 능력(ability)에 영향을 미치는 업무를 수행하는(조직에 의해 통제되는) 인력에게 필요한 역량(competence)의 결정
b) 적절한 학력, 교육훈련 또는 경력을 기준으로 해당 인력의 역량이 있음을 보장
c) 환경경영시스템, 환경측면과 관련한 교육훈련 니즈(needs)를 결정
d) 해당된다면, 필요한 역량(competence)을 얻기 위한 조치 실행과 실행된 조치의 효과성 평가

비고 해당되는 활동의 예에는 교육훈련의 제공, 멘토링이나 현재 고용인원의 재배치나 역량이 있는 인원의 고용(또는 계약)이 포함될 수 있다. 조직은 역량(competence)의 증거로 적절히 문서화된 정보를 보유해야 한다.

7.3 인식(awareness)

조직은, 조직의 관리 하에 업무를 수행하는 관련 인원이 다음 사항을 인식하도록 보장하여야 한다.

a) 품질방침
b) 관련된 품질목표

c) 개선된 성과의 이점(benefits)을 포함하여, 품질경영시스템의 효과성에 대한 자신의 기여
d) 품질경영시스템의 요구사항에 부적합한 경우의 영향

○ ISO 14001 : 2015/7.3 인식

조직은 조직의 관리 하에 업무를 수행하는 인원이 다음을 인식하고 있음을 보장해야 한다.

a) 환경방침
b) 그들의 업무와 연관된 중대한 환경측면과 관련된 실제 또는 잠재적인 환경영향
c) 향상된 환경성과의 편익을 포함해서 환경경영시스템의 효과성에 기여
d) 조직 준수의무사항의 불충족을 포함하여 환경경영시스템 요구사항의 미준수에 따른 영향

7.4 의사소통(communication)

조직은 다음 사항을 포함하여 품질경영시스템에 관련 되는 내부 및 외부 의사소통을 결정하여야 한다.

a) 의사소통 내용(on what to communicate)
b) 의사소통 시기(when to communicate)
c) 의사소통 대상(with whom to communicate)
d) 의사소통 방법(how to communicate)
e) 의사소통 담당자(who to communicate)

요구사항 해설

1) 경영자는 구성원들의 참여와 지원을 통해서 경영시스템을 포함한 조직의 효과성 및 효율성을 모두 개선하여야 할 것이다. 조직의 성과개선 목표달성에 도움이 되도록 조직은 다음 사항을 통해서 그 구성원들의 참여와 개발을 장려해야 할 것이다.

① 계속적인 교육훈련 및 경력기회를 제공
② 구성원의 책임 및 권한을 정의
③ 개인 및 팀의 목표수립, 프로세스 성과관리 및 결과 평가

④ 목표설정 및 결정에 참여를 독려, 인정 및 보상
⑤ 정보의 공개 및 쌍방향 의사소통(two-way communication)을 촉진
⑥ 구성원의 욕구를 지속적으로 검토
⑦ 혁신을 장려하는 여건 조성, 효과적인 팀워크의 보장
⑧ 제안 및 여건의 의사소통
⑨ 구성원들의 만족도 측정을 이용
⑩ 구성원들이 그 조직에 참여 및 이직하는 원인을 조사

2) 경영자는 필요한 능력이 조직의 운영에 효과적이고 효율적으로 이용될 수 있도록 보장하여야 할 것이다. 경영자는 구성원들이 기존의 능력과 비교해서 조직이 현재뿐만 아니라 기대되는 능력 욕구에 대한 분석을 고려하여야 할 것이다.
조직에서 역량 / 적격성 기준의 실행 프로세스는 모집공고 및 채용 → OJT 및 수습, 배치 → (계층별 / 기능별) 교육훈련 → 승진 및 승급 → 전환배치 → 이직 / 퇴직관리 등의 전 과정을 통해 이루어지는 것이 현실적이다.

3) 적격성 요구 능력파악 시 고려사항
① 전략, 방침 / 목표에 관련된 미래 수요
② 사원의 예상되는 업무성공 요소
③ 조직의 프로세스, 도구 및 장비의 변화(신규 설비의 확장, 도입 등)
④ 정의된 활동을 수행하기 위한 개개인의 능력
⑤ 조직 및 고객에 영향을 주는 법적 및 규제적 요구사항(보일러운전, 영양사, 용접공, 환경 관련 관리자 등)
이러한 사항을 바탕으로 학력, 교육훈련, 기능, 경력의 기준을 수립한다(부서별, 직책별, 담당업무별 적임자 선발기준 및 자격결정).

4) 교육훈련의 기획 시 고려사항
① 교육훈련 목표, 교육훈련 프로그램 및 실행방법, 필요한 교육훈련 자원
② 교육훈련의 효과성 파악을 위한 평가방법(시험, 설문조사, 리포트 제출, 현업에 응용 정도 등)
③ 인원(구성원)의 경험
④ 형식지와 암묵지(tacit and explicit knowledge) : 말로 나타낼 수 있는 / 없는 지식
⑤ 리더십 및 경영기술(기량), 기획 및 개선도구
⑥ 팀구성(team building), 문제해결(problem solving)
⑦ 의사소통 기량(능력, 기술)
⑧ 문화적 및 사회적 행동(culture and social behavior)
⑨ 시장에 대한 지식과 고객 및 여타 이해관계자의 요구 및 기대
⑩ 창조(성)과 혁신(성)(creativity and innovation)

5) 훈련(training), 교육(education), 개발(development)의 차이

〈표 4-3〉

구분	훈련(training)	교육(education)	개발(development)
정의	산업교육의 상당 부분이 이에 해당하며, 초점은 구성원들의 지식(Knowledge), 기술(Skill), 태도(Attitude)이다.	새로운 일, 가까운 미래에 확실히 맡게 될 일에 대한 K, S, A의 습득 —단기투자이며, 조직 내에서 인력을 양성, 충원할 때	조직의 필요와 개인의 성장 욕구를 충족시키는 장기적 요구활동 —불확실한 미래에 대비
효과의 시점	지금 당장, 개선에 중점	가까운 미래	장기적 요구활동
평가방법	쉽다	어렵지 않다	어렵다
예	문서작성, 파일링시스템 과정	간부후보자과정	국내외 중 / 장기 연수과정

6) 교육, 훈련, 기능 및 경험에 대한 기록의 유지
① 교육훈련 계획서
② 경험과 관련된 기록(이력서, 자기소개서, 경력증명서, 근무경력서)
③ 자격과 관련된 기록(자격증 사본, 자격부여서 등)
④ 수료증
⑤ 교육훈련 기록(개인별 교육훈련 이수카드 등)
⑥ 교육훈련 효과 파악기록
⑦ 필요 시 관련 교안
⑧ 기타 경력관리 카드(career development path), 개인별 인사카드 등

7) 제품설계기술자들은 담당—선임—책임 등으로 구분되는 경우가 있으며, 이러한 책임과 권한은 경력(동종업계 및 / 혹은 자사의 생산, 품질관리, 영업, 연구개발 등의 경력), 자격증의 보유, 적절한 교육훈련 등으로 구분할 수 있다. 제품설계자에 대한 숙련도 등은 다음과 같은 예가 있다.
① 컴퓨터 지원설계 CAD(Computer Aided Design), Pro / Engineer, CATIA(Computer-graphics Aided Three-dimensional Interactive Application) 활용능력
② 제조를 고려한 설계(DFM) / 조립을 고려한 설계(DFA)
③ 실험계획법(design of experiment)
④ 컴퓨터 지원 엔지니어링(computer aided engineering)
⑤ 고장형태 및 영향분석(DFMEA / PFMEA 등)
⑥ 한정요소 분석(finite element analysis)
⑦ 기학적 치수 및 공차법(geometric dimensioning & tolerancing)
⑧ 품질기능전개(quality function deployment)

⑨ 신뢰성공학 계획
⑩ 시뮬레이션(모의시험) 기법
⑪ 솔리드 모델링(solid modeling)
⑫ 가치공학(value engineering)

8) 신입사원 및 / 혹은 직무가 변경된 자에 대한 교육훈련은 OJT(On the Job Training)와 OFF JT 교육훈련 등으로 가능할 것이며, 부문별 전환배치자에 대한 적절한 교육이 있어야 할 것이다.

9) 종업원 동기부여 및 능력부여를 위한 프로그램으로는 포상, 제안제도, 분임조 활동, 워크샵, 제품 무결점 운동 등 기타 조직별 고유의 혁신 프로그램 등이 있을 수 있다.

■ 심사 Focus

1) 제품 및 서비스 제공에 필요한 공정 / 활동별 인원의 적격성 기준은 수립되었는가?
   ㉹ 직무기술서(job description), 직무명세서(job specification) 등
2) 적격성 기준을 충족시키기 위한 문서화된 정보는 유지하고 있는가?
   ㉹ 인사기록카드, 관련 자격증, 연간교육계획, 교육일지, 수료증 등

7. 문서화된 정보관리 프로세스

규격구분	ISO 9001 : 2015	ISO 14001 : 2015
요구사항	7.5	7.5

경영시스템 요구사항

7.5 문서화된 정보

7.5.1 일반사항(general)

조직의 품질경영시스템에는 다음 사항이 포함되어야 한다.

a) 이 표준에서 요구하는 문서화된 정보
b) 품질경영시스템의 효과성을 위하여 필요한 것으로, 조직이 결정한 문서화된 정보

비고	QMS을 위한 문서화된 정보(documented information)의 정도는, 다음과 같은 이유로 조직에 따라 다를 수 있다. • 조직의 규모 그리고 활동, 프로세스, 제품 및 서비스의 유형 • 프로세스의 복잡성과 프로세스 상호작용 • 인원의 역량

7.5.2 작성(crating) 및 갱신(updating)

문서화된 정보를 작성하거나 갱신할 경우 조직은 다음 사항이 적절함을 보장해야 한다.

a) 식별 및 내용(description)(㉭ 제목, 날짜, 작성자 또는 문서번호)

b) 형식(㉭ 언어, 소프트웨어 버전, 그래픽) 및 매체(㉭ 종이, 전자매체)

c) 적절성 및 충족성에 대한 검토 및 승인

7.5.3 문서화된 정보의 관리(control of documented information)

7.5.3.1 품질경영시스템 및 이 표준에서 요구되는 문서화된 정보는, 다음 사항을 보장하기 위하여 관리되어야 한다.

a) 필요한 장소 및 필요한 시기에 사용 가능하고 사용하기에 적절함

b) 충분하게 보호됨(㉭ 기밀유지 실패, 부적절한 사용 또는 완전성 훼손으로부터)

7.5.3.2 문서화된 정보의 관리를 위하여 다음 활동 중 적용되는 사항을 다루어야 한다.

a) 배부, 접근, 회수 및 사용(distribution, access, retrieval and use)

b) 가독성(legibility) 보존을 포함하는 보관 및 보존

c) 변경 관리(㉭ 버전 관리)

d) 보유 및 폐기(retention and disposition)

품질경영시스템의 기획과 운영을 위하여 필요하다고, 조직이 정한 외부 출처의 문서화된 정보는 적절하게 식별되고 관리되어야 한다.

적합성의 증거로 보유 중인 문서화된 정보는 의도하지 않은 수정으로부터 보호되어야 한다.

비고	접근(access)이란 문서화된 정보를 보는 것만 허락하거나, 문서화된 정보를 보고 변경하는 허락 및 권한에 관한 결정을 의미할 수 있다.

요구사항 해설

1) ISO 9001 : 2008년판의 4.2.1, 4.2.3, 4.2.4를 통합한 개념으로 이해하는 것이 좋다.
   문서화된 정보(documented information) = 문서(document) + 기록(record)
   ① ISO 9000 : 2015 / 3.8.2 정보 : 의미있는 데이터
   ② ISO 9000 : 2015 / 3.8.5 문서 : 정보 및 정보가 포함된 매체

비고	**기록, 시방서, 절차문서, 도면, 보고서, 표준** 1. 매체는 종이, 자기, 전자 또는 광학 컴퓨터 디스크, 사진이나 한도견본 또는 그것의 조합이 될 수 있다. 2. 예를 들면, 시방서 및 기록과 같은 일련의 문서를 종종 "문서류"라 한다. • ISO 9000 : 2015 / 3.8.6 문서화된 정보 : 조직에 의해 관리되고 유지되도록 요구되는 정보 및 정보가 들어있는 매체

2) 문서화는 활동의 의도 및 일관성에 대하여 의사소통을 가능케 한다. 문서화의 활용은 다음과 같은 의도를 갖고 있으나, 문서 그 자체가 가치를 부가할 수 있는 활동이어야지 관료화하자는 뜻은 아니다(simple, not stupid).
   ① 고객 요구사항과 적합성 및 품질개선을 달성
   ② 적절한 교육훈련을 제공
   ③ 반복성 및 추적성 가능
   ④ 객관적 증거를 제공(품질개선, 안전사고, 공정개선 등)
   ⑤ 경영시스템의 효과성 및 지속적 적절성을 평가 가능

3) 조직에 의해 요구된 문서의 예
   ① 품질 / 환경계획서, 시공계획서, 계약이행계획서
   ② 교육훈련계획서, 교육훈련 시행요령, 설비 / 장비 관리요령
   ③ 설계시방서, 도면, 설계 및 개발 검토 / 검증 / 타당성 확인계획서
   ④ QC공정도, 관리계획서(control plan), 제조공정도, 작업지침서, 작업지도서, 작업지시서
   ⑤ 표준 구매계약서, 공급자 평가계획서 및 요령
   ⑥ 고객 모니터링 계획서 및 요령
   ⑦ 내부심사 계획서, 경영검토계획서

4) 문서화의 정도와 사용될 매체는 다음의 요인에 따라 결정된다.
   ① 기업 / 조직의 형태 및 규모, 조직의 결정
   ② 프로세스의 복잡성 및 상호작용, 제품, 서비스의 복잡성
   ③ 고객 또는 이해관계자 요구사항, 관련 법적 및 규제 요구사항
   ④ 인원의 실증된 능력

⑤ 경영시스템 요구사항의 충족을 실증하는데 필요한 정도
⑥ 국제, 국가, 지역 및 산업별 규격의 수용
⑦ 조직의 능력개발에 관련 되는 외부 정보의 출처

5) 문서의 발행, 사용 및 관리는 기준에 대하여 다음과 같은 조직의 효율성과 효과성 관점에서 평가되어야 할 것이다.
① 처리속도와 같은 기능성, 사용자의 친근성, 필요한 자원, 방침과 목표
② 지식경영에 관련된 현재와 미래의 요구사항
③ 문서화 시스템에 대한 벤치마킹, 그리고
④ 조직의 고객, 공급자 그리고 다른 이해관계자에 의해 사용되는 연계성

6) 문서관리의 범위
① 외부출처 문서(고객, 관공서 등의 이해관계자로부터 접수되는 문서 등)의 접수 및 이에 대한 회신, 발송(관련 제품의 규격 변경, 관련 법규의 변경 시 내부 / 외부 의사소통할 필요가 있다)
② 조직 내의 표준문서(매뉴얼, 사규 또는 절차서, 지침서, 도면, 양식 등)의 제정, 개정 및 폐기
③ 조직의 통합, 폐지, 신설 등의 경우 업무 분장 등의 조정 등으로 인한 책임과 권한의 조정 등의 경우에도 표준문서를 관리할 필요가 있다.

7) 문서와 기록의 차이

〈표 4-4〉

구분	문 서	기 록	외부출처문서
성격	지시(법규, 공고)	증거	
시점	현재	과거	
변경	개정	수정	
배포	관리본, 비관리본	원본, 사본	
관리	작성, 검토, 승인, 등록, 배포, 회수, 개정, 폐지	식별, 열람, 파일링, 보관, 유지(보존), 폐기	
사례	경영매뉴얼, 절차서, 도면, 시방서, 작업지시서, 검사지시서, 시험절차, 업무관리절차, 각종 양식	검사보고서, 시험보고서, 심사보고서, 교정보고서, 작업보고서, 분석자료 등	고객문서(도면, 시방서, 계약서, 과업지시서 등) KS, JIS, ASTM, FS, 단체 규격 등 카탈로그, 기술자 법규, 조례, 규칙 관공서 문서 등
용어 정의	정보를 포함하는 매체 (역할을 수행하는 절차 / 기준 / 지시서)	객관적 증거를 제시하는 문서(입증하기 위한 자료)	외부인, 타인이 만든 지시문서

8) 문서화된 정보(documented information)의 대상

ISO 9001 : 2015		ISO 14001 : 2015	
4.3	품질경영시스템의 적용범위	4.3	환경경영시스템의 적용범위
4.4.2	a) 프로세스 운영을 지원하기 위한 정보 b) 프로세스가 계획대로 수행되고 있다는 확신을 갖기 위한 정보		
5.2.2	a) 품질방침	5.2	환경방침
		6.1.1 6.1.2 6.1.3 6.1.4	다루어질 필요가 있는 리스크 및 기회 환경측면과 연관된 환경영향 준수의무사항 조치계획
6.2.1	품질목표	6.2.1	환경목표
7.1.5.1 7.1.5.2	모니터링 자원 및 측정자원 교정 또는 검정에 사용된 근거		
7.2	역량 / 적격성의 증거	7.2	역량 / 적격성의 증거
		7.4	의사소통의 증거
		8.1	운영기획과 관리 (프로세스가 계획대로 수행되었다는 확신을 가지기 위한 정보)
8.2.3.2 8.2.4	제품 및 서비스 요구사항에 대한 검토결과 / 새로운 요구사항 제품 외 서비스 요구사항 변경 사항	8.2	비상사태 대비 및 대응 (프로세스가 계획대로 수행되었다는 확신을 가지기 위한 정보)
8.3.3 8.3.5 8.3.6	설계와 개발 입력사항 설계와 개발 출력사항 설계와 개발 변경 사항		
8.4.1	외부 제공 공급자 관련 정보		
8.5.1 8.5.2 8.5.3 8.5.6	생산 및 서비스 제공 특성 정보 식별 및 추적성 정보 고객 또는 외부 공급자의 재산 변경관리		
8.6	제품 및 서비스의 불출 관련 정보		
8.7	부적합 관련 정보		
9.1.1	QMS 성과 및 효과성 평가 증거	9.1.1 9.1.2	EMS 성과 및 효과성 평가 증거 준수평가
9.2.2	내부심사 실행 및 결과 증거	9.2.2	내부심사 실행 및 결과 증거
9.3.3	경영검토 결과의 증거	9.3	경영검토 결과의 증거
10.2.2	부적합의 성질 및 취해진 모든 조치 시정조치의 결과	10.2.2	부적합의 성격 및 취해진 모든 후속적인 조치 시정조치의 결과

9) 문서관리의 흐름은 대체로 다음과 같다.

① 경영시스템 요구문서의 파악 : 각 문서기능별 작성부서 결정

② 문서의 작성 : 매뉴얼, 절차서, 지침서, 지시서, 시방서, 품질 / 환경계획서, 품질 / 환경기록 등

③ 충분성의 검토 및 승인 : 문서의 작성, 검토, 승인권자 결정

④ 식별(변경, 개정 식별 포함) : 식별기준 및 방법설정

⑤ 발행, 배포 및 배포 관리, 판독이 용이하도록 식별 / 유지 및 활용, 필요시 검토, 변경 / 개정

⑥ 효력상실 문서의 관리

10) 기록관리의 흐름

① 경영시스템에서 요구된 기록파악(기능별, 부서별, 프로세스별 관리기준 설정), 즉 분류, 식별, 보관, 보존, 처분, 검색기준, 보관 및 보존기간

② 관리 Flow : 기록의 발생 → 분류 및 식별 → 파일링 및 보관 → 이관 및 보존 → 폐기

■ 심사 Focus

1) 표준문서의 제정, 개정 및 폐지 등의 유지상태는 적절한가?
   – 개정번호, 개정일자
2) 표준문서는 적용되는 장소에서 이용 가능한가?
   – 공정별 작업지침서 / 표준서 등
3) 표준문서는 적용하는 인원이 이해하기 적절한가?
   – 특히 외국인을 고용하고 있는 경우 등
4) 효력이 상실된 문서는 적절히 식별하고 있는가?
5) 문서화된 정보의 유지, 보호상태는 적절한가?
   – 주기적인 back up, 한도견본의 유효기간 등
6) 법적으로 보존기간이 있는 문서의 유지상태는?

8. 영업 및 주문 / 계약관리 프로세스

규격구분	ISO 9001 : 2015	ISO 14001 : 2015
요구사항	8.2	(8.2)

경영시스템 요구사항

8.2 제품 및 서비스의 요구사항(requirements for products and services)

8.2.1 고객과의 의사소통(customer communication)

고객과의 의사소통에는 다음 사항이 포함되어야 한다.

a) 제품 및 서비스 관련 정보 제공

b) 변경을 포함하여 문의, 계약 또는 주문의 취급

c) 고객불평을 포함하여 제품 및 서비스에 관련된 고객 피드백 입수

d) 고객재산의 취급 및 관리

e) 관련될 경우, 비상조치를 위한 특정 요구사항 수립

8.2.2 제품 및 서비스에 관련된 요구사항의 결정(determining the requirements for products and services)

고객에게 제공될 제품 및 서비스에 대한 요구사항을 결정할 경우, 조직은 다음 사항을 보장하여야 한다.

a) 제품 및 서비스 요구사항은 다음을 포함하여 규정됨

1) 적용되는 모든 법적 및 규제적 요구사항

2) 조직에 의해 필요하다고 고려된 요구사항

b) 조직은 제공하는 제품 및 서비스에 대한 요구(claim)를 충족시킬 수 있음

8.2.3 제품 및 서비스 관련 요구사항의 검토(review the requirements for products and services)

8.2.3.1 조직은 고객에게 제공될 제품 및 서비스에 대한 요구사항을 충족시키는 능력이 있음을 보장하여야 한다.

조직은 고객에게 제품 및 서비스의 공급을 결정하기 전에 다음 사항을 포함하여 검토를 실시하여야 한다.

a) 인도 및 인도 이후의 활동에 대한 요구사항을 포함하여 고객이 규정한 요구사항

b) 고객이 명시하지 않았으나 알려진 경우, 규정되거나 의도된 사용에 필요

한 요구사항

c) 조직에 의해 규정된 요구사항

d) 제품이나 서비스에 적용되는 법적 및 규제적 요구사항

e) 이전에 표현된 것과 상이한 계약 또는 주문 요구사항

조직은 이전에 규정한 요구사항과 상이한 계약 또는 주문 요구사항이 해결되었음을 보장하여야 한다.

고객이 요구사항을 문서화된 상태로 제시하지 않는 경우, 고객 요구사항은 수락 전에 조직에 의해 확인되어야 한다.

비고	인터넷 판매 등과 같은 상황에서는, 각각의 주문에 대한 공식적인 검토가 비현실적이다. 이러한 경우, 카탈로그와 같은 관련 제품 정보를 검토하는 것으로 대신할 수 있다.

8.2.3.2 조직은 적용될 경우, 다음 사항에 대한 문서화된 정보를 보유하여야 한다.

a) 검토결과

b) 제품 및 서비스에 대한 모든 새로운 요구사항

8.2.4 제품 및 서비스에 대한 요구사항의 변경(changes to requirements for products and services)

제품 및 서비스에 대한 요구사항이 변경된 경우, 조직은 관련 문서화된 정보가 수정됨을, 그리고 관련 인원이 변경된 요구사항을 인식하고 있음을 보장하여야 한다.

요구사항 해설

1) 고객과의 의사소통의 예

① 직접 방문, 상호 대면, 소책자 제공, 회사소개서 제공

② 입찰문서의 게시, 매스컴에 보도, 공공장소 및 특정장소에 게시(광고 및 홍보)
홈페이지 등에 게시, 메뉴판에 소개, 안내문 게시
전시회 등에 출품, 현물 소개 등

2) 고객과의 계약 시 검토사항의 예

① 명시적 요구사항(일반적으로 계약서, 물품 / 서비스 공급계약서 등의 명칭을 적용한다)

- 제품명칭(item), 제품규격, 수량, 단가, 납기, 인도조건 및 장소, 사후 서비스 조건 등
- 제공받는 서비스 명칭(의료서비스, 교육서비스, 민원서비스 등), 가격, 제공조건, 사후 서비스 조건 등
- A/S 제품에 대한 시장 요구사항(㉮ 품명, 보증기간 등)의 반영
- 고객지정 특별특성은 QC 공정도, 관리계획서(control plan) 등에 식별한다.

② 묵시적 요구사항
- 1회용 종이컵이라도 물은 새지 않아야 할 것
- 국내용 자동차는 운전석이 왼쪽에 있을 것 등

③ 제품 및 서비스와 관련된 강제요구사항이나 법적 요구사항
- 자동차의 배기가스 농도
- 산업안전보건법상 압력용기의 최대 허용압력

④ 조직에 의해 추가적으로 요구된 사항
- 보통 이러한 추가적인 요구사항은 고객/법적 요구사항보다 엄격하게 적용되는 수가 많다.

3) 고객과의 계약시 문서화된 정보의 예

① 견적서, 입찰서, 계약서원본, 계약관리대장, 주문관리대장 등을 사용하는 경우가 있다.

② 구두 주문인 경우, 유선으로 주문받은 경우, 이메일(e-mail) 등으로 주문받은 경우에도 정보유지

4) 고객과의 계약변경시 검토사항

① 계약내용 취소 : 계약내용 전부의 취소

② 계약내용 변경 : 제품 및 서비스 명칭, 수량, 납기, 인도장소 및 조건 등

5) 계약검토 내용과 관련 부서의 예

① 영업/원가담당 부문 : 계약품목에 대한 가격, 인도조건은 적절한가?

② 생산부문 : 제품을 생산/제공하는데 4M(인원, 재료, 설비, 방법 등)은 적절한가?

③ 품질부문 : 고객에게 제공하는 제품 및 서비스의 제공에 있어 필요한 모니터링 장비 및 측정장비는?

④ 구매부문 : 고객 요구사항을 충족시키기 위한 원부자재의 공급과 필요한 외주관리는 적절한가?

6) 일반적인 영업/주문관리 프로세스의 구성

① 판매계획수립, 관리

② 견적관리

③ 수주/주문관리

④ 매출관리
⑤ 출하관리
⑥ 수금관리
⑦ 매출 / 여신관리
⑧ 영업 분석
⑨ 대리점 / 영업소 / 지점 - 관리

■ 심사 Focus

1) 고객과의 계약기록은 적절히 유지하는가?
   – 주문 / 계약관리대장, 물품공급계약서 등
2) 고객과의 계약전 관련 기능간 검토기록은 적절한가?
   – 입찰서, 견적서, 물품공급계약서, 계약이행계획서 등
3) 고객의 주문사항 변경시 그 기록은 적절하게 유지하는가?
   – 품목 및 수량의 변경, 납기의 조정, 검사 및 시험항목의 추가 등
4) 고객과의 계약시 해당되는 경우 법적 및 규제적 요구사항 등을 검토하였는가?
5) 프로세스와 관련한 핵심성과지표는 모니터링 및 측정하고 있는가?
   ㉮ 매출액 달성률, 영업이익률, 미수금 비율, 신규고객 창출률 등

9. 설계 및 개발관리 프로세스

규격구분	ISO 9001 : 2015	ISO 14001 : 2015
요구사항	8.3	(6.1.2), (8.1)

경영시스템 요구사항

8.3 제품 및 서비스의 설계와 개발(design and development of products and services)

8.3.1 일반사항(general)

조직은 제품 및 서비스의 설계 및 개발 이후의 공급을 보장하기에 적절한 설계 및 개발 프로세스를 수립, 실행 및 유지하여야 한다.

8.3.2 설계와 개발 기획(design and development planning)

설계 및 개발에 대한 단계 및 관리를 결정할 때, 조직은 다음 사항을 고려하여야 한다.

a) 설계 및 개발 활동의 성질, 기간 및 복잡성
b) 적용되는 설계 및 개발 검토를 포함하여, 요구되는 프로세스 단계
c) 요구되는 설계 및 개발 검증 및 실현성 확인 / 타당성 확인(validation) 활동
d) 설계 및 개발 프로세스에 수반되는 책임 및 권한
e) 제품 및 서비스의 설계 및 개발에 대한 내부 및 외부 자원 필요성
f) 설계 및 개발 프로세스에 관여하는 인원 간 인터페이스의 관리 필요성
g) 설계 및 개발 프로세스에 고객 및 사용자의 관여 필요성
h) 제품 및 서비스의 설계 및 개발 이후의 공급을 위한 요구사항
i) 설계 및 개발 프로세스에 대해 고객 및 기타 관련 이해관계자가 기대하는 관리의 수준
j) 설계 및 개발 요구사항이 충족되었음을 실증하는데 필요한 문서화된 정보

8.3.3 설계와 개발 입력(design and development inputs)

조직은 설계와 개발이 될 특정 제품 및 서비스의 필수적인 요구사항을 결정하여야 한다. 조직은 다음 사항을 고려하여야 한다.

a) 기능 및 성능 / 성과 요구사항
b) 이전의 유사한 설계 및 개발 활동으로부터 도출된 정보
c) 법적 및 규제적 요구사항
d) 조직이 실행을 약속한 표준 또는 실행지침
e) 제품 및 서비스의 성격에 기인하는 실패의 잠재적 결과

입력은 설계와 개발 목적에 충분하며, 완전하고 모호하지 않아야 한다.
상충되는 설계와 개발 입력은 해결되어야 한다.
조직은 설계와 개발 입력에 대한 문서화된 정보를 보유하여야 한다.

8.3.4 설계와 개발 관리(design and development controls)

조직은 설계 및 개발 프로세스에 다음 사항을 보장하는 관리를 적용해야 한다.

a) 달성될 결과의 규정
b) 설계 및 개발 결과가 요구사항을 충족하는지의 능력을 평가하기 위한 검토시행
c) 설계 및 개발의 출력이 입력요구사항에 충족함을 보장하기 위한 검증활동 시행
d) 결과로 나타난 제품 및 서비스가 규정된 적용에 대한 또는 사용의도에 대한 요구사항을 충족시킴을 보장하기 위한 실현성 확인활동의 시행
e) 검토 또는 검증 및 실현성인 활동 중 식별된 문제점에 대해 필요한 모든 조치의 시행
f) 이들 활동에 대한 문서화된 정보의 보유

비고	설계 및 개발 검토, 검증 및 실현성 확인에는 별개의 다른 목적이 있다. 설계 및 개발 검토, 검증 및 실현성 확인은 조직의 제품 및 서비스에 적절하도록 별도로 또는 조합하여 시행될 수 있다.

8.3.5 설계와 개발 출력(design and development outputs)

조직은 설계 및 개발 출력이 다음과 같음을 보장해야 한다.

a) 입력 요구사항 충족
b) 제품 및 서비스 제공을 위한 후속 프로세스에 대해 충분함
c) 해당되는 경우, 모니터링 및 측정 요구사항의 포함 또는 인용 그리고 합격 판정기준의 포함 또는 인용
d) 의도한 목적에 그리고 안전하고 올바른 공급에 필수적인 제품 및 서비스의 특성 규정

조직은 설계와 개발 출력에 대한 문서화된 정보를 보유하여야 한다.

8.3.6 설계 및 개발 변경(design and development changes)

조직은 제품 및 서비스의 설계 및 개발 과정, 또는 이후에 발생된 변경사항을 요구사항의 적합성에 부정적 영향이 없음을 보장하는데 필요한 정도까지 식별, 검토 및 관리하여야 한다.

조직은 다음 사항에 대한 문서화된 정보를 보유하여야 한다.

a) 설계 및 개발 변경

b) 검토결과

c) 변경의 승인

d) 부정적 영향을 예방하기 위해 취한 조치

요구사항 해설

1) 설계 및 개발이라는 용어는 때로는 동의어로 사용되고 때로는 전체 설계 및 개발 프로세스의 서로 다른 단계를 정하는데 사용되기도 한다.
설계 및 개발 대상의 본질을 나타내는 수식어가 사용될 수 있다(보기 : 제품설계 및 개발 또는 프로세스 설계 및 개발).

2) 일반지침
최고경영자는 조직이 고객과 이해관계자의 욕구 및 기대를 효과적이고 효율적으로 대응하기 위해 필요한 설계 및 개발 프로세스를 정하고, 실행하며 유지하고 있다는 것을 보장하여야 할 것이다.
제품이나 프로세스를 설계하거나 개발할 때 경영자는 조직이 기본적인 성능 및 기능뿐만 아니라, 고객이나 이해관계자가 기대하는 제품과 프로세스를 만족시킬 수 있는 모든 요인을 고려할 수 있는 능력을 가지고 있음을 보장하여야 할 것이다. 예를 들면 조직은 수명 주기, 안전 및 보건, 테스트 능력, 사용도, 사용자 친숙정도, 신인성, 내구성, 인간공학, 환경, 폐기와 인지된 위험을 고려하여야 할 것이다.
경영자는 또한 조직의 제품 또는 프로세스 사용자의 잠재위험을 파악하거나 줄이는 조치가 이행되었는지 확인할 책임이 있다. 위험평가는 제품이나 프로세스의 발생 가능한 실패 또는 결함의 영향에 대해 평가를 이행하여야 할 것이다. 평가결과는 파악된 위험을 줄이기 위한 예방조치활동을 정의하고 실시하는데 사용하여야 할 것이다.
설계 및 개발의 위험평가 기법의 예는 다음 사항을 포함한다.
① 설계 고장형태 및 영향분석(DFMEA)
② 결함 나무분석(FTA, Fault Tree Analysis)
③ 신뢰성 예측
④ 상관도
⑤ 위험 순위기법, 그리고
⑥ 모의 실험

3) 제품의 설계 및 개발 활동을 계획하고 관리하여야 한다.
제품의 설계 및 개발 계획에서 결정되어야 할 사항은 다음과 같다.

① 설계 및 개발 프로세스의 단계
② 각 단계에 적절한 검토, 검증 및 타당성 확인
③ 설계 및 개발 활동에 대한 책임과 권한

4) 효과적인 커뮤니케이션과 책임의 명확화를 위해 관련된 서로 다른 그룹간의 연계성이 관리되어야 하며, 진행에 따른 계획서의 적절한 갱신이 필요하다.
① 설계계획이 설계가 진행됨에 따라 변경될 경우 설계계획서를 갱신하여야 한다.
② 설계계획서는 굳이 관리문서로 관리할 필요는 없으며 최신 자료로 유지/관리하는 것으로 충분하다.

5) 설계 및 개발 기획의 일반적인 흐름
① 설계 및 개발 대상이 되는 제품 및 프로세스 결정
② 설계 및 개발 방침 및 목표수립
③ 설계 및 개발 단계의 결정(단계별 수행역할의 결정)
(입력 요구사항 수립, 기본개념, 구상설계, 상세설계, 시작품 제작 및 평가단계 등)
④ 단계별 설계 및 개발 활동에 따른 검토, 검증, 유효성 확인
⑤ 단계별 책임 및 권한 설정
⑥ 설계 그룹간 연계성 관리방법 결정
⑦ 조직적 연계성 : 공장실험을 위한 제조라인의 이용, 모형제작 인원의 지원, 설계검토시 관련 부서 참여, 포장 또는 운반조직 활용 등
⑧ 기술적 연계성 : 기능, 물성, 외관의 상호간섭, 신기술 도입, 신소재 발굴, 서비스 인원의 훈련 등
⑨ 설계 및 개발의 진도관리(연계성 관리 포함)
⑩ 필요한 경우, 기획 출력의 갱신

6) 전문분야 협력방법은 업무 또는 활동을 완수하기 위해 공통으로 지식 및 숙련이 있는 다른 사업기능으로부터의 인원과 함께 수행하는 활동이다. 추가적으로, 전문분야 협력 접근방법(상호기능 접근방법)은 의사결정 프로세스에 가용될 수 있는 모든 관련된 지식 및 숙련도를 갖추기 위해 노력하는 업무 또는 활동을 완수하기 위하여 활용되는 개별그룹 활동으로서 대표적으로 검토된다.
전문분야 협력 접근방법은 조직의 설계, 제조, 엔지니어링, 품질, 생산, 및 기타 적절한 인원을 포함할 수 있다. 이는 또한 고객의 구매, 품질, 제품 엔지니어링, 고객 생산공장 인원뿐만 아니라 공급자를 포함할 수 있다.

7) 제품 요구사항과 관련된 입력사항을 정의하고 그 기록을 품질기록 관리절차에 따라 관리하여야 한다.

여기에는 다음 사항을 포함하여야 하며, 이러한 입력사항의 적절성을 검토하여 문제점을 해결하여야 한다.

① 기능 및 성과요구사항

② 강제규정 및 법규요구사항

③ 적용 가능한 경우 이전에 실시된 유사한 설계에 대한 정보

④ 기타 필수적인 요구사항

8) 설계입력사항의 예는 다음과 같다.

① 외부입력

- 고객 또는 시장의 욕구와 기대
- 기타 이해관계자의 욕구와 기대
- 공급자의 기여
- 확실한 설계 및 개발을 위한 사용자 입력사항
- 법적 및 규제적 요구사항에 의한 변경
- 국제 또는 국가표준, 그리고
- 산업코드 관행

② 내부입력

- 방침 및 목표
- 프로세스의 출력을 인수하는 인원을 포함한 조직내부 인원의 욕구와 기대
- 기술개발 현황
- 설계 및 개방을 수행하는 인원에 대한 능력 요구사항
- 과거 피드백 정보
- 현재의 프로세스 및 제품의 기록과 자료
- 다른 프로세스로부터의 출력

③ 안전, 적절한 기능발휘 및 유지에 중요한 프로세스 또는 제품의 특성을 파악하는 입력

- 운전, 설치 및 적용
- 보관, 취급 및 인도
- 물리적 변수 및 환경
- 제품폐기 요구사항

9) 최종 사용자뿐만 아니라 직접 고객의 욕구 및 기대에 대한 평가에 기초한 제품 관련 입력은 중요할 수 있다. 이러한 입력은 제품을 효과적이고 효율적으로 검증하고 유효성을 확인된 제품을 허용하는 방식으로 공식화되어야 한다.

모든 제품은 반드시 특별특성을 갖고 있지는 않다. 조직은 특별특성을 자체적으로 규정할 수 있다.

특별특성의 인지에 대한 출처는 예를 들면, 공정 FMEA, 고객요구사항, 이전 문제의 분석

및 규제사항, 특별특성을 인지한 후에 특별특성은 모든 관련된 기술문서 및 관리계획서 내에 포함될 것이다.

10) 〈제조물책임법〉(1999. 12. 16. 국회통과, 법률 제6,109호, 2002. 7. 1. 시행)
소비자 안전의 확보, 정상적 상거래의 정착, 시장개방에 따른 경쟁력의 제고, '삶의 질' 향상에 대한 인식의 증가를 배경으로 제정된 이 법의 목적은 제조물(製造物)의 결함(缺陷)으로 인하여 발생한 손해(損害)에 대한 제조업자(製造業者) 등의 손해배상책임(損害賠償責任)을 규정함으로써 피해자(被害者)의 보호를 도모하고 국민생활(國民生活)의 안전향상(安全向上)과 국민경제(國民經濟)의 건전한 발전에 기여하는 것으로 하고 있다.
이 법의 제정으로 인하여 제조업에서는 제품의 설계상의 결함(즉, 안전장치의 미비, 안전기준의 무시 등이 해당됨), 제조상의 결함(제조과정에 작업원의 잘못 등으로 불량제품이 발생하는 경우), 표시상의 결함 등에 대비하기 위하여 설계 입력사항뿐만 아니라 설계 및 개발의 전 과정에서 발생되는 출력물을 유지해야 할 것이다.

11) 설계특성이란 사용 용이성, 안전성, 유용성, 신뢰성, 보전성, 경제성, 환경측면 등을 말한다. 설계 및 개발 출력은 다음과 같아야 한다.
① 입력요구사항의 충족
② 제품 및 서비스 확보 및 구매에 대한 적절한 정보제공
③ 제품에 대한 합격판정기준을 포함하거나 인용
④ 안전 및 적절한 사용성과 관련된 제품특성의 규정

출력은 계획된 요구사항을 검증하고 유효성을 확인할 수 있는 정보를 포함하여야 한다.
설계 및 개발 출력은 다양한 형태이며, 배포전에 승인되어야 하고, 그 예는 다음을 포함한다.
① 프로세스 입력과 프로세스 출력의 비교를 실증한 데이터, 도면, 샘플(조감도)
② 합격 판정기준을 포함한 제품시방서
③ 자재 및 제품시방서, 시험시방서
④ 교육훈련 요구사항, 사용자 및 소비자 정보
⑤ 구매 요구사항, 그리고
⑥ 합부판정 기준, 방법론, 자격시험보고서

설계 및 개발 출력은 프로세스 및 제품에 대한 요구사항을 효과적이고 효율적으로 충족시킨 객관적 증거를 제공하기 위하여 입력에 대하여 검토되어야 할 것이다.
설계 및 개발완료 보고서는 다음과 같은 내용을 포함할 수 있다.
① 설계 및 개발을 위해 지시되었던 요구사항이 충족되고 있다는 증거
② 개발된 제품의 합부판정기준, 개발된 제품의 법규상 문제점

③ 제품제조에 필요한 재료, 설비, 작업조건 등의 각종 제원 해설
④ 제품의 안전성, 취급 및 보관법
⑤ 제품사용 시 유의사항
⑥ 기록의 문서화
⑦ 보고서작성 책임자와 배포처

조직의 설계출력은 다음과 같이 단순화, 최적화, 혁신적이고 낭비감소에 대한 노력을 포함한 프로세스의 결과가 되어야 할 것이다.
① 비용 / 성과 / 사업위험매각의 분석
② 기하학적 치수 및 공차의 활용에 대한 적절한 이용
③ 조립을 고려한 설계(DFA), 제조를 고려한 설계(DFM), 실험계획법(DOE), 품질기능전개(QFD)
④ 공차연구 또는 적절한 대안, 설계 FMEA의 이용
⑤ 시험, 생산 및 필드로부터 피드백의 이용, 가치공학(VE)

'진단지침'은 엔지니어링-기본데이터를 활용한 필드 부가서비스 진단을 위한 시스템 / 장비에 관련되며, 차량시스템을 제조하기 위해 반드시 요구되는 것은 아니지만 차량시스템의 상호연계 서비스를 제공하는데 필수적이다.
조직의 제조 설계출력은 린 제조방식과 같은 단순화, 최적화, 혁신적이고 낭비감소를 위한 노력을 포함한 프로세스의 결과가 되어야 할 것이며 사례는 다음과 같다.
ANDON 시스템(라인관리시스템), 실수방지, 수준(level) 일정계획, 풀(pull)시스템 재고관리, 동기화 제조(single-piece flow), 가시관리, 작업장 조직화 및 배치(layout)

12) 설계 검토 : 수립된 목표를 달성하기 위하여 해당 주제의 적절성, 충분성 및 효과성을 결정하기 위하여 착수되는 활동으로서, 설계검토는 설계 및 개발 단계와 관련된 대표자들을 포함한 인원에 의해 수행되어야 하며, 검토결과 및 검토에 의해 대두된 조치사항을 기록하고 관리하여야 한다.
최고경영자는 설계 및 개발 목표가 달성되는지를 결정하기 위한 체계적인 검토를 관리하고 수행하기 위해 적절한 인원이 배정되었음을 보장하여야 할 것이다. 이러한 검토는 설계 및 개발 프로세스 중 뿐만 아니라 설계 및 개발 종료 후 지정된 시점에서 수행될 수 있다.
설계 및 개발 검토주제의 보기는 다음과 같다.
① 설계 및 개발 업무를 수행하기 위한 입력의 적정성
② 계획된 설계 및 개발 프로세스의 진척도
③ 검증 및 타당성 확인 목표달성 여부
④ 제품사용 시 잠재위험 또는 결함상태 평가

⑤ 제품 성능에 관한 라이프 사이클 데이터
⑥ 설계 및 개발 프로세스 중 변경 및 영향관리
⑦ 문제점의 파악 및 시정, 설계 및 개발 프로세스의 개선기회
⑧ 품질/환경에 대한 제품의 잠재적 영향 등

적절한 단계에서 조직은 고객과 프로세스 출력을 접수하는 고객 및 조직내 구성원의 욕구 및 기대를 충족시키기 위해 프로세스는 물론 설계 및 개발 출력검토를 하여야 할 것이다. 또한 기타 이해관계자의 욕구 및 기대사항도 고려하여야 할 것이다.

설계 및 개발 검토의 흐름
① 설계 및 개발 검토시기 결정
② 검토 인원의 편성(설계 및 개발참여자, 설계전문가 및 외부 기술전문가, 타부서 직능 및 기능전문가, 책임자, 대리인, 고객 및 사용자 등)
③ 검토범위, 내용, 방법의 결정
④ 요구사항 충족(고객요구 및 기대, 조직내 인원의 요구 및 기대)을 위한 설계 및 개발결과의 능력평가(검토) 실시
- 입력 요구사항의 적절성(안정성, 기능성, 조작성 포함)
- 설계와 공정능력과의 일치성
- 적절한 재료 및 설비의 선택
- 구성부품 및 서비스의 적절성(호환성, 병용성 등)
- 구매, 생산, 설치, 서비스, 검사 및 시험 등에 대한 기술적 만족
- 설계실시 단계에서의 미해결사항, 문제영역 및 잠재적 단점
- 제품사용 시 잠재적 위험, 결함상태 및 환경영향평가
- 제품 성능에 대한 수명주기 자료
- 설계 및 개발 출력의 변경에 따른 영향
- 설계 및 개발 목표달성과 진도관리

⑤ 설계 및 개발 결과의 문제점, 설계 및 개발 프로세스의 개선기회
⑥ 필요한 조치 및 시정의 이행
⑦ 결과의 기록유지

13) 설계 및 개발의 변경 시 변경이나 수정사항은 명확히 하여야 하고, 적절한 경우 변경사항에 대해 검증 및 타당성 확인이 실시되어야 하며, 실행되기 전에 권한이 부여된 인원에 의해 승인되어야 한다.

설계 및 개발의 변경은 적절한 경우 검토가 수행되어야 하고 의도된 요구사항에의 사용성을 고려하여 변경되고 수정되어야 한다. 해당 변경 프로세스뿐만 아니라 변경에 따른 전체 프로세스 및 의도된 제품의 계획된 수명기간 동안의 용도와의 연관성을 고려하여야 한다.

14) 설계 및 개발 변경관리흐름

① 설계 및 개발 변경사유 발생
- 검토, 검증, 유효성 확인에서 발생, 설계과정 이후 발견된 제조, 설치, 서비스 난이성
- 고객 및 협력업체 요구, 제품의 기능 또는 성능향상
- 안전, 법규 또는 다른 요구사항의 변경, 시정 또는 예방조치에 기인

② 파악된 변경사유의 기록 및 유지

③ 설계 및 개발 변경작업의 실시 : 변경사유의 승인 이후

④ 검토, 검증, 유효성 확인 : 구성부품 및 인도된 제품에 대한 변경영향 평가

⑤ 필요한 조치 및 시정이행 : 변경영향 평가의 승인 이후

⑥ 결과의 기록유지

15) 전과정 사고결과물(출력물)의 사례

① 자원사용 저감 : 제품중량 / 부피감소, 재활용 / 생분해성 소재사용

② 재활용성 향상 : 재활용 가능한 소재사용, 분해용이성을 고려한 제품설계

③ 에너지 효율향상 : 소비전력 및 대기전력 저감, 에너지 효율성 제고

④ 유해물질 대체 : 중금속 사용저감, 유해화학물질 사용저감

⑤ 생활환경 개선 : 제품 소음 / 진동감소

⑥ CO_2 배출량 감소 : 신 / 재생에너지 사용, 제품 전과정의 온실가스 배출량 감축

■ 심사 Focus

1) 다음의 각 단계에서 문서화된 정보를 유지하고 있는가?
 – 설계관리 / 설계와 개발 입력 / 설계와 개발 출력 / 설계와 개발 변경 정보 ---
2) 설계와 개발의 각 단계에서 담당 - 검토 - 승인자의 확인 / 검토결과가 있는가?
3) 설계와 개발 시 전과정 사고(LCT)의 개념을 도입한 실적은 있는가?

10. 구매 및 공급자관리 프로세스

규격구분	ISO 9001 : 2015	ISO 14001 : 2015
요구사항	8.4	8.1

경영시스템 요구사항

8.4 외부에서 제공되는 프로세스, 제품 및 서비스의 관리(control of externally provided processes, products and services)

8.4.1 일반사항(general)

조직은 외부에서 제공되는 프로세스, 제품 및 서비스가 요구사항에 적합함을 보장하여야 한다.

조직은 다음의 경우, 외부에서 제공되는 프로세스, 제품 및 서비스에 적용할 관리를 결정하여야 한다.

a) 외부 공급자의 제품 및 서비스가 조직 자체의 제품 및 서비스에 포함되도록 의도한 경우

b) 제품 및 서비스가 조직을 대신한 외부 공급자에 의해 고객에게 직접 제공되는 경우

c) 프로세스 또는 프로세스의 일부가 조직에 의한 결정의 결과로, 외부 공급자에 의해 제공된 경우

조직은 요구사항에 따라 프로세스 또는 제품 및 서비스를 공급할 수 있는 능력을 근거로, 외부 공급자의 평가, 선정, 성과 모니터링 및 재평가에 대한 기준을 결정하고 적용하여야 한다. 조직은 이들 활동에 대한, 그리고 평가를 통해 발생한 모든 필요한 조치에 대한 문서화된 정보를 보유하여야 한다.

8.4.2 관리의 유형과 정도(type and extent of control)

조직은 외부에서 제공되는 프로세스, 제품 및 서비스가, 적합한 제품 및 서비스를 고객에게 일관되게 인도하는 조직의 능력에 부정적인 영향을 미치지 않음을 보장하여야 한다.

조직은 다음 사항을 수행하여야 한다.

a) 외부에서 제공되는 프로세스가 조직의 품질경영시스템 관리 내에서 유지됨을 보장

b) 외부 공급자에게 적용하기로 한 관리와 결과로 나타나는 출력에 적용하기

로 한 관리 모두를 규정

c) 다음에 대한 고려

1) 고객 요구사항과 법적 및 규제적 요구사항을 일관되게 충족시켜야 하는 조직의 능력에 미치는, 외부에서 제공되는 프로세스, 제품 및 서비스의 잠재적 영향

2) 외부 공급자에 의해 적용되는 관리의 효과성

d) 외부에서 제공되는 프로세스, 제품 및 서비스가 요구사항을 충족시킴을 보장하기 위해 필요한 검증 또는 기타 활동의 결정

8.4.3 외부 공급자에 대한 정보(information for external providers)

조직은 외부 공급자와 의사소통하기 이전에 요구사항이 타당함/충분함(adequacy)을 보장하여야 한다.

조직은 다음 사항에 대한 조직의 요구사항을 외부 공급자에게 전달하여야 한다.

a) (외부 공급자가)제공하는 프로세스, 제품 및 서비스

b) 다음에 대한 승인

1) 제품 및 서비스

2) 방법, 프로세스 및 장비

3) 제품 및 서비스의 불출

c) 요구되는 모든 인원의 자격을 포함한 역량/적격성

d) 조직과 외부 공급자의 상호작용

e) 외부 공급자의 성과에 대하여 조직이 적용하는 관리 및 모니터링

f) 조직 또는 조직의 고객이 외부 공급자의 현장에서 수행하고자 하는 검증 또는 실현성확인 활동

요구사항 해설

1) 조직의 최고경영자는 구매된 제품이 이해관계자의 욕구 및 요구사항은 물론 조직의 요구 및 요구사항을 만족시키도록 구매된 제품을 평가하고 관리하기 위하여 효과적이고 효율적인 구매 프로세스를 정하고 실행됨을 보장하여야 할 것이다.

공급자와의 전자매체 연결의 활용이 요구사항에 대한 의사소통의 최적화를 위해 고려되

어야 할 것이다.

2) 조직의 효과적이고 효율적인 성과를 보장하기 위해 경영자는 구매프로세스가 다음의 활동을 고려하는지 보장하여야 할 것이다.
① 요구 및 구매제품 시방서에 대한 시기적절하고 효과적이며 정확한 파악
② 제품성능, 가격 및 납기를 고려한 구매제품의 원가평가
③ 구매제품을 검증하기 위한 조직의 욕구와 기준
④ 특정 공급자 프로세스
⑤ 공급자와 파트너 배정을 위한 계약 행정업무에 대한 고려
⑥ 부적합 구매제품에 대한 보상교환
⑦ 물류 요구사항
⑧ 제품식별 및 제품 추적성
⑨ 제품보고서
⑩ 기록을 포함한 문서화
⑪ 요구사항과 구매제품의 차이 발생시 관리방법
⑫ 공급자 현장방문
⑬ 제품인도, 설치 또는 적용이력
⑭ 공급자 개발, 그리고
⑮ 구매제품과 관련된 위험의 파악 및 완화

3) 공급자의 프로세스 및 제품시방에 대한 요구사항은 공급자의 지식활용으로부터 이익을 얻기 위해 공급자와 공동으로 개발하여야 할 것이다. 조직은 조직의 구매 프로세스에 대한 효과성과 효율성을 개선하기 위하여 공급자의 제품과 관련된 구매 프로세스에 공급자를 참여시킬 수 있다. 이것은 재고관리 및 재고의 가용성에서 조직에게 도움을 줄 수 있다. 조직은 규격에 일치됨을 증명하기 위해 구매제품의 검증, 의사소통 및 부적합에 대한 대응기록에 대한 욕구 및 기록을 정하여야 할 것이다.

4) 공급자의 범위 : 품질 / 환경에 영향을 미치는 공급자
① 원부자재(재료), 부품, 반제품 납품업체
② 외주, 임가공, 외주업체
③ 설치, 운송, 용역, 수리, 설계 등의 서비스 업체
④ 서비스 제공업체(안전점검 위탁관리, 환경폐기물 위탁처리업체, 컨설팅 제공업체 등)
⑤ 공인된 교정기관, 검사 및 시험기관 등
단 계약관계가 없는 일반 대리점, 인력송출업체 등은 공급자로 볼 수 없다.

5) 공급자 관리 프로세스

조직은 전반적인 구매 프로세스의 효과성 및 효율성을 보장하기 위하여 구매자재에 대한 잠재적인 공급처를 파악하고, 기존의 공급자 또는 협력자를 개발하고, 요구되는 제품을 공급할 수 있는 공급자의 능력을 평가하기 위한 효과성 및 효율적인 프로세스를 수립하여야 할 것이다.

공급자 관리 프로세스의 입력은 다음의 항목을 포함할 수 있다.

① 관련된 경험 평가
② 경쟁자에 대한 공급자의 성과
③ 구매제품의 품질, 가격, 인도성과와 문제대응에 대한 검토
④ 공급자 경영시스템의 감사와 정해진 기간 내에 요구제품을 효과적이고 효율적으로 공급할 수 있는 잠재능력의 평가
⑤ 고객만족을 위한 공급자 참고문서 및 가용한 데이터의 확인
⑥ 의도되는 공급 및 협력 기간동안 공급자의 생존능력을 보장하기 위한 재무평가
⑦ 공급자의 주문, 견적, 입찰대응 상태
⑧ 공급자서비스, 설치 및 지원능력과 요구사항에 대한 이행이력
⑨ 공급자의 법적, 규제적 요구사항에 대한 준수 및 인지
⑩ 공급자의 위치 및 자원을 포함한 물류능력, 그리고
⑪ 공급자의 사회적 인식은 물론 공동체내에서의 위치 및 역할

경영자는 공급자의 공급실패 발생시 조직의 성과를 유지하고 이해관계자를 만족시키기 위한 필요한 조치를 고려하여야 할 것이다.

6) 구매문서는 주문된 제품 및/또는 서비스를 명확하게 기술하는 구매정보가 포함되어야 한다. 구매문서는 발행 전에 정해진 절차에 따라 검토 및 승인이 되어야 한다.

공급자에게 전달되는 구매정보에는 다음 사항이 포함되는 것이 필요하다.

① 납품서 또는 주문서/계약서에 직접 명기하는 방법
② 구매정보를 기술한 구매문서를 공급자에게 전달
③ 제품, 절차, 프로세스, 장비 및 인원의 승인 또는 자격부여에 대한 요구사항
④ 경영시스템 요구사항(적용되는 품질시스템의 규격, 제목, 번호 및 발행판의 표시를 포함할 수 있음)

7) 조직 및/또는 고객이 공급자 현장에서 검증활동 (㉠ 입회검사)을 제안하는 경우 조직은 구매문서에 필요한 검증사항 및 제품의 출하방법을 규정하여야 한다.

① 조직은 구매품의 검증에 필요한 사항을 결정하여 실행하여야 한다.
② 조직 및/또는 고객이 공급자 현장에서 검증활동(㉠ 입회검사)을 제안하는 경우 조직은 구매문서에 필요한 검증사항 및 제품의 출하방법을 규정하여야 한다.

- 이것은 특수한 경우로 상호합의가 중요하고 구매문서에 관련 사항을 표시하고 공급자에게 전달하는 것이 중요하다.
- 이러한 사항은 규정하여 실행하여야 한다.

8) 구매 및 공급자 관리 프로세스는 일반적으로 다음과 같이 구성된다.
   ① 기준정보
   ② 구매요청 및 발주관리
   ③ 수입/입고관리 및 구매품 검증(출장검사, 입회검사, 입고검사 등으로 불리우기도 한다)
   ④ 구매마감, 회계연동
   ⑤ 재고 및 출고관리
   ⑥ 재고조정, 재고분석, 재고평가
   ⑦ LOT 수불관리
   ⑧ 공급자 승인관리
   ⑨ 공급자 평가, 재평가관리 등

9) 조직은 재산가치를 보호하기 위해 조직의 관리하에 있는 고객 또는 기타 이해관계자의 소유된 재산과 다른 재산에 대한 책임을 파악하고 있어야 할 것이다. 고객 및 이해관계자 재산의 예는 다음과 같다.
   ① 제품구성을 위해 공급된 혼합물 또는 부품
   ② 수리, 보전 및 기능향상을 위해 공급된 제품
   ③ 고객으로부터 직접 공급된 포장자재
   ④ 보관과 같은 서비스 운영을 위한 고객 자재
   ⑤ 고객재산을 제3자에게 운송하는 것과 같은 고객을 대신해 제공되는 서비스
   ⑥ 규격, 도면 및 고객소유 정보를 포함한 고객의 지적자산
   ⑦ ㉄ 라벨, 꼬리표, 제품설명서, 사용설명서 등 소품류/원부자재, 부품, 금형 등 제품구성품/포장물, 포장재 등 포장도구류/생산설비, 측정장비, 운송장비 등 장비류/고객이 일시 맡긴 고객소유물류

10) 고객 및 외부 공급자 재산 관리방법
   ① 수령 시 수량 및 동일성 확인을 위해, 그리고 운송 중의 손상을 검출하기 위한 보관 중의 주기적 검사
   ② 모든 노화의 징조를 검출하고, 시효를 점검하고, 제품의 적절한 조건을 유지하고 현상유지를 보증하기 위한 보관 중의 주기적 검사
   ③ 계약 요구사항과 일치시킴
   ④ 승인되지 않은 사용 또는 부적절한 폐기를 예방하기 위해 식별표시 및 보호

11) 수입하는 경우

제품 및 서비스 제공을 위해 원자재, 부자재 혹은 포장자재 등을 외국으로부터 수입하는 경우에 대해서는 이들의 수입절차를 표준화하는 방법이 있다.

예를 들면 아이템 및 seller 발굴 - 거래조건 합의 - 샘플 수령 - 계약체결 - 수출자에게 PO(Purchase Order) 발행 - 수출자에게 PI(Proforma Invoice) 수령 - LC(Letter of Credit) 개설 혹은 착수금 송금 - 물품생산 완료 후 검품확인 - 선적 스케줄 확인 - BL(Bill of Lading) 사본 수령 - 수출잔금 송금(TT : Telegraphic Transfer의 경우) 혹은 LC 개설은행과 대금결재 마무리(LC의 경우) - 검역(해당 아이템의 경우) - 수입신고 - 내륙운송 - 물품 수령 - 관세환급

■ 심사 Focus

1) 외부로부터 구매하는 품목(원부재료, 포장재료 등)은 표준화되어 있는가?
   – BOM(Bill Of Material), 품목별 구매시방서 등
2) 공급자 선정기준이 수립되어 있으며 이를 근거로 평가, 선정, 등록하는가?
3) 승인된 공급자로부터 구매하는가?
4) 공급자의 재평가기준은 수립되어 있으며 이를 근거로 재평가, 등록하는가?
5) 외부로부터 구매되는 프로세스, 제품 및 서비스는 입고 / 중간 / 최종 단계에서 적절히 검증되고 있는가?
6) 적절한 재고관리가 이루어지고 있는가?
7) 구매 및 공급자 관리 핵심성과지표(KPI)는 관리되고 있는가?

11. 생산 / 공정 / 서비스 제공관리 프로세스

규격구분	ISO 9001 : 2015	ISO 14001 : 2015
요구사항	8.5, 8.6	8.1

경영시스템 요구사항

8.5 생산 및 서비스 제공(production and service provision)

8.5.1 생산 및 서비스 제공의 관리(control of production and service provision) 조직은 제품 및 서비스 제공을 관리되는 조건하에서 실행하여야 한다.

관리 조건에는 해당되는 경우, 다음 사항이 포함되어야 한다.

a) 다음을 규정하는 문서화된 정보의 가용성
   1) 생산되어야 하는 제품의, 제공되어야 하는 서비스의, 또는 수행되어야 하는 활동의 특성
   2) 달성되어야 하는 결과
b) 적절한 모니터링 자원 및 측정 자원의 가용성 및 활용
c) 프로세스 또는 출력의 관리에 대한 기준, 그리고 제품 및 서비스에 대한 합격 판정기준이 충족되었음을 검증하기 위하여, 적절한 단계에서 모니터링 및 측정활동의 실행
d) 프로세스 운용을 위한 적절한 기반구조 및 환경의 활용
e) 요구되는 모든 자격을 포함하여, 역량이 있는 인원의 선정
f) 결과로 나타난 출력이, 후속되는 모니터링 또는 측정에 의해 검증될 수 없는 경우, 생산 및 서비스 제공을 위한 프로세스의 계획된 결과를 달성하기 위한 능력의 실현성 확인 및 주기적 실현성 재확인
g) 인적 오류를 예방하기 위한 조치의 실행
h) 불출, 인도 및 인도 후 활동의 실행

8.5.2 식별 및 추적성(identification and traceability)

조직은 제품 및 서비스의 적합성을 보장하기 위해 필요한 경우, 출력을 식별하기 위해 적절한 수단을 활용하여야 한다.

조직은 생산 및 서비스 제공 전체에 걸쳐 모니터링 및 측정 요구사항에 관한 출력의 상태를 식별하여야 한다.

추적성이 요구사항인 경우, 조직은 출력의 고유한 식별을 관리하여야 하며, 추적성이 가능하기 위해 필요한 문서화된 정보를 보유하여야 한다.

8.5.3 고객 또는 외부 공급자의 재산(property belonging to customers or external providers)

조직은 조직의 관리 하에 있거나 조직의 사용 중에 있는 고객 또는 외부 공급자의 재산에 대하여 주의를 기울여야 한다. 조직은 제품 및 서비스에 사용되거나 포함되도록 제공된 고객 또는 외부 공급자의 재산을 식별, 검증, 보호 및 안전하게 유지하여야 한다.

고객 또는 외부 공급자의 재산이 분실, 손상 또는 사용하기에 부적절한 것으로 판명된 경우, 조직은 고객 또는 외부 공급자에게 이를 통보하여야 하며, 발생한 사항에 대해 문서화된 정보를 보유하여야 한다.

비고	고객 또는 외부 공급자의 재산에는 자재, 부품, 공구 및 장비, 고객 부동산, 지적소유권 및 개인정보가 포함될 수 있다.

8.5.4 보존(preservation)

조직은 요구사항에 적합함을 보장하기 위해 필요한 정도까지, 생산 및 서비스를 제공하는 동안 출력을 보존하여야 한다.

비고	보존에는 식별, 취급, 오염관리, 포장, 보관, 전달 또는 수송 및 보호가 포함될 수 있다.

8.5.5 인도 후 활동(post-delivery activities)

조직은 제품과 서비스와 관련된 인도 후 활동을 위한 요구사항을 충족하여야 한다.

조직은 요구되는 인도 후 활동에 관한 정도를 결정할 때, 조직은 다음 사항을 고려해야 한다.

a) 법적 및 규제적 요구사항

b) 제품 및 서비스와 관련한 잠재적으로 원하지 않은 결과

c) 제품 및 서비스의 성질, 용도 및 계획수명

d) 고객 요구사항

e) 고객 피드백

비고	인도 후 활동에는 보증규정에 따른 조치, 정비서비스와 같은 계약상 의무사항, 그리고 재활용이나 최종 폐기와 같은 보충적인 서비스가 포함될 수 있다.

8.5.6 변경관리(control of changes)

조직은 생산 또는 서비스 제공에 대한 변경을, 요구사항과의 지속적인 적합성을 보장하기 위하여 필요한 정도까지 검토하고 관리하여야 한다.

조직은 변경에 대한 검토의 결과, 변경승인자 및 검토결과 도출된 필요한 모든 조치사항을 기술한 문서화된 정보를 보유하여야 한다.

8.6 제품 및 서비스의 불출(release of products and services)

조직은 제품 및 서비스 요구사항이 충족되었는지 검증하기 위하여, 적절한 단계에서 계획된 결정사항을 실행해야 한다.

계획된 결정사항이 만족스럽게 완료될 때까지, 제품 및 서비스는 고객에게 불출되지 않아야 한다. 다만, 관련 권한을 가진 자가 승인하고, 고객이 승인한 때(해당되는 경우)에는 불출할 수 있다.

조직은 제품 및 서비스의 불출에 관련된 문서화된 정보를 보유해야 한다. 문서화된 정보에는 다음 사항이 포함되어야 한다.

a) 합격 판정기준에 적합하다는 증거

b 불출을 승인한 인원에 대한 추적성

요구사항 해설

1) 생산 및 서비스 제공은 계획되고 관리상태 하에서 수행되어야 하며 적용 가능한 경우 다음 사항을 포함하여야 한다.
   ① 제품의 특성을 규정한 정보의 가용성
   ② 필요시 작업지침서의 가용성
   ③ 생산과 서비스 확보를 위한 적합한 장비의 사용과 유지
   ④ 모니터링 및 측정장비의 가용성과 사용
   ⑤ 모니터링 활동의 실행
   ⑥ 불출, 인도 및 적용 가능한 인도 후의 활동에 대한 정의된 프로세스의 실행

2) 생산 및 서비스는 다음과 같은 의미를 가진다.
   ① 생산은 제품(H/W, S/W, 서비스 및 프로세스 결과물)을 생산하기 위한 프로세스를 의미
   ② 생산 프로세스에서의 출력(제품)인 서비스는 부가서비스를 포함하고 있음
   ③ 서비스는 서비스를 생산하기 위한 프로세스(예 호텔, 백화점 등)를 의미(부가서비스의 의미가 아님을 주의)

3) 최고 경영자는 요구사항을 준수하고 이해관계자에게 이익을 제공하기 위하여 실현 프로세스 관리를 철저히 하여야 할 것이다. 이러한 철저한 관리는 제품 및 서비스 제공 프로세스의 개선된 효과성 및 효율성과 다음의 항목과 같은 관련 지원 프로세스의 개선을 통해 달성된다.

낭비감소, 직원의 훈련, 의사소통 및 정보의 기록, 공급자능력 개발, 기반구조 개선문제예방, 프로세스 방법 및 프로세스 수율, 모니터링 방법 등

4) 작업 / 운전지침서

제품 및 서비스 품질 / 환경에 영향을 주는 필요한 정보를 제공하기 위하여 조직에 의해 통상적으로 사용된 프로세스 시트, 검사 및 시험실 시험 표준 / 지침서, 공정이동전표, 시험절차, 표준운영시트, 도면 및 시각보조구 또는 기타 문서의 형태를 나타낼 수 있다. 해당되는 경우, 이들 지침서는 다음 사항을 포함하거나 인용하여야 할 것이다.

① 최신 엔지니어링 수준 / 일자
② 해당되는 경우, 고객 및 조직 지정 특별특성
③ 합격판정기준이 있는 검사 및 시험지침서(7.1.2 참조)
④ 자재식별 및 배치 지침서
⑤ 공정흐름도에 일치하는 작업명 및 번호
⑥ 부품명 및 부품번호, 또는 부품군
⑦ 대응계획
⑧ 관련된 엔지니어링 및 제조표준
⑨ 요구된 치공구, 게이지 및 기타 장비
⑩ 개정일자 및 승인
⑪ SPC(통계적 공정관리) 및 기타 프로세스-모니터링 요구사항
⑫ 공구-변경주기 및 셋업 지침서
⑬ 시각보조구 등

5) 작업셋업의 검증은 다음 사항을 포함할 수 있다.

① 최종 시리즈(품질기록, 시정조치 등)의 데이터 및 기록에 대한 비교
② 생산, 검사 및 시험을 위한 장비 및 문서의 완비
③ 셋업 후 불출에 대한 책임의 결정
④ 양산 전 또는 셋업 폐기에 대한 처분의 결정
⑤ 최종 부품비교, 최종 가동의 최종 제품은 지정된 요구사항과 비교될 뿐 아니라 최종 가동의 품질수준에 대해 새로운 셋업에 참조하기 위해 새로운 가동의 첫번째 부품과도 비교되어야 할 것이다

6) 예측보전방법은 해당되는 경우, 제조자의 권고사항, 보관, 공구마모, 가동시간의 최적화, 예방보전활동에 대한 SPC 데이터의 상관관계, 소모성 치공구의 중요한 특성, 유체분석, 회로의 모니터링 및 진동분석과 같은 적절한 항목의 검토를 포함하여야 할 것이다.

7) 특별공정의 환경

① 공정이 더 진행될 때까지 존재하지 않는 중요한 특성

② 측정방법이 없거나, 제품을 파괴하여야 하는 경우
③ 공정 내에서의 결과가 후속검사 또는 시험에서 측정되지 않는 경우

특별공정의 예
- 용접, 납땜, 열처리, 도장, 표면처리, 주조 또는 도금 후의 금속 부분의 강도, 연신율, 피로도, 부식
- 중합 플라스틱의 염색성, 수축성, 인장특성
- 제과류의 맛, 결, 외관
- 소프트웨어 제품 또는 재무나 법률문서의 정확성 등

특별공정의 관리는 자격이 부여된 작업자에 의한 작업수행(A) 및/또는 공정변수에 대한 지속적인 모니터링과 통제(B)를 하도록 되어 있으므로 A만 하거나, B만 하거나, A+B 둘 다 하거나 이 세 가지 방식 중에서 한 가지 방식으로 관리한다.

8) 식별 및 추적성

① 어디까지 추적을 위한 식별을 할 것인지는 비용이 수반될 수 있기 때문에 기업이 과거의 품질기록, 중요성, 경향과 추이, 예방조치 등을 감안하여 스스로 정하는 것이다. 단, 고객이 요구하는 범위까지 식별하고 추적하여야 한다. 조직은 개선을 위해 사용될 수 있는 데이터를 수집하기 위해 요구사항을 초과한 식별 및 추적성에 대한 프로세스를 수립할 수 있다.
식별 및 추적성에 대한 필요성은 다음의 항목으로부터 제기된다.
- 구성부품을 포함한 제품상태
- 프로세스의 상태 및 능력
- 마케팅과 같은 벤치마킹 성과 데이터
- 제품회수능력과 같은 계약요구사항
- 관련 법적, 규제적 요구사항
- 위험자재
- 파악된 위험의 완화

② 식별표시내용
- 명칭, 종류, 규격, 호칭 등
- 날짜, 수행자, 수행부서, 위치 등
- 로트, 배치, 프로젝트, 과정 등
- 고유번호, 바코드, 색깔, 부호, 기호 등

③ 식별표시방법
- 제품이나 용기에 마킹(스탬프, 날인), 각인 등 직접 표시
- 라벨, 스티커, 꼬리표, 카드, 대장 등 직간접 부착

- 간판, 패널, 위치지정 등 묵시적으로 표시
- 문서화(검사성적서, 교정검사서 등에 기록 또는 서명) 등

④ 추적성

- 제품의 관점 : 재료와 부품의 출처, 제품 가공이력, 인도 후 제품의 배급 및 위치
- 교정의 관점 : 상급 기준과의 소급성
- 자료수집의 관점 : 품질 루프의 각 단계에서 발생되는 계산치 및 자료이력

⑤ 추적의 필요성

- 품질문제의 발생 : 부적합품, 고객불만, 공정이상 등
- 품질개선을 위한 연구, 분석
- 품질계획의 기초자료 수집
- 결과나 활동에 대한 신뢰확인 등

⑥ 추적의 범위

- 제조일시
- 제조위치 : 공장, 라인, 부서 등
- 제조자 : 작업자, 검사자, 외주업체 등
- 사용자재 : 검사합격여부, 출처, 수량 등
- 사용문서 : 도면, 작업표준, 공정표준 등
- 모니터링, 측정 및 시험장비 등을 추적의 범위로 정하되 식별표시, 기록이 추적의 능력을 보장해야 함

⑦ 생산흐름에서의 제품의 위치에 의해 표시된 검사 및 시험상태의 사례는 이송라인, 통합설비라인 등과 같은 전용공정의 자재취급에 있어 부품을 포함한다.
'대안'은 검사 및 시험상태의 식별관리를 달성하기 위한 방법에 관련된다.
예를 들면, 각 단위제품이 검사를 통과했다는 것을 나타내는 라벨로의 대체방법으로서 컴퓨터 기록과 연계된 바코드 라벨 등이 있다.

⑧ 보관 및 재고
고려되어야 할 사항은 소모성 자재, 보관상태의 평가, 만료일자, 포장 및 보관에 대한 기후적 상태와 관계되어 관리되어야 할 것이다.

9) 경영자는 제품의 내부가공 및 최종 인도 중 손상, 열화 또는 오용을 방지하기 위해 제품의 취급, 포장, 보관, 보존 및 인도 프로세스를 정하고 실행하여야 할 것이다.

① 취급(handling)

- 자재(재료), 반제품(재공품) 및 최종제품의 운반이나 사용시 발생하는 충격, 마모, 복사, 온도, 습도, 진동, 부식, 품질저하, 긁힘 또는 기타 요인에 의한 손상이나 노화를 방지하기 위하여 여러 가지 방법의 취급상의 품질보증 대책을 마련한다.
- 팔렛, 컨테이너, 트레이, 박스, 탱크, 파이프라인, 대차, 매가진, 캐리어 등과 같은 운

반용기의 사용, 충격방지용 완충장치, 찢겨지지 않도록 커버를 씌우기 등 방법을 동원하고 또한 정전기 방지를 위한 손목띠나 자국이 나지 않도록 장갑착용 등의 방법이 모두 취급부주의를 예방하기 위한 수단인 것이다.

② 보관(storage)

- 사용 또는 고객이나 다음 공정으로 인도 대기 중에 온도, 습도, 먼지, 진동, 동물의 침입, 자연재해, 변질, 휘발 등으로부터 자재, 반제품 및 최종 제품의 손상이나 노화를 방지해야 한다.
- 보관은 지정된 보관구역을 지정하거나 별도의 창고 같은 시설물을 갖추어 정리 정돈된 상태를 유지하도록 하며, 저장품의 회전 및 로트 구분에 대한 관리절차를 배려한다.
- 보관구역에 누구나 출입한다면 분실, 도난, 정돈 불량을 초래하여 필요할 때 필요한 것을 구하지 못하는 경우가 생기므로 이러한 경우에는 반입과 반출이 통제되어야 한다.
- 저장 중인 상태를 주기적으로 살펴봄으로써 노화의 탐지, 유수명 자재 / 제품의 품질상태 및 장기 재고와 불용 재고를 알아낼 수 있다.
- 마킹 및 라벨링은 시방서와 일치하게 하고 판독가능하고 내구성이 있어야 한다.

③ 포장(packaging)

- 포장재의 종류와 재질을 파악하고, 포장재의 물성(보호기능)과 크기, 디자인 등을 고려한다.
- 충격방지를 위한 충전재 또는 완충재, 습기제거를 위한 흡습제, 긁힘방지를 위한 비닐, 오염방지를 위한 밀봉 등의 선택시 품질보증 기능을 점검한다.
- 포장하는 순서, 방법, 유의사항 등을 문서화하고 특히 고객의 포장 요구사항을 명확히 파악하고 확인한다.
- 제품식별이나 운반시의 주의를 위한 각종 표시사항을 포함한 마킹, 라벨링 사항을 정하고 관리한다. 특히 위험예방을 위한 주의사항의 표시에 각별히 주목하여야 할 것이다. PL 문제와 직결되기 때문이다.
- 표시사항이 법규나 계약에 규정되면 그 내용물이나 성분의 명확한 기술이 필요하다.

④ 보존(preservation)

- 보관, 운송 또는 공급자의 책임을 다할 때까지의 후속 기간동안 노화 및 오염으로부터 보호를 포함하여야 한다.
- 보관방법은 의료기에 대한 살균상태유지 반도체에 대한 먼지 및 무정전 상태유지, 깨지기 쉬운 제품보호, 식료품 취급에 대한 온도, 습도 및 위생관리 등의 보존방법을 고려한다.

⑤ 인도(delivery)

- 최종 검사 및 시험 후의 제품 품질의 보호방안은 완제품에 대한 보존을 포함한다. 만일 제품완성 후 바로 운송된다면 운송 시의 품질보호방안이 마련되어야 한다.
- 운송도구나 운송수단의 선택, 운송경로, 운송 시의 탑승자나 동승자 지정, 고객과의

인수관계, 인도시간, 인도형식(CIF, FOB 등)이 관리되어야 한다.

- 설치가 규정된 요구사항인 경우, 설치 후 고객에게 완전히 인도될 때까지 제품품질 보증의 책임은 조직에게 있다.
- 고객이 실시하는 검사 및 시험을 위한 대기나, 선적을 위한 대기시에도 계약에 명시한 경우를 제외하고는 제품품질은 조직의 책임이다.

10) 변경관리

제품 및 서비스 제공에 있어 일반적으로 변동의 요인이 많이 발생하는데, 이는 조직 혹은 고객의 요구에 의해 변경하는 경우가 대부분일 것이다.
근본적인 4M(Man, Machine, Material, Method 등) 변경은 변동에 의한 불량의 요인을 제거하는 데 목적을 두고 있다. 특히 일부 고객의 경우 신고하지 않은 변동의 요인에 대하여 크레임의 대상이 될 수 있으므로 정직한 신고가 필요하다.

① 사람 : 자격 인가가 필요한 중요한 검사/작업공정의 작업자가 변동되었을 경우, 사내의 자격테스트 등을 통하여 자격증을 부여하는 방법으로 보완할 수 있을 것이다.
어떤 조직은 자격증이 필요한 공정 등에서는 작업복이나 모자 등의 색깔로 구분하는 경우가 있다.

② 자재 : A라는 원자재의 공급업체에서 B라는 원자재가 성질이나 규격이 같더라도 다른 원료로 변경이 이루어졌거나, A라는 업체에서 같은 규격의 원자재라 하더라도 다른 임의의 업체로 변경되었을 경우가 있다. 원자재나 원자재 규격의 자그마한 변경이 뜻하지 않게 제품이나 서비스의 제공에 특성을 다르게 나타낼 수도 있기 때문이다. 공급자의 증설, 이전 등의 경우 특히 관리해야 한다.

③ 설비 : 설비가 기존설비에서 생산성이나 고장/노후설비의 교체로 신설비로 생산이 된 경우, 일정기간 가동중지 후 재가동의 경우, 수동작업을 자동작업으로 전환한 경우 등이 될 것이다.

④ 방법 : 작업방법을 의미한다. 기존의 작업방법에서 해당되는 관리항목이나 관리기준 등을 변경한 경우, 투입순서나 모니터링 방법 등을 변경한 경우, 외주관리로 전환한 경우 등이 해당될 것이다.

무엇보다 조직내의 생산부문과 품질관리부문, 구매 및 영업부문 등이 원활한 의사소통을 거쳐 제품 및 서비스를 일관성있게 제공하는 데 그 의의가 있을 것이다.
4M 변경의뢰 및 승인에 대한 책임과 권한을 정해야 한다.

■ 심사 Focus

1) 제품 및 서비스 관리를 위한 과리기준이 수립되었는가?
 – 공정별 작업 표준, QC 공정도, 관리계획서, 서비스 제공 표준 등

2) 위 문서는 최신본으로 유지되는가?
3) 프로세스별 관리기준, 방법, 실행기록의 유지, 이상발생 시 조치방법 등이 적절한가?
4) 프로세스의 각 단계에서 식별 및 추적성이 유지되는가?
5) 프로세스의 각 단계에서 제품 및 서비스의 취급, 관상태, 포장, 보존 및 인도조건 / 상태는 적절한가?
6) 제조 / 생산 / 공정관리사항의 변경내용(예 4M, 즉 인원, 설비, 방법, 재료 등)이 있는 경우 이를 체계적으로 실행했는가?
– 발의, 검토, 실행, 효과성 분석, 표준의 개정 등

12. 비상시 대비 및 대응관리 프로세스

규격구분	ISO 9001 : 2015	ISO 14001 : 2015
요구사항	(6.1)	8.2

경영시스템 요구사항

○ ISO 14001 : 2015/8.2 비상사태 대비 및 대응

조직은 6.1.1에서 파악된 잠재적인 비상상황에 대비하고 대응하기 위한 필요한 프로세스를 수립, 실행 및 유지하여야 한다.

조직은 다음을 수행하여야 한다.

a) 비상상황으로부터 환경악영향을 예방 또는 완화하기 위한 조치계획을 통한 대응준비
b) 실제 비상상황에 대응
c) 비상상황에서 비롯된 결과(consequence)를 예방 또는 완화하기 위해 비상사태와 잠재적인 환경영향의 크기에 적절한 조치 시행
d) 실제적으로 가능한 경우, 계획된 대응조치를 주기적으로 연습(test)
e) 특히, 비상사태 발생 또는 연습(test)실시 이후, 주기적으로 대응 프로세스와 계획된 대응조치를 검토하고 개정
f) 비상사태 대비 및 대응과 관련된 타당한 정보와 교육훈련을 조직의 관리하에 업무를 수행하는 인력을 포함한 관련 이해관계자에게 적절한 수준에서(as appropriate) 제공

조직은 프로세스가 계획된 대로 실행됨을 확신할 수 있는 범위까지 필요한 문서화된 정보를 유지하여야 한다.

요구사항 해설

1) 모든 조직은 해당 조직의 특성에 적합한 비상사태 대비 및 대응절차(들)를 개발할 책임이 있다. 조직은 이러한 절차(들)를 개발할 때에 다음 사항을 고려해야 할 것이다.
   ① 현장의 위험성 특성(㉮ 인화성 액체, 저장탱크 및 압축가스, 누출 또는 유출사고 시 대응책)
   ② 비상상황 또는 사고의 유형 및 규모
   ③ 사고 또는 비상상황에 대한 가장 적절한 대응방법
   ④ 내부 및 외부 의사소통 계획
   ⑤ 환경에 대한 피해를 최소화하기 위해 필요한 조치
   ⑥ 사고 또는 비상상황의 다양한 유형별 취해질 완화조치 또는 대응조치
   ⑦ 시정조치 및 예방조치를 수립하고 실행하기 위해 사고에 대한 사후평가를 위한 프로세스의 필요성
   ⑧ 비상사태 대응절차의 주기적 시험
   ⑨ 비상사태 대응인원에 대한 교육훈련
   ⑩ 상세한 연락처를 포함한 핵심인원 및 지원기관(㉮ 소방서, 누출처리업체)의 목록
   ⑪ 대피경로 및 집결장소
   ⑫ 인근 시설의 비상상황 및 사고의 잠재성(공장, 도로, 철도 등)
   ⑬ 인근 조직과의 상호지원 가능성

2) 환경경영시스템에서 말하는 비상사태란 정상운영이거나 비정상운영(설비 교체, 점검 등)이 아닌 상황에서, 환경경영시스템의 절차대로 운영이 되지 않는 등의 내부요인이나 천재지변 등 외부요인으로 인해, 규정된 것 이상의 나쁜 환경영향이 발생하는 상황을 말한다. 비상사태 대비란 발생할 가능성이 있는 비상사태를 파악하여 관련 인원에게 교육 및 훈련을 실시하며, 비상연락망 구축, 장비(소화기 등) 비치 등의 사전활동을 하는 것을 말한다. 또한, 비상사태 대응이란 실제 비상사태가 발생하였을 경우 미리 마련된 대비절차에 따라 발생한 환경영향을 완화하거나 제거하는 활동을 하는 것을 말한다.

3) 정상운영이란 환경경영시스템이 규정하고 있는 절차대로 정상적으로 운영되고 있는 상황을 말하며, 비정상운영이란 정상운영은 아니지만 조직의 운영을 위해 필요한 조치를 수행하고 있는 상황을 말한다. 비정상운영의 예에는 설비의 교체 및 추가, 장비의 정기적 혹은 비정기적인 점검을 위한 가동중단(shut-down) 및 가동개시(start-up) 등이 있다.

4) 환경적인 비상사태가 발생하면 대부분 법규 기준치 이상의 환경오염물질이 배출되어 주변환경(대기, 수계, 생태계 등)에 영향을 끼칠 수 있으므로 이러한 환경영향과 연계하여 발생할 가능성이 있는 잠재적인 비상사태의 파악을 위해서는 다음 사항들을 고려하여야 한다.
   ① 조직의 과거 비상사태 발생기록
   ② 조직의 환경경영 관련 활동 중 정상상태를 벗어날 가능성이 있는 것(㉹ 유류저장고의 화재, 액체 폐기물의 누출, 대기오염 방지장치의 작동정지 등)
   ③ 발생할 경우 조직에 큰 영향을 줄 수 있는 천재지변(㉹ 태풍, 지진, 폭우, 폭설, 산사태 등)
   ④ 조직 주변의 다른 조직에서 발생하여 조직에 영향을 미칠 수 있는 비상사태(㉹ 정전, 주변 유류저장고의 화재, 가스 및 용수공급 중단, 도로공사 등)

5) 파악한 잠재적인 비상사태들은 다음을 참고로 하여 그 중요도를 파악한다.
   ① 과거의 비상사태 기록에 근거하여 발생할 가능성이 높은 것
   ② 조직 내/외부의 이해관계자들이 대비할 것을 요청한 것
   ③ 발생할 경우 그 피해가 크거나 복구가 어려운 것
   ④ 발생할 경우 복구에 드는 비용 및 자원이 큰 것

6) 중요도를 파악하여 발생 가능성이 낮거나 환경영향이 적은 것을 제외한 모든 비상사태에 대해서는 다음 사항들을 고려하여 대비 및 대응절차를 마련하여야 한다.
   ① 발생 가능한 비상사태별로 가장 적절한(환경피해를 최소한으로 줄이기 위한) 대응방법 파악
   ② 비상사태 발생시 의사소통 방법 및 절차
      • 비상사태와 관련된 내부 핵심인원 및 연락방법(비상연락망 등)
      • 인근 관공서 및 긴급지원기관(해당 관청, 소방서, 경찰서, 경비업체 등)의 목록 및 연락방법
      • 주변 다른 조직들 및 주민들에 대한 연락방법
   ③ 비상사태 발생지역으로부터의 피난경로 및 집결장소
   ④ 주변 조직들과의 상호 협조 가능성 파악
   ⑤ 위 사항들과 관련된 인원들을 종합적으로 교육하고 훈련하는 절차

7) 환경오염사고의 예
   ① 배출시설 등에서의 대기오염물질 다량유출사고(VOC, 광화학적 스모그, 악취, 유해가스 등)
   ② 유해화학물질의 토양 및 공공수역 유출사고(tank leakage, spill over 등)
   ③ 유류차량의 전복 등 유류의 운송, 유통, 취급과정에서 유출사고

④ 공공수역에 수질오염물질의 다량유출사고
(폐수배출시설에서의 폐수 무단방류, 폐유, 폐유기용제, 중금속, 침출수 등의 공공수역 유출 등)

⑤ 수온변화, 용존산소부족 등 수환경변화에 의한 물고기 폐사

⑥ 환경기초시설의 고장, 파손, 붕괴 등으로 폐기물 또는 오수·폐수 등 오염물질의 다량 유출사고

8) 환경오염사고 보고서식의 예

〈표 4-5〉

보고기관	과	전화번호 FAX 번호		보고자	직급 : 성명 :
구 분		보 고 내 용			
1. 사고발생 일시 및 장소		• 일 시 : (사건접수, 보고, 통보시간 및 기관명 기재) • 장 소 :			
2. 사고내용(상황)		• 오염물질의 종류 및 유출량 • 오염물질 확산정도 • 하천, 호소, 해양 유입 여부		• 발생원인 및 경위 • 인근지역 피해여부 • 기 타	
3. 조치내용		• 시간대별 상황전파 사항 • 오염물질 제거정도		• 응급조치 및 방제작업 상황 • 동원인력 및 장비 투입현황	
4. 향후 조치계획 및 전망		• 사고원인조사, 수질분석, 업소조치 계획 등 • 방제작업 완료예정 일시			
5. 하류 취/정수장 영향		• 사고지점에서 ○○취수장까지 거리 : km • 취수량 : 톤/일 • 취수장까지의 도달시간 : 시간 • 취·정수장 영향 : 현재상태, 향후 영향여부			
6. 특이사항		• 언론취재, 보도내용 등			

9) 환경오염사고 분류의 예

〈표 4-6〉

오염 물질별	유형별 분류		원인별 분류	
(Ⅰ형) 유류유출	1형 2형 3형 4형 5형	• 차량, 선박 등 전복 • 사업장에서 유출 • 화재진압 시 발생 • 공사장 장비전복 등 • 불법배출 등 기타	①형 ②형 ③형 ④형 ⑤형	• 운전부주의 • 취급, 관리부주의 • 기계고장 • 불법배출(무단투기) • 원인불명 등 기타
(Ⅱ형) 미량유기 화학물질	1형 2형 3형 4형	• 차량, 선박 등 전복 • 사업장에서 유출 • 화재진압 시 발생 • 불법배출 등 기타	①형 ②형 ③형 ④형 ⑤형	• 운전부주의 • 취급, 관리부주의 • 기계고장 • 불법배출(무단투기) • 원인불명 등 기타
(Ⅲ형) 수환경 변화	1형 2형 3형 4형	• 물고기폐사 • 조류번식 • 오염물질 일시 다량 유입 • 기타	①형 ②형 ③형 ④형	• 용존산소 부족 • 수온상승 등 계절적 원인 • 강우 등 일시적 원인 • 복합요인에 의한 변화
(Ⅳ형) 기타	1형 2형 3형 4형 5형	• 대기배출시설에서의 사고 • 환경기초시설에서의 사고 • 수돗물 악취 등 오염발생 • 불법투기 • 원인불명 등 기타 요인	①형 ②형 ③형 ④형 ⑤형	• 관리 및 취급부주의 • 기기, 시설고장 • 오염물질 농도증가 • 불법배출(무단투기) • 원인불명 등 기타

10) 장외 영향평가

① 개요 : 유해화학물질 취급시설을 설치·운영하려는 자는 사전에 화학사고 발생으로 사업장 주변 지역의 사람이나 환경 등에 미치는 영향을 평가한 유해화학물질 화학사고 장외영향평가서(이하 "장외영향평가서"라 한다)를 작성하여 환경부장관에게 제출하여야 한다. 단, 유해화학물질 취급시설(「연구실 안전환경조성에 관한 법률」 제2조제2호의 연구실은 제외한다)

② 평가대상 : 고압가스안전관리법 제13조의 2에 따른 안전성향상계획의 작성제출 대상에 해당하는 자와 산업안전보건법 제49조의 2에 따른 공정안전보고서 작성, 제출대상 중 같은 법 제33조의 6제1항 제1호~7호에 해당하는 자

다음 각 호의 어느 하나에 해당하는 경우로 인하여 화학사고 발생 시 사업장 주변 지역의 사람이나 환경 등에 미치는 영향이 달라지는 경우에도 또한 같다.

• 동일 사업장 내의 취급시설을 증설하는 경우

• 사업장 부지 경계로 취급시설의 위치를 변경하는 경우

- 취급하는 유해화학물질이 변경되는 경우

③ 검토사항

- 유해화학물질 취급시설의 설치·운영으로 사람의 건강이나 주변환경에 영향을 미치는지 여부
- 화학사고 발생으로 유해화학물질이 사업장 주변 지역으로 유출·누출될 경우 사람의 건강이나 주변 환경에 영향을 미치는 정도
- 유해화학물질 취급시설의 입지 등이 다른 법률에 저촉되는지 여부

④ 작성내용

- 기본 평가정보
  - 취급 화학물질의 목록, 취급량 및 유해성 정보
  - 취급시설의 목록, 명세, 공정정보, 운전절차 및 유의사항
  - 취급시설 및 주변지역의 입지정보
  - 기상정보
- 장외 평가정보
  - 공정 위험성 분석
  - 사고 시나리오, 가능성 및 위험도 분석
  - 사업장 주변지역 영향평가
  - 안전성 확보방안
- 타법과의 관계 정보

  유해화학물질 취급시설의 설치·운영에 영향을 미치는 신고, 등록, 허가와 관련된 타 법령 및 규제 내용을 작성한다.

■ 심사 Focus

1) 비상시 대비 및 대응에 관한 문서화된 절차를 유지하고 있는가?
2) 실행 가능한 방법으로 대응조치를 주기적으로 시험하고 있는가?
3) 비상상황이 발생한 경우 비상상황(㉒ 시나리오 등)에 대한 대응을 주기적으로 검토하는가?
4) 조직의 관리하에 있는 이해관계자에게 관련된 정보 및 훈련을 제공하는가?
5) 필요한 정도까지 문서화된 정보를 유지하고 있는가?

13. 검사 및 시험관리 프로세스

규격구분	ISO 9001 : 2015	ISO 14001 : 2015
요구사항	9.1, 9.3	9.1, 9.3

경영시스템 요구사항

9.1 모니터링, 측정, 분석 및 평가(monitoring, measurment, analysis and evaluation)

9.1.1 일반사항(general)

조직은 다음 사항을 결정하여야 한다.

a) 모니터링 및 측정의 대상
b) 유효한 결과를 보장하기 위하여 필요한 모니터링, 측정, 분석 및 평가에 대한 방법
c) 모니터링 및 측정 수행시기
d) 모니터링 및 측정의 결과에 대한 분석 및 평가시기

조직은 품질경영시스템의 성과 및 효과성을 평가하여야 한다.
조직은 결과의 증거로 적절한 문서화된 정보를 보유하여야 한다.

9.1.3 분석 및 평가(analysis and evaluation)

조직은 모니터링 및 측정에서 나온 적절한 데이터 및 정보를 분석하고, 평가하여야 한다.

분석의 결과는 다음 사항의 평가를 위하여 사용되어야 한다.

a) 제품 및 서비스의 적합성
b) 고객 만족도
c) 품질경영시스템의 성과 및 효과성
d) 기획의 효과적인 실행 여부
e) 리스크 및 기회를 다루기 위하여 취해진 조치의 효과성
f) 외부 공급자의 성과
g) 품질/환경경영시스템의 개선 필요성

비고 데이터 분석방법에는 통계적 기법이 포함될 수 있다.

요구사항 해설

1) 측정은 사실에 입각한 의사결정을 위해 모든 프로세스에 적용할 수 있는 중요한 활동이다. 최고경영자는 조직의 성과 및 이해관계자의 만족을 보장하기 위하여 효과적이고 효율적인 데이터의 측정, 수집, 타당성 확인을 보장해야 할 것이다. 이는 조직에의 부가가치를 보장하기 위한 데이터의 측정 및 의도한 활용의 유효성과 목적에 대한 검토를 포함한다.

2) 모니터링 및 측정의 대상의 예
   ① 제품 및 서비스 제공과정에서의 프로세스별 핵심성과지표
      • 수입검사 부적합률(혹은 적합률), 공정 부적합률, 최종 / 제품 부적합률
      • 납기준수율, 고객만족도, 고객불만 조치율
      • (인당, 투하공수, 유틸리티 -----) 생산성(productivity), 수율(yield), 사이클 타임, 고장률
      • 매출액 달성률, 영업이익률, 신제품 점유율, 신제품 개발 리드 타임
   ② 프로세스별 관리기준 대비 실행 수준
      • 길이, 무게, 배합비, 압력, Flow Rate, 진공도
   ③ 프로젝트 목표의 달성
      • 진도율(진척률), 납기 준수율, 계약금액 대비 실행금액 비율
   ④ 고객 및 기타 이해관계자의 만족 여부
      •고객불만 발생률, 민원발생건수
   ⑤ 환경운영관리 부문 지표
      • 배출수 농도 지표(COD, BOD, pH, SS), 대기오염수준(NOx, SOx, 비산먼지), 소음 수준, 폐기물 원단위, 온실가스 배출량 및 원단위

3) 모니터링, 측정, 분석 및 평가에 대한 방법
   ① 분산분석, 회귀분석, 종속분석 및 예측과 같은 통계적 방법은 제품의 개발에 이용
   ② 구매된 제품에 대한 통계적 방법은 히스토그램 및 층별, 파레토 결함분석, 샘플링 계획, 통계적 합부판정 기준
   ③ 제품특성 및 공정변수의 검증에 있어 자주 이용되는 통계적 방법은 공정능력연구, 관리도, 파레토 분석, 분산분석(특별원인, 일상원인)을 포함
   ④ 시장필드분석에 대한 통계적 방법은 종속평가, 파레토 분석, 추적성 분석기법
   ⑤ 통계적 방법에 기초한 측정시스템 분석(MSA : Measurement System Analysis)

4) 모니터링 및 측정방법 선택 시 고려해야 할 상황
   ① 측정의 형태, 적절한 측정수단, 요구되는 정확도 및 필요한 숙련도를 결정하는 제품

특성의 형태

② 요구되는 장비, 소프트웨어 및 도구

③ 제품 및 서비스 제공 프로세스의 순차적 단계에서 적절한 측정 포인트의 위치

④ 각 포인트에서 측정될 특성, 그리고 문서화된 정보 및 사용될 합격 판정기준

⑤ 선정된 제품 및 서비스 특성에 대해 고객이 설정한 입회점 또는 검증점

⑥ 법규 및 규제기관이 입회하거나 수행하는 것이 요구되는 검사 또는 시험

⑦ 조직이 의도하거나, 고객 혹은 법적 및 규제기관이 요구하는 장소, 시기 및 방법에 대하여 다음 사항을 수행하기 위한 자격이 인정된 제3자의 활용

- 형식시험, 프로세스 중 검사 또는 시험, 제품검증, 제품타당성 확인, 제품인정

⑧ 인원, 자재, 제품, 프로세스 또는 경영시스템의 (자격)인정

⑨ 검증 및 타당성 확인활동이 완료되고 수락되었다는 것을 확인하기 위한 최종검사

⑩ 제품 측정의 결과기록

5) 통계적 기법의 적용목적

① 품질 및 생산성 개선을 위한 개선 프로젝트 실행 : 예기치 못한 설비고장, 설비의 설치 및 설비변경, 과도한 사이클 타임, 폐기, 재작업 및 수리 부가가치와 무관한 과도한 부지사용, 과도한 산포, 초기 가동시간, 공정평균과 목표값의 불일치 시험요구사항과 누적결과가 상이, 인력 및 자재의 낭비요소, 인색한 품질비용, 과도한 취급 / 보관 측정시스템 능력, 고객불만 등

② 지속적 개선을 위한 프로젝트 실행 : 관리도(계량치, 계수치, 누적합 도표 등), 실험계획법(DOE), 제한이론, 종합적 설비 효과성, PPM 분석, 가치분석(value analysis), 벤치마킹, 동작 / 인간공학 분석, 실수방지(mistake proofing) 기법

③ 환경운영관리에 활용 : 수질 및 대기오염물질, 에너지 원단위의 개선을 위한 목표, 세부 목표수립에 활용

6) 모니터링 및 측정시기

① 제품 및 서비스 제공단계별 수립한 핵심성과지표의 달성 여부를 주기적으로 모니터링 및 측정

② 프로세스의 초기, 중기(진행 중), 말기(종료 후) 데이터의 산포, 분산 등 파악

③ 제품 및 서비스 인도 후 고객만족에 대한 모니터링 및 측정 등을 통해 지속적 개선을 위한 목표수립

7) 측정, 분석 및 개선 시 고려사항

① 측정 데이터는 조직에게 이익이 되는 정보 및 지식으로 변환되어야 할 것이다.

② 제품 및 서비스 프로세스의 측정, 분석 및 개선은 조직에 대한 적절한 우선순위를 정하는데 사용되어야 할 것이다.

③ 조직에 의해 사용되는 측정방법은 주기적으로 검토되고, 데이터는 정확성 및 완전성을 위해 지속적으로 검증되어야 한다.
④ 프로세스의 벤치마킹은 프로세스의 효과성 및 효율성을 개선하기 위한 도구로써 사용되어야 한다.
⑤ 고객만족의 측정은 조직성과에 대한 평가의 핵심이라고 여겨야 할 것이다.
⑥ 측정방법의 활용 그리고 입수된 정보의 생성 및 의사소통은 조직에게 필수적이며 성과개선 및 모든 이해관계자 참여의 근거가 되어야 할 것이다. 그러한 정보는 최신이어야 하며, 그 목적이 명확히 규정되어야 할 것이다.
⑦ 측정의 분석으로부터 도출된 정보의 의사소통을 위한 적절한 도구는 실행되어야 할 것이다.
⑧ 이해관계자와 의사소통의 효과성 및 효율성은 그 정보가 적시에 명확히 이해되는지를 결정하기 위해 측정되어야 할 것이다.
⑨ 프로세스 및 제품성과기준이 충족될 때에도 성과 데이터를 모니터하고 분석하는 것은 조사 중인 특성의 본질을 보다 잘 이해하기 위해 여전히 유익하다.
⑩ 적절한 통계적 기법 또는 다른 기법의 활용은 프로세스 변동 및 측정 변동에 대한 이해를 도울 수 있으며, 변동을 관리하므로 프로세스 및 제품성과를 개선하는데 도움을 줄 수 있다.
⑪ 자체 평가는 성과개선을 위한 기회를 규명하는 것과 같이, 경영시스템의 성숙도 및 조직의 성과수준에 대해 주기적으로 평가하는 것을 고려해야 할 것이다.

8) 데이터 분석의 흐름(flow)

① 데이터(관리항목)결정 / 정의(define) : 모니터링 및 측정, 기타 관련 출처(고객불만, 부적합 및 시정조치 요구서, 경영검토 결과, 내부 / 외부 심사결과, 제품 및 서비스의 특성, 공급자 실태조사 및 평가결과 등)
② 수집(collection) 및 측정(measuring) : 데이터의 입력 및 출력과 관련된 결과치를 주기적으로 측정(일정 기간, Batch 혹은 Lot별로 측정)
③ 계산규칙(산출방식), 분석(analysis) : 산출방식은 가능한 한 정량화시키는 것이 바람직하며, 출력물 / 입력물, 즉 분모와 분자가 있는 것이 바람직하다.
통계적 기법의 활용계획(의사결정에 있어 사실적 수단 적용으로 다음 사항을 선도함)
- 유효한 방법을 사용한 데이터 및 정보의 분석
- 적절한 통계적 기법의 가치 이해
- 균형잡힌 경험과 직관으로 논리적 분석결과에 근거한 의사결정 및 조치

④ 정보제공 및 관리(control)
- 고객만족 : 고객불만, A / S 대응, 고객만족도
- 제품 및 서비스 요구사항의 적합성 : 제품의 모니터링 및 측정, 부적합 발생 및 처리

결과 통계

- 리스크 및 기회를 포함하여 제품 및 서비스의 특성과 경향(관리도, 그래프 등의 경향관리, 제품실현 프로세스 능력 등)
- 공급자(공급자 평가결과 기여도, 공급자 부적합 발생, 중요부품 특성의 공정능력 등)

⑤ 경영시스템의 적합성 및 효과성 실증, 지속적 개선점 평가

9) 환경부문의 모니터링 및 측정지표의 예

〈표 4-7〉

구분	지표명칭	단위	법규기준치	모니터링 및 측정방법	이상시 조치
수질	BOD	ppm			
	COD	ppm			
	SS	ppm			
	PH				
대기	NOx	ppm			
	SOx	ppm			

○ KS I 7002 : 2011 녹색경영시스템 - 제2부 녹색경영 성과평가

조직은 녹색경영 성과지표에 대한 데이터를 정기적으로 수집, 분석 및 평가하기 위한 절차를 수립, 실행 및 유지하여야 한다. 데이터는 녹색경영 성과평가 계획과 일관성을 유지하여 적절한 정보원으로부터 체계적이고 적절한 빈도로 수집하여야 한다.

조직은 수집한 데이터가 적합하고 신뢰할 수 있는지 그 유효성(validity)을 분석하고 조직의 녹색경영 성과를 설명하는 정보로 전환하여야 한다.

조직은 녹색경영 성과기준과 녹색경영 성과지표로 표현된 정보를 비교하여 녹색경영 성과의 달성 여부를 확인하여야 한다.

조직은 녹색경영 성과정보를 최고경영자에게 보고하여야 한다. 최고경영자는 조직의 녹색경영 성과정보가 조직 전체에서 시의 적절하게 의사소통됨을 보장하여야 한다.

〈표 4-8〉

경영성과지표(MPI)	운영성과지표(OPI)
M1-1 녹색경영 목표수립률 M1-2 녹색경영 목표달성률 M2-1 MRO 제품에 대한 녹색구매 비율 M3-1 원부자재에 대한 녹색구매 비율 M4-1 녹색제품 투자 비율 M5-1 녹색제품 비율 M5-2 녹색제품 매출액 비율 M6-1 교육훈련 시간 M7-1 의견 및 이의제기 M8-1 사업장 관련 법규 위반 M9-1 제품공급 관련 법규 위반 M10-1 녹색경영성과 공개 주기 M11-1 녹색공정 투자 비율	O1-1 에너지 사용량 O1-2 에너지 사용량 원단위 O2-1 직접 온실가스 배출량 O2-2 직접 온실가스 배출량 원단위 O3-1 간접 온실가스 배출량 O3-2 간접 온실가스 배출량 원단위 O4-1 용수 사용량 O4-2 용수 사용량 원단위 O5-1 원부자재 사용량 원단위 개선율 O6-1 폐기물 발생량 원단위 O7-1 폐기물 재활용률 O8-1 대기오염물질 배출량 원단위 O9-1 수질오염물질 배출량 원단위 O10-1 유해화학물질 사용량 원단위

■ 심사 Focus

1) 제품 및 서비스의 제공 각 단계에서의 모니터링 및 측정항목이 정해져 있는가?
2) 제품 및 서비스의 제공 각 단계에서의 모니터링 및 측정주기가 정해져 있는가?
3) 모니터링 및 측정 대상의 데이터는 적절히 수집하고 있는가?
4) 수집된 데이터는 적절히 분석되며, 분석결과는 개선에 활용되는가?
5) 목표치의 이탈시 적절한 목표의 수정이나 개선은 이루어지는가?

14. 고객불만 / 고객만족관리 프로세스

규격구분	ISO 9001 : 2015	ISO 14001 : 2015
요구사항	5.1.2, 7.4, 8.2.1, 9.1.2	7.4, (8.2), (9.1)

경영시스템 요구사항

5.1.2 고객중시(customer focus)

최고경영자는 다음 사항을 보장함으로써 고객중시에 대한 리더십과 의지표명을 실증하여야 한다.

a) 고객 요구사항과 적용되는 법적 및 규제적 요구사항이 결정되고, 이해되며 일관되게 충족됨
b) 제품 및 서비스의 적합성에, 그리고 고객만족을 증진시키는 능력에 영향을 미칠 수 있는 리스크와 기회가 결정되고 처리됨(다루어짐)
c) 고객만족 증진의 중시가 유지됨

7.4 의사소통(communication)

조직은 다음 사항을 포함하여 품질 / 환경경영시스템에 관련되는 내부 및 외부 의사소통을 결정하여야 한다.

a) 의사소통 내용(on what to communicate)
b) 의사소통 시기(when to communicate)
c) 의사소통 대상(with whom to communicate)
d) 의사소통 방법(how to communicate)
e) 의사소통 담당자(who to communicate)

8.2.1 고객과의 의사소통(customer communication)

고객과의 의사소통에는 다음 사항이 포함되어야 한다.

a) 제품 및 서비스 관련 정보제공
b) 변경을 포함하여 문의, 계약 또는 주문의 취급
c) 고객 불평을 포함하여 제품 및 서비스에 관련된 고객 피드백 입수
d) 고객 재산의 취급 및 관리
e) 관련될 경우, 비상조치를 위한 특정 요구사항 수립

9.1.2 고객만족(customer satisfaction)

조직은 고객의 니즈 및 기대가 어느 정도 충족되는지에 대한 고객의 인식을 모니터링하여야 한다. 조직은 이 정보를 수집, 모니터링 및 검토하기 위한 방법을 결정하여야 한다.

비고	고객인식에 대한 모니터링의 사례에는 고객 설문조사, 인도된 제품 또는 서비스에 대한 고객 피드백, 고객과의 미팅, 시장점유율 분석, 고객의 칭찬, 보증 클레임 그리고 판매업자 보고서가 포함될 수 있다.

요구사항 해설

1) 이해관계자와 관련된 프로세스

경영자는 조직이 고객 및 이해관계자와 효과적이고 효율적으로 의사소통을 하기 위해 서로 인정하는 프로세스를 규정하는 것을 보장하여야 할 것이다. 조직은 이해관계자의 요구와 기대를 적절하게 이해하는 것을 보장하기 위해 이러한 프로세스를 이행하고 유지하여야 하며 조직 내의 요구사항으로 전환시켜야 할 것이다. 이들 프로세스는 관련 정보를 검토하여야 하며, 정보검토에는 고객과 이해관계자가 적극적으로 참여하여야 할 것이다.

관련 프로세스별 정보에 포함될 수 있는 항목의 예는 아래와 같다.

① 고객 또는 이해관계자가 규정한 프로세스
② 분야 데이터 및 최종사용자 데이터를 포함한 시장조사(market survey), 시장 요구
③ 계약요구사항과 계약 정보
④ 경쟁사와 관련된 정보 및 경쟁자 분석(competitor analysis)
⑤ 벤치마킹(bench marking)
⑥ 프로세스에 대한 법적 또는 규제적 요구사항

2) 고객과의 의사소통 내용의 예

① 제품 및 서비스 정보
② 문의, 계약, 수주처리 및 변경사항
③ 고객 피드백 및 불만사항
④ 시장동향, 신제품에 대한 정보와 관련된 향후 사전 준비사항 등

3) 의사소통의 항목별 예

〈표 4-9〉

의사소통 내용	계약내용(품명, 규격, 수량, 납기, 인도장소, 인도 조건등) 구매발주, 납품, 생산 / 선적일정의 조정 등 8.2.1항 참고
의사소통 시기	계약 전, 제품 및 서비스 제공 중, 제공 후, 회의 전 / 후, 교육훈련 전 / 후
의사소통 대상	내외부 이해관계자 • 내부 : 종업원, 관리자, 간부 • 외부 : 고객, 공급자, 주주, 인근 주민, 지역 단체
의사소통 방법	유무선 전화, 이메일, 회의, 교육훈련, 워크샵, 게시판 활용, 사내 간행물, 방송, 고객과의 네트워크 시스템, 고객만족도 조사
의사소통 담당자	기능 및 계층별 담당자, 관리자, 최고경영자

4) 고객만족 정보의 출처에 대한 사례

고객불만, 고객과의 직접적인 의사소통, 질문서 및 설문조사, 대상 그룹, 소비자 조직의 보고서 공급자를 이용한 데이터의 수집 및 분석, 여러 매개체의 보고서, 그리고 분야 및 산업별 연구

5) 고객만족 요건의 흐름

① 고객의 제품 및 서비스 관련 요구사항 파악
② 이에 대한 대상 고객 분류
③ 고객의 잠재적 불만요소 정리
④ 조사대상 선정 및 조사 계획수립(조사방법, 주기, 산출기준 및 활용방법 수립)
⑤ 고객 인식을 모니터링(수집된 고객 피드백 자료가 있는 경우 포함)
⑥ 데이터 집계 및 분석
⑦ 고객의 중점 불만요소 파악 및/또는 고객만족 상태 및 욕구/기대 파악
⑧ 경영검토에 반영
⑨ 개선기회의 파악 및 선정
⑩ 경영시스템 프로세스의 지속적 개선 연계
(이해관계자에게 피드백, 제품 및 서비스 관련 요구사항에 반영)

■ 심사 Focus

1) 고객중시에 대한 최고경영자의 리더십의 예는 어떤 사례가 있는가?
2) 의사소통 실행정보는 7.4를 충족시키는가?
3) 고객과의 의사소통은 8.2.1을 충족시키는가?
4) 고객만족에 대한 정보를 수집, 모니터링 및 검토하기 위한 방법이 결정되었으며, 이의 실행결과를 확인할 수 있는가?
5) 고객만족을 위한 전략수립 내용을 확인할 수 있는가?
6) 고객불만 사항은 수집, 조치되고 있으며, 재발방지를 위한 대책은 적절히 수립되고 있는가?

15. 부적합, 시정조치 프로세스

규격구분	ISO 9001 : 2015	ISO 14001 : 2015
요구사항	8.7, 10.2	10.2

경영시스템 요구사항

8.7 부적합 출력의 관리(control of nonconforming outputs)

8.7.1 조직은 의도하지 않은 사용 또는 인도를 방지하기 위하여, 제품 요구사항에 적합하지 않은 출력이 식별되고 관리됨을 보장하여야 한다.
조직은 부적합의 성질(nature)에, 그리고 제품 및 서비스의 적합성에 대하여 부적합이 미치는 영향에 따라 적절한 조치를 취하여야 한다.
이것은 제품의 인도 후, 그리고 서비스의 제공 중 또는 제공 후에 발견된 제품 및 서비스의 부적합에도 적용된다. 조직은 부적합 출력을 다음의 하나 또는 그 이상의 방법으로 처리하여야 한다.

a) 시정
b) 제품 및 서비스 제공의 격리, 봉쇄/억제, 반품 또는 정지
c) 고객에게 통지
d) 특채에 의해 인수를 위한 승인의 획득

부적합 출력이 조치되는 경우, 요구사항에 대한 적합성이 검증되어야 한다.

8.7.2 조직은 다음의 문서화된 정보를 보유해야 한다.

a) 부적합에 대한 기술
b) 취해진 조치에 대한 기술
c) 승인된 특채에 대한 기술
d) 부적합에 관한 활동을 결정하는 책임의 식별

10.2 부적합 및 시정조치(nonconformity and corrective action)

10.2.1 불만족에서 야기된 모든 것을 포함하여, 부적합이 발생하였을 때, 조직은 다음 사항을 실행하여야 한다.

a) 부적합에 대처를 해야 하며, 해당되는 경우, 다음 사항이 포함되어야 한다.
   1) 부적합을 관리하고 시정하기 위한 조치를 취함
   2) 결과를 처리함
b) 부적합이 재발하거나 다른 곳에서 발생하지 않게 하기 위해서, 부적합의

원인을 제거하기 위한 조치의 필요성을 다음 사항에 의하여 평가하여야 한다.

1) 부적합의 검토와 분석

2) 부적합 원인의 결정

3) 유사한 부적합의 존재 여부 또는 잠재적인 발생 여부 결정

c) 필요한 모든 조치의 실행

d) 취해진 모든 시정조치의 효과성 검토

e) 필요한 경우, 기획 시 결정된 리스크 및 기회의 갱신

f) 필요한 경우, 품질경영시스템의 변경

시정조치는 직면한 부적합 사항의 영향에 적절하여야 한다.

10.2.2 조직은 다음 사항의 증거로 문서화된 정보를 보유하여야 한다.

a) 부적합의 성질 및 취해진 모든 후속조치

b) 모든 시정조치의 결과

요구사항 해설

1) 최고경영자는 부적합의 적시 검출 및 처분을 보장하기 위해 프로세스의 어떤 단계에서든 부적합을 보고할 책임과 권한을 모든 조직원에게 부여할 것이다. 부적합에 대한 대응 권한은 프로세스 및 제품 요구사항의 달성을 유지하도록 규정해야 할 것이다. 조직은 잘못된 사용을 예방하기 위해 부적합의 식별, 격리 및 처분을 효과적이고 효율적으로 관리해야 할 것이다.
조직은 일반 작업과정에서 시정되는 부적합에 대한 정보를 기록하는 것도 고려하는 것이 필요할 수 있다. 그러한 데이터는 프로세스의 효과성과 효율성 개선을 위해 가치있는 정보를 제공할 수 있다.
실행할 수 있다면 학습을 보조하고 분석 및 개선활동을 위한 데이터를 제공하기 위해, 부적합은 그에 대한 처분과 함께 기록되어야 할 것이다. 경영자는 제품 및 서비스의 실현 및 지원, 양쪽 프로세스에서의 부적합을 기록하고 관리하는 것 역시 요구할 수 있다.

2) 부적합의 발생원인
① 제도의 결함 : 제도적으로 부적합(품)을 생산할 수밖에 없게 되어 있거나, 불충분하거나 존재하지 않은 절차 또는 문서화, 부적합(품)을 쉽게 검출하지 못하게 되어 있음
② 관리 누수 : 관리감독자의 관리감독 소홀, 지시의 혼선, 전달체계의 미숙, 불충분한 공정관리, 미흡한 일정관리 등

③ 실수, 고의 및 과실 : 작업자에 기인한 것으로 절차의 미준수, 교육훈련의 부족, 태만, 주의부족 등

3) 부적합의 조치방법의 예

① 재작업(rework) : 부적합 / 불일치 제품 및 서비스를 요구사항에 적합하도록 취하는 조치

② 재등급(regrade) : 최초 요구사항과 다른 요구사항에 적합하도록 부적합 / 불일치 제품 및 서비스에 대한 등급을 변경하는 것

③ 특채(concession) : 규정된 요구사항에 적합하지 않은 제품을 사용하거나 불출하는 것에 대한 허용

특채는 일반적으로 부적합 / 불일치 특성을 갖는 제품 및 서비스가 합의된 시기 또는 합의된 양에 대하여 규정된 제한조건 내에서 인도되는 것에 국한한다.

④ 폐기(scrap) : 원래 의도된 사용이 되지 않도록 부적합 / 불일치 제품 및 서비스에 취하는 조치

- 재활용, 파기
- 부적합 / 불일치 서비스의 상황에서는 서비스의 중단에 의해 사용이 배제된다.
- 환경 및 안전보건경영 시스템의 경우에는 교육훈련실행, 순회점검강화, 설비투자, 관리기준의 검토 및 보완, 적절한 인사조치(상벌) 등이 있을 수 있다.

4) 시정조치(corrective action)란 발견된 부적합 / 불일치 또는 바람직하지 않은 상황의 원인을 제거하기 위해 취하는 조치(end of pipe)로서

① 부적합 / 불일치에는 하나 이상의 원인이 있을 수 있다.

② 시정조치는 재발을 방지하기 위해, 예방조치는 발생을 방지하기 위해 취해진다.

③ 시정(correction)과 시정조치(corrective action)는 구별된다.

- 시정 : 발견된 부적합을 제거하기 위한 조치
- 시정조치 : 부적합의 원인을 제거하고 재발을 방지하기 위한 조치

5) 시정조치 고려를 위한 정보출처의 사례는 다음을 포함한다.

고객불평, 부적합보고서, 내부심사보고서, 경영검토 결과물, 데이터 분석결과물, 만족도 측정결과물, 관련 품질 / 환경경영시스템 기록, 조직의 인원, 자체평가의 결과

6) 시정조치의 단계는 다음과 같다.

① 부적합의 파악(identification, define)

② 문제의 영향조사

③ 부적합 원인의 결정(root cause)

④ 재발방지의 보장을 위한 조치의 필요성 평가

⑤ 필요한 조치의 결정 및 이행

⑥ 취해진 조치결과의 기록(corrective action)

⑦ 취해진 시정조치의 검토(effectiveness)

7) 부적합 사항의 작성요령

① 작성방법을 숙지하여야 한다.

- Type 1, 2

② 경영시스템 용어 및 회사용어를 사용하여 작성한다.

③ 부적합 사항을 지적받은 사람/팀이 추적할 수 있도록 해야 한다.

④ 내용을 충분히 볼 수 있도록 해야 하며, 개선에 도움이 되어야 한다.

⑤ 가능한 한 4C 원칙을 준수한다.

- Correct(정확성) : 사실에 근거, 객관적 증거(㉔ 10개 중 2개)
- Complete(완전하게) : 6하 원칙, 추가설명이 필요 없을 정도로
- Clear(명료성) : 군더더기 없이 간결하게
- Concise(간결성) : 보고서에 명시할 사항을 빠짐없이 기재

8) 부적합의 기준

① Major(중부적합 사항 : 중대한 불일치 사항) : 매뉴얼, 절차서에 제시된 요구사항의 불일치가 완벽한 시스템 운영의 결함, 실패사항인 경우

② Minor(경부적합 사항 : 경미한 불일치 사항) : 매뉴얼, 절차서 사항의 국소 실수나 주목할 필요는 있으나 무사한 경우

현재는 중·경부적합의 구분없이 부적합으로 통일하고 있음

③ 개선권고사항(=관찰사항, 권고사항)

부적합은 아니나 그대로 두는 경우 부적합으로 발전할 수 있거나, 조직의 발전을 위하여 개선이 필요한 사항

9) 부적합 및 시정조치 요구사항 기술방법

양식은 회사의 표준문서에서 정한 양식을 사용한다.

① Type 1

(표준)요구사항+(객관적 증거+부적합 사항) 순으로 기재하는 방법

② Type 2

(객관적 증거+부적합 사항)+(표준)요구사항 순으로 기재하는 방법

〈예시〉 Type 1

① 내부심사절차서(HSQP 2100, Rev.2)/6.2항에 의하면 연간 내부심사계획서를 작성하도록되어 있으나 201X년 정기 내부심사 계획은 수립되지 않았음

② '구매 및 공급자관리절차서'에 의하면 관리팀은 승인된 공급자에게 원자재를 발주하여야 하나, 201X년 XX월 XX일 발주한 원자재 '가나다'는 승인되지 아니한 공급자에게 발주하였음이 발견되었음

③ 당사 환경운영관리절차서(EP-810) 및 폐기물관리지침서(EWI-810-10)의 4.5항에 의하면 지정폐기물은 별도로 종류와 성질, 상태별로 분리 수거하도록 되어 있으나, 생산부(XX공정)에서는 일부 지정폐기물(기름걸레 등)이 분리수거되지 아니함

④ 당사 소각장 운영관리지침서(EWI-810-20)의 4.2항에 의하면 소각로의 운전 중 내부온도가 2시간마다 기록하도록 되어 있으나, 201X년 XX월 XX일 작업일지에 의하면 2시간마다 기록이 되어 있지 아니함

〈예시〉 Type 2

① 생산부에서 보유 중인 일부 계측기가 교정되지 않은 채로 사용되고 있음(㉵ 생산1팀 계측기 번호 12345, 버니어 캘리퍼스), 계측기 관리절차서(ABC-QP-800, Rev.1)의 5.6항 참고

② 201X년 상반기 경영검토 사항에는 부서 업무조정 결과가 포함되지 아니함(㉵ 환경안전팀에서 폐수처리장 운영관리업무를 201X. XX. XX 부로 생산부로 이관함)
경영검토절차서(EP-930)의 4.3항에 의하면 경영검토 입력사항에는 환경경영시스템 관련 변경사항이 포함되도록 되어 있음

10) 지속적 개선을 위한 도구로서 다음 사항을 고려할 수 있다.
관리도(계량치, 계수치, 누적합 도표 등), 실험계획법(DOE), 제한이론, 종합적 설비효과성 PPM 분석, 가치분석, 벤치마킹, 동작 / 인간공학분석, 실수방지기법
다음 표는 품질 및 환경경영시스템 개선에 도움을 줄 것이다.

〈표 4-10〉

QC story	QC적 문제개선	
1. 테마의 설정	• 기한을 명확하게 설정	
2. 채택된 이유	• 배경과 목적을 확인	• 문제(테마)의 소재를 확인
3. 현상파악	• 다각적(층별) • 문제점(나쁨의 정도)도출	• DATA(사실 중시)
4. 목표설정	• 목표치 설정	
5. 요인분석	• 중지 결집 • 중점 요인으로 압축	• 전면적으로 밝힘
6. 대책입안	• 중지 결집 • 중점대책으로 압축	• 전면적으로 밝힘
7. 실행	• 계획적 / 조직적	
8. 효과측정	• 데이터 수집 • 대책실시 전후의 비교	• 목표달성도의 확인(결과) • 파급효과, 무형효과의 확인
9. 표준(문서)화	• 정착화 : 재발방지(사후관리)	• 표준화 : 직장 개선
10. 남은 문제와 이후의 대책	• 유효성 확인 : 장래의 과제	

■ 심사 Focus

1) 부적합 제품 및 서비스의 기준은 명확히 수립되어 있는가?
2) 부적합 제품 및 서비스의 발행기록이 있는가?
3) 발행된 부적합에 대한 시정조치, 재발방지대책 등은 적절한가?
4) 상습적 부적합 사항에 대한 근본적인 재발방지대책은 적절한가?

16. 법규관리 및 준수평가 프로세스

규격구분	ISO 9001 : 2015	ISO 14001 : 2015
요구사항	(4.1), (6.1), (8.2), (8.5)	9.1.2, 6.1.3

경영시스템 요구사항

○ ISO 14001 : 2015/6.1.3 준수의무사항

조직은 다음을 실행해야 한다.

a) 환경측면과 관련된 준수의무사항을 규명(determine)하고 그것에 접근(access) 할 수 있어야 함

b) 이러한 준수의무사항이 어떻게 조직에 적용되는지를 규명하여야 함

c) 조직의 환경경영시스템을 수립, 실행, 유지 및 지속적으로 개선할 때, 이러한 준수의무사항을 반영(take into account)하여야 함

조직은 조직의 준수의무사항과 관련된 문서화된 정보를 유지하여야 한다.

비고 준수의무사항은 조직의 리스크 및 기회로 귀결될 수 있다.

○ ISO 14001 : 2015/6.1.3 준수평가

조직은 조직의 준수의무사항을 충족함을 평가하기 위해 필요한 프로세스를 수립, 실행 및 유지하여야 한다.

조직은 다음을 수행하여야 한다.

a) 준수평가의 빈도를 결정

b) 준수평가를 수행하고 필요한 조치를 취함

c) 조직의 준수 상황에 대한 지식과 이해를 유지

조직은 준수평가 결과의 증거로 문서화된 정보를 유지하여야 한다.

요구사항 해설

1) 조직은 환경측면에 적용될 수 있는 법적 요구사항을 파악할 필요가 있다. 여기에는 다음 사항을 포함하여야 한다.

① 국내 및 국제 법규 요구사항

② 국가의 법규 요구사항

③ 지방자치단체의 법규 요구사항

이 규격에서 말하는 '법규'란 국가(정부) 및 지방자치단체에서 제정한 모든 환경 관련 법규를 뜻한다. 법규는 대개 강제성을 띠고 있고, 준수하지 않을 경우에는 불이익을 받게 된다. 이러한 법규에는 다음과 같은 것들이 있다.

① 법률, 규정 등의 법규

② 법령 및 지시사항

③ 인허가 및 자격증(면허) 등

④ 규제단체가 정한 규제

⑤ 관례나 판례

⑥ 기타 강제성을 띤 조약이나 규약

이러한 법규 요구사항의 최신목록을 유지하는 것이 바람직하다.

2) 조직이 동의할 수 있는 그 밖의 요구사항에 대한 보기를 들면 다음과 같다.

① 공공기관과의 협약 : 자발적 협약제도(VA : Voluntary Agreement) 등

② 고객과의 약속(계약서, 입찰서 등)

③ 비규제적(자발적) 지침 : EU RoHS, ELV, WEEE, REACH 등

- RoHS(Restriction of Hazardous Substances), ELV(End of Life Vehicle),
- WEEE(Waste of Electrical and Electronic Equipment),
- REACH(Registration, Evaluation, Authorization and Restriction of Chemicals)

④ 자발적 업무원칙 및 업무규약

⑤ 환경 라벨링이나 환경선언을 통한 자발적인 제품에 대한 책임의지

⑥ 무역단체의 요구사항, 지역단체나 민간단체(NGO)와의 협약

⑦ 조직 자체 또는 모기업(SONY, 삼성전자, 현대자동차 등)의 일반 대중에 대한 공약

⑧ 법인이나 모기업의 요구사항

이러한 그 밖의 요구사항들을 준수하기 위해서는 우선 환경방침을 수립할 때 이러한 요구사항들을 파악하여 목록이나 데이터베이스 등의 형태로 최신 기록을 유지해야 하며, 목표 및 세부목표 수립에 이러한 요구사항들을 반영하여야 한다.
일반적으로 그 밖의 요구사항들은 자발적인 환경개선의 의지가 강한 성격을 띠게 되므로 법규 요구사항에 비해 요구하는 수준이 높은 경우가 많다. 따라서 이들을 목표 및 세부목표에 반영하고, 내부 성과기준으로 활용한다면 보다 높은 환경성과를 얻을 수 있을 것이다.

3) 파악하고 관리하여야 할 법규의 범위의 예
국가법령정보센터(http : //www.law.go.kr) 혹은 환경부(http : //www.me.go.kr)에서 검색한다.

① 환경 관련 법규의 분류 및 예
- 환경일반 : 환경관리공단법, 환경정책기본법, 환경분쟁조정법, 유해화학물질관리법 등
- 자연보전 : 자연공원법, 자연환경보전법, 토양환경보전법, 습지보전법 등
- 대기보전 : 대기환경보전법, 소음진동규제법, 다중이용시설 등의 실내공기질관리법, 악취방지법 등
- 수질보전 : 수질 및 수생태계보전에 관한 법률, 한강수계상수원수질개선 및 주민지원 등에 관한 법률, 낙동강 / 금강 / 섬진강 / 영산강수계물관리 및 주민지원 등에 관한 법률, 가축분뇨의 관리 및 이용에 관한 법률
- 상하수도관리 : 수도법, 하수법, 먹는물 관리법, 지하수법
- 폐기물관리(자원순환) : 폐기물관리법, 자원의 절약과 재활용 촉진에 관한 법률, 폐기물의 국가간 이동 및 그 처리에 관한 법률, 건설폐기물의 재활용 촉진에 관한 법률 등
- 기타 : 국립환경과학원 시험의뢰 규칙, 환경부소관 비영리법인의 설립과 감독에 관한 규칙 등

② 기타 환경과 관련이 있는 법규(조직의 제품에 따라 파악 및 등록)
- 산업안전보건법, 소방기본법, 고압가스안전관리법
- 제조물책임법, 품질경영 및 공산품안전관리법
- 경영시스템의 효과성과 효율성을 높이기 위해서는 인사노무(근로기준법, 노동조합법 등), 재무회계분야의 관련 법규도 파악, 등록관리하는 것이 바람직하다.

4) 절차에 포함되어야 할 내용
① 법규 파악 및 관리를 위한 책임과 권한의 지정, 조직에 적용될 수 있는 법규의 등록, 등록된 법규의 관련 부서 전달절차, 법규 준수의 의무 및 이행여부 감독 및 점검절차, 법규위반 시의 절차, 법규 원본(구본 및 최신본)의 관리, 법규입수 시 회사 시스템의

검토 및 조치 절차 등

② 파악, 등록한 법규 및 기타 요구사항에 대한 제정, 개정 및 폐지 시의 의사소통

③ 법적 요구사항과 그 밖의 요건은 환경측면 파악시 이들을 고려하는 것이 일반적이지만 별도로 파악하여 관리할 수도 있다.

④ 하나 이상의 공장이 있는 조직의 경우 모든 단위 공장에 적용될 수 있는 법규를 파악하여야 한다.

5) 준수평가 방법의 예

① 심사수행

② 문서 및 기록검토

③ 시설, 장비 및 설비조사

④ 관련 업무담당자와의 인터뷰

⑤ 프로젝트 및 업무검토

⑥ 일상적인 샘플 분석 테스트 결과를 샘플링 테스트

⑦ 시설의 직접적인 시찰 또는 현장 관찰

6) 법규 파악 및 등록실무 사례

〈법규등록부 - 1(사례)〉

부문 : • 환경 • 안전보건 • 품질경영 • 인사노무 • 재무회계 • 기타

〈표 4-11〉 법규등록부 - 1(사례)

No.	구분	법규 및 그 밖의 요구사항 명칭	파악일	제정일	개정일	관련 기관	등록 여부	파악자	비고
1									
2									
3									

* 구분 : 법규(법 / 법령 / 시행규칙 / 규칙 / 훈령 / 조례 등)

〈표 4-12〉 법규 등록부 - 2(사례)

법	시행령	시행규칙	(당사)운영관리기준	비고

7) 준수평가 사례

〈표 4-13〉

관련 법규명	해당 조항	운영상태(요약)	준수상태		비고
			적합	부적합	

■ 심사 Focus

1) 조직에 적용되는 법규 및 그 밖의 요구사항의 최신 목록이 있는가?
2) 파악한 법규 및 그 밖의 요구사항을 환경경영시스템에 적용하고 있는가?
   – 목표, 세부목표 및 추진계획에 적용
   – 운영관리를 통해 모니터링 및 측정
3) 조직운영과 관련된 법규의 개정 / 입법 예고사항 등을 파악하여 선제적으로 대응하고 있는가?
4) 준수평가가 주기적으로 실행되는가?(요구사항 4.5.2와 연계)

17. 내부심사 프로세스

규격구분	ISO 9001 : 2015	ISO 14001 : 2015
요구사항	9.2	9.2

경영시스템 요구사항

9.2 내부심사(internal audit)

9.2.1 조직은 품질 / 환경경영시스템이 다음 사항에 대한 정보를 제공하기 위하여 계획된 주기로 내부심사를 수행하여야 한다.

a) 다음 사항에 대한 적합성 여부

1) 품질 / 환경경영시스템에 대한 조직 자체 요구사항

2) 이 표준의 요구사항

b) 품질 / 환경경영시스템이 효과적으로 실행되고 유지되는지 여부

9.2.2 조직은 다음 사항을 실행하여야 한다.

a) 주기, 방법, 책임, 요구사항의 기획 및 보고를 포함하는 심사프로그램의 계획, 수립, 실행 및 유지, 그리고 심사프로그램에는 관련 프로세스의 중요성, 조직에 영향을 미치는 변경 그리고 이전 심사결과가 고려되어야 한다.

b) 심사기준 및 개별 심사의 적용범위에 대한 규정

c) 심사 프로세스의 객관성 및 공평성을 보장하기 위한 심사원 선정 및 심사 수행

d) 심사결과가 관련 경영자에게 보고됨을 보장

e) 과도한 지연없이 적절한 시정 및 시정조치 실행

f) 심사프로그램의 실행 및 심사결과의 증거로 문서화된 정보의 보유

비고 가이던스로 ISO 19011 참조

요구사항 해설

1) 조직의 최고경영자는 경영시스템의 강점과 약점을 평가하기 위한 효과적이고 효율적인 내부심사 프로세스의 수립을 보장해야 할 것이다. 내부심사 프로세스는 지정된 프로세스 또는 활동의 독립적인 평가를 위해 활용되는 경영 도구의 역할을 한다. 내부심사 프로세스는 내부심사가 조직의 효과성과 효율성을 평가하는 것과 같이 현재의 요구사항이 충족되고 있다는 객관적인 증거를 확보하는데 활용할 수 있는 독립적인 도구를 제공한다. 경영자는 내부심사 결과에 대응하여 개선활동이 취해짐을 보장해야만 한다. 내부심사의 기획은 심사 중에 확보하는 지적사항 및 객관적인 증거를 근거로 강조점의 변경을 가능하도록 하기 위해 탄력적이어야 할 것이다. 다른 이해관계자로부터 얻어진 것과 마찬가지로, 심사되는 영역으로부터의 모든 관련 입력사항은 내부심사 계획의 개발에 고려되어야 할 것이다.

2) 내부심사에 의한 고려사항의 사례는 다음을 포함할 수 있다.

① 프로세스의 효과적이고 효율적인 실행
② 지속적 개선을 위한 기회, 프로세스의 능력
③ 통계적 기법의 효과적이고 효율적인 활용
④ 정보기술의 활용, 품질비용 데이터의 분석
⑤ 자원의 효과적이고 효율적인 활용
⑥ 프로세스 성과 및 제품성과에 대한 결과 및 기대

⑦ 성과측정의 충족성과 정확성, 개선활동, 이해관계자와의 관계 등

3) 내부심사 수행의 흐름

① 문서화된 절차(심사기획, 심사수행 및 결과보고, 결과기록을 유지하는 책임과 요구사항)

② 심사프로그램의 계획(심사목적, 범위, 빈도 및 방법의 결정)
고려사항(심사대상 프로세스 및 영역의 상태와 중요성, 이전 심사결과, 심사자의 독립성)

③ 심사원 선정 및 임명(심사원 임명과 심사수행의 객관성 공평성 보장)

④ 계획된 주기로 내부심사 수행, 기록을 유지하는가?

⑤ 심사결과의 보고 및 통보

⑥ 부적합의 시정조치, 시정조치의 검증

⑦ 취해진 조치의 이행(검증결과의 기록), 검증결과의 보고

4) 내부심사의 주기

① 모든 부서 / 기능(프로세스)을 포함하여 연1회 실시하는 방법

② 본사 / 공장을 나누어 실행하는 방법

③ 부서 / 기능(프로세스)별로 나누어 월 / 분기 / 반기 등으로 나누어 실행하는 방법

④ 제품 및 서비스(product & service), 제조 / 제공 프로세스(process), 프로젝트(project)별로 실행하는 방법 등 조직의 특성에 적합하게 실행한다.

5) 내부심사원의 적격성 기준의 예

〈표 4-14〉

구분	내 용	객관적 증거
학력	조직에서 정함(전문대졸이상 등)	인사기록카드, 졸업증명서
직급	조직에서 정함(예 과장급 이상)	인사기록카드, 인사명령
직무	조직에서 정함(품질경영 / 환경안전업무)	
교육훈련	1) 품질 / 환경경영시스템 용어의 이해 2) 품질 / 환경경영시스템 요구사항에 대한 이해 3) 내부심사 스킬에 대한 능력 구비	사내 / 사외 교육훈련 이수기록 (수료증)
기타	조직의 품질 / 환경경영시스템 표준문서의 이해 품질 / 환경 / 안전보건 관련 법규의 이해	교육훈련 기록, 재직경력

6) 내부심사 도구(내부심사 체크리스트)

내부심사를 위해서는 적절한 도구를 적용하는 것이 바람직할 것이다. 외부 인증기관의 인증심사원은 품질 / 환경경영시스템의 요구사항을 위주로 심사를 전개하는 것이 일반적이지만, 조직의 내부심사는 표준문서의 업무의 절차를 기준으로 실행하는 것이 더욱 현실적일 것이다.

〈표 4-15〉

표준문서		업무절차(점검내용)	심사결과		결과요약
번호	명칭		적합	부적합	

■ 심사 Focus

1) 내부심사 프로세스가 수립되어 있는가?
2) 규정된 주기로 내부심사를 실행, 기록을 유지하는가?
3) 내부심사팀 구성은 공정하고 객관적인가?
   – 자기가 소속된 부서 / 팀을 심사하지는 않았는가?
4) 내부심사 계획수립, 실행기록의 경우 이전 심사의 결과를 고려하였는가?
5) 내부심사 시 지적된 사항은 적절한 기일 이내에 적절히 조치되었는가?

18. 경영검토 프로세스

규격구분	ISO 9001 : 2015	ISO 14001 : 2015
요구사항	9.3	9.3

경영시스템 요구사항

9.3 경영검토 / 경영평가(management review)

9.3.1 일반사항(general)

최고경영자는 조직의 전략적 방향에 대한 품질 / 환경경영시스템의 지속적인 적절성(suitability), 충분성(adequacy), 효과성(effectiveness) 및 정렬성(alignment)을 보장하기 위하여, 계획된 주기로 조직의 품질 / 환경경영시스템을 검토하여야 한다.

9.3.2 경영검토 입력사항(management review inputs)

경영검토는 다음 사항을 고려하여 계획되고 수행되어야 한다.

a) 이전 경영검토에 따른 조치의 상태 / 상황

b) 품질 / 환경경영시스템과 관련된 외부 및 내부 이슈의 변경

c) 다음의 경향을 포함한 품질 / 환경경영시스템의 성과 및 효과성에 대한 정보

1) 고객만족, 준수의무를 포함한 관련 이해관계자의 니즈와 기대

2) 품질 / 환경목표의 달성 정도, 조직의 중대한 환경측면

3) 프로세스 성과 그리고 제품 및 서비스의 적합성

4) 부적합 및 시정조치

5) 모니터링 및 측정결과

6) 심사결과

7) 외부 공급자의 성과

d) 자원의 충족성(adequacy)

e) 리스크와 기회를 다루기 위하여 취해진 조치의 효과성(6.1 참조)

f) (지속적인 개선을 위한) 개선기회

9.3.3 경영검토 출력사항(management review outputs)

경영검토의 출력사항에는 다음 사항과 관련된 결정 및 조치가 포함되어야 한다.

a) 개선기회

b) 품질 / 환경경영시스템 변경에 대한 모든 필요성

c) 자원의 필요성

조직은 경영검토 결과의 증거로 문서화된 정보를 보유하여야 한다.

요구사항 해설

1) 경영검토는 최고경영자가 경영시스템을 수립하고 운영한 성과를 판단하고, 개선점을 찾아내기 위해 최종적으로 점검하는 중요한 절차이다. 경영검토에는 조직의 경영시스템을 변경하거나 개선하고 필요한 자원을 제공할 수 있도록 의사결정할 수 있는 인원들이 참여하여야 한다.
조직은 정해진 주기에 따라 정기적으로 경영검토를 실시하고 관련 기록을 남겨야 한다.

이러한 경영검토의 결과는 경영시스템의 지속적인 개선을 위한 자료로 활용하여야 한다.

2) 이 요구사항에서 말하는 적절성, 충족성, 효과성이란 다음과 같다.

① 적절성(suitability) : ISO 9000에 정의되지 않음. 특정목적을 위해서 올바른 품질 / 환경을 갖추는 정도. 조직의 규모 및 형태에 알맞은 품질 / 환경경영시스템을 구축, 운영하는 정도

② 충족성(adequacy) : ISO 9000에 정의되지 않음. 질과 양 정도에서 충분한 정도. 품질 / 환경방침 및 목표 그리고 이해관계자 요구사항을 만족시키는 정도

③ 효과성(effectiveness) : (ISO 9000 : 2015 / 3.7.11)계획된 활동이 실현되어 계획된 결과가 달성되는 정도. 특정한 조직목적과 목표의 성취여부, 해야 할 일을 하는 것, 올바른 일을 하는 것(do the right things)

④ 효율성(efficiency) : (ISO 9000 : 2015 / 3.7.10) 달성된 결과와 사용된 자원과의 관계, 투입에 대한 산출비율, 일을 올바르게 하는 것(do the things right)

⑤ 정렬성(alignment)

3) 경영검토의 주기

① 경영검토 주기를 많은 조직에서 연 1회 정도 실시하는 경우가 많음
그러나, 경영시스템의 모든 부분을 단 한 번의 경영검토를 통해 검토할 필요는 없음

② 월, 분기, 반기별로 경영검토를 실시하되 경영검토 이슈별 주기를 설정하여 실행하는 방법이 효율적임

4) 경영검토에 누가 참석할 것인지는 조직이 스스로 결정해야 한다.
일반적으로 경영검토에는 다음 인원들이 참석할 수 있다.

① 최고경영자를 포함한 경영진
경영시스템의 운영성과를 평가하고, 개선 우선순위를 파악하며, 자원을 제공하고, 효과적인 사후관리를 보장할 수 있는 인원

② 주요 단위조직의 책임자
내부 및 외부 이슈, 이해관계자의 니즈 및 기대사항, 리스크 및 기회 등과 관련된 의사결정의 책임과 임무가 있는 인원

③ 품질 / 환경 관련 정보 담당자
품질 / 환경경영시스템과 관련된 정보를 수집하고 관리하며 제공하는 인원

5) 문서화된 정보의 형태의 예
경영검토에 대한 문서화된 정보에는 회의자료, 참석자 명단, 발표자료 및 배포물, 결정사항의 기록 등이 있다. 경영검토 기록은 보고서, 회의록, 컴퓨터 파일 등의 형태로 작성할 수 있다.

6) 경영검토에서 다루어야 할 사항들을 자세히 보면 다음과 같다.
   ① 내부심사(9.2), 준수평가(ISO 14001 / 9.1.2)의 결과 및 제2자, 3자 심사결과
   ② 내부, 외부 이슈(4.1), 이해관계자의 니즈와 기대사항(4.2)
   ③ 경영시스템을 운영하여 달성한 조직의 품질 / 환경성과(9.1)
   ④ 목표 및 세부목표의 달성도(6.2)
   ⑤ 리스크 및 기회에 대한 조치(6.1), 부적합, 시정조치 실태(10.2)
   ⑥ 이전에 했던 경영검토의 후속조치 결과(㉵ 사장, 공장장 등의 지시사항 이행상태 등)(7.4)
      • 각종 회의기록, 순회시 지시사항, 교육훈련시 지시사항 등
   ⑦ 주변 여건의 변화
      • 조직의 제품, 활동 및 서비스의 변화
      • 개발계획 및 신규개발에 대한 환경측면 평가결과
      • 법규 요구사항 및 조직이 동의한 그 밖의 요구사항의 변화, 준수평가 결과
      • 과학기술의 발전
      • 비상사태 및 사고로부터의 교훈
   ⑧ 지속적 개선을 위한 제안(10.3)

7) 경영검토를 통해 결정해야 할 사항은 다음과 같다.
   ① 경영시스템이 요구사항에 적합하고, 정해진 절차대로 정확하게 운영되는지, 그리고 수립한 경영시스템이 효과적인지의 여부를 판단
   ② 조직의 자원변화(물질 자원, 인적 자원, 재정 등의 추가 투여 및 삭감 등)를 고려
   ③ 경영시스템의 변경사항(방침, 목표 및 세부목표, 기타 경영시스템 요소들의 변경 필요성 등)을 검토
      지속적 개선은 반드시 활동의 모든 영역에서 동시에(simultaneously) 개선이 이루어져야 한다는 것을 의미하는 것은 아니다.

8) 경영검토를 위해 참고할 수 있는 자료들에는 다음과 같은 것들이 있다.
   ① 부적합 및 시정조치로부터 얻은 경험
   ② 외부 사례의 벤치마킹
   ③ 법규 요구사항 및 조직이 동의한 그 밖의 요구사항의 변화
   ④ 내부 / 외부심사 및 준수평가의 결과
   ⑤ 운영의 핵심사항에 대한 모니터링 자료
   ⑥ 목표 및 세부목표의 달성을 위한 프로세스의 결과
   ⑦ 임직원, 고객 및 공급자를 포함한, 이해관계자들의 관심사항

9) 지속적인 개선점을 파악했다면 그 우선순위를 검토하여 시급한 부분부터 도입해야 한다.

경영검토를 통해 도입할 수 있는 지속적인 개선의 사례에는 다음과 같은 것들이 있다.

① 수입(입고) / 공정 / 최종제품 및 서비스 품질 부적합의 개선실적
② 고객불만, 필드 반송 등으로부터의 개선실적
③ 공정개선 성과(생산성 향상, 사이클 타임 단축, 원가절감, 에너지 절감 등)
④ 품질비용(quality cost) 절감, 설비보전 비용절감
⑤ 유해물질이 적거나 없는 원자재로의 대체
⑥ 법규 요구사항 파악 프로세스를 개선하여 새로운 법규 요구사항을 시기적절하게 도입
⑦ 폐기물 저감을 위해, 원자재 및 원자재 취급방법에 대한 교육훈련을 개선
⑧ 수자원의 재사용을 위한 폐수처리공정 도입
⑨ 사무실 복사기의 기본 설정을 양면복사로 하여 종이절약
⑩ 자동차 연료절약을 위해 수송 루트 재검토
⑪ 분진 저감을 위해 보일러 연료를 대체
⑫ 안전보건향상, 복리후생 개선 등

10) '환경친화적 산업구조로의 전환촉진에 관한 법률' 시행규칙 운영요령(산업자원부 고시 1998-79호, 1998.8) [별표 2] '인증기관 세부지정기준 및 인증절차'에서는 인증신청자가 인증기관에 제출할 서류의 일부로서 '경영검토결과서(시정 및 예방조치결과 포함)'를 규정하고 있고, "환경경영시스템을 구축한 이후 문서화된 절차와 방법에 따라 조직의 활동을 최소한 3개월 이상 시행, 유지하고 (내부심사와) 경영검토를 최소한 1회 이상 수행하였을 경우에만 인증기관의 인증심사가 가능"하도록 하고 있다.

■ 심사 Focus

1) 경영검토를 주기적으로 실행하고 있는가?
2) 경영검토에 관한 문서화된 정보를 유지하는가?
   - 요구사항의 내용 중 누락된 부분은 없는가?
   - 최고경영자의 서명, 코멘트 사항 등
3) 경영검토 실행결과 후속조치는 적절히 이루어지고 있는가?
   - 최고경영자의 코멘트 사항, 시정조치 요구사항 등에 대한 후속조치 상태
4) 경영검토 자료는 가시적 관리(visual management)를 하고 있는가?(참고사항)
   - 서술식보다는 그래프, 데이터 위주의 트랜드 등을 파악하기에 용이해야 함

연습문제

1. 다음은 ISO 9001 & 14001 : 2015 품질 / 환경경영시스템 심사 시에 발생한 현상이다. 해당 문항이 어떤 요구사항에 부적합한 사항인지 그 번호를 예와 같이 작성하여 보시오.
   ㉵ 가나다(주) 조직에 근무하는 종업원들에게 회사의 품질 / 환경방침을 질문해 보았으나 10명 중 2명만이 환경방침을 명확하게 설명하였다. (답 : 5.2.2. b))

   1) 최신 조직도를 보니 품질경영을 위한 역할, 책임 및 권한의 일부가 누락되었다. (　　　)

   2) 생산팀에 설정된 품질 / 환경목표가 품질 / 환경방침과 일관성이 없었다. (　　　)

   3) 소각로를 운전하는 사원의 적격성 부여가 누락되었다. (　　　)

   4) KS I ISO 14001 : 2016 환경경영시스템 인증을 받은 가나다(주) 조직의 환경방침을 알려줄 것을 요구하였으나 알려줄 수 없다고 답변하였다. (　　　)

   5) 201X년 XX월 XX일 개정된 대기환경보전법의 내용이 관련 부서와 의사소통되지 않았다. (　　　)

   6) 공무팀에서는 품질 / 환경목표를 달성하기 위한 추진계획이 수립되지 않았다. (　　　)

   7) 가나다(주)는 관련 법규에 대한 준수평가를 주기적으로 실행하지 않았다. (　　　)

   8) 환경에 영향을 미치는 소각로의 가동방법(출구온도, 소각대상물질, 운전요령 등)을 구체적으로 명시한 문서(운전지침서)가 없었다. (　　　)

   9) 환경위탁업체의 관리방법이 명확하게 설정되지 않았다. (　　　)

   10) 외부 공급자 평가에 대한 문서화된 정보가 유지되지 않고 있었다. (　　　)

2. 다음은 ISO 9001 & 14001 : 2015 품질 / 환경경영시스템의 어떤 요구사항에 적합 / 부적합인지를 설명하여 보시오.

1) 입사하여 구매만 담당한 한 직원이 인사발령에 의해 '품질경영부'의 검사원으로 임명되어 그 즉시 회사의 수입검사의 검사원으로 임무를 수행하고 있다.

2) '한일시계'에서는 공급자인 '코리아산업'에 클레임을 제기하였다. 그 내용은 한일시계에 납품한 시계유리에 강도가 약한 시계유리가 조립되어 있었기에 시계유리 파손이 빈번하다는 항의가 고객으로부터 들어왔기 때문이다.
그러나 한일시계에서 시계유리를 납품받을 때 한일시계측에서 전수검사를 하였기 때문에 코리아산업에서는 항의가 접수된 불량시계에 대해서만 시계유리를 교체해주겠다고 통보가 왔다.

3) 품질보증부에서는 NCR(부적합보고서)을 발행하여 오고 있다. 또한 이들을 처리함에 있어 공장장의 지시에 따라 공기에 차질이 생기지 않도록 최선의 배려를 함으로써 생산부서, 설계부서 및 영업부서 등과 마찰이 일어나지 않았으며, 그러한 처세로 인하여 품질부서장은 오랫동안 그 직위를 무난히 유지할 수가 있었다.

4) 계약상 페인트의 문셀(MUNCELL) NO.3로 되어 있으나, 회사 고유의 사내표준은 문셀 NO.5이다. 최종검사에서 페인트 색상의 문셀 NO.5로 작업되었음이 지적되었다.

5) 주문사에 납품한 차량용 엔진 피스톤에 대하여 클레임이 제기되었다. 주문사 요구사항과 공급자의 입찰서 내용에 약간의 차이가 있음이 뒤늦게 발견되었다.

6) 차량용 PIPE FITTING을 제조하는 업체가 STS 304, 316. 327 등의 PIPE를 소재로 사용하여 절단한 후 규정된 제조과정을 거쳐 제품을 생산하게 되어 있다.
외관으로 보면 STS 304, 316. 327은 서로 식별 구분하기 어렵다. 소재로 사용되는 파이프를 절단 후 각 절단된 품목에 고유의 식별번호를 부여하지 않아 자재의 혼용이 발생한다.

7) 기술부의 한직원은 제작도면을 5차례나 변경하여 승인자인 기술서장의 질책을 받아 노심초사하고 있는 상태이다. 그러던 중 생산부서에서 설계의 부적절성을 지적하여 반드시 제작도면을 한번 더 변경해야만 했다. 고심 끝에 기술부서장이 눈치채지 못하게 비밀로 변경도면을 작성하여 생산현장에 전달하여 작업하게 하였다.

8) 각종 유류와 유해화학물질을 취급하고 있는 환경화학(주)의 생산부는 화재, 폭발, 유해화학물질 유출 등 6가지의 잠재적인 사고와 비상사태를 파악하여, 파악된 각각의 사고와 비상사태에 대한 대비 및 대응을 위한 비상계획서를 수립, 보유하고 있었다.
   상기의 사고와 비상사태에 대한 훈련계획에 수립되어 있으며, 훈련실적이 있느냐고 물었더니 우리 부서는 훈련계획을 별도로 수립하여 훈련을 하지 않고, 매월 1회씩 부서원들에게 작성된 비상계획서에 대해서 교육만 실시하고 있다고 답변하였다.
   (1) 조항번호 :
   (2) 찾아낸 증거 :
   (3) 부적합 명세 :

9) 환경안전팀을 심사하면서 중요한 환경영향을 파악하여 작성한 환경영향등록부를 확인하였다. 환경영향등록부에는 11개의 중요한 환경측면이 등록되어 있었다. 이러한 중요한 환경측면이 목표 및 세부목표에 반영되어 있는가를 확인하기 위하여 목표 및 세부목표와 비교하였더니 비상 시 중요 환경영향으로 등록된 '황산탱크 유출'을 포함한 4개의 환경측면은 누락되어 있고, 나머지 7개 환경측면이 반영되어 있음을 알게 되었다.
   (1) 조항번호 :
   (2) 찾아낸 증거 :
   (3) 부적합 명세 :

10) 폐수처리장에서 사용하고 있는 pH 측정장비를 확인하기 위하여 보여줄 것을 요구하였더니 현재 고장이 나서 생산현장에서 사용하는 장비를 빌려서 사용 중이며, 관련 교정검사 기록은 장비관리부서, 즉 생산부서에서 보유하도록 규정되어 있다고 했다. 생산부서에서 해당 장비의 교정검사 기록을 보여달라고 하였더니 우리는 단순히 공정용액의 pH를 측정하기 위해 사용하기 때문에 별도의 교정검사는 하지 않는다고 답변하였다.
   (1) 조항번호 :
   (2) 찾아낸 증거 :
   (3) 부적합 명세 :

11) 상수원 보호구역 내에서 위치하고 있는 낙동공업(주)를 심사하던 중 정화조에서 배출되는 오수의 BOD 제거율에 대한 수질검사 결과를 보여달라고 하였더니, 우리 회사의 환경업무를 3년 동안 담당하고 있으나 이제까지 측정한 적이 없고, 정화조 오수에는 어떤 법규에 따라 관리해야 하는지 모르고 있다고 답변하였다. 단, 낙동공업(주)는 특정지역 내에 위치하고 있으며, 오폐수, 분뇨 및 축산폐수의 처리에 관한 법률에서 규정한 방류수의 수질기준은 BOD 제거율이 65% 이상이라고 가정함

(1) 조항번호 :
(2) 찾아낸 증거 :
(3) 부적합 명세 :

12) 생산2부를 심사하던 중 중요 환경측면에 대한 개선 추진계획을 보여줄 것을 요구하였더니 우리 부서는 생산1부와는 달리 환경영향을 미치는 중요 환경측면이 없고, 폐기물도 생산1부에 비해서는 매우 적게 배출되므로 환경 세부추진 프로그램은 보유하고 있지 않다고 답변하였다.
(1) 조항번호 :
(2) 찾아낸 증거 :
(3) 부적합 명세 :

제5장

사내표준화 실무

5.1 사내표준화 일반

1. 사내표준화의 정의

오늘날 전 산업부문에서 품질경영은 설계에서부터 서비스에 이르기까지 기업이 생존하기 위해서는 시장을 넓히고 고객이 요구하는 사항을 구체적이며, 명확하게 파악하여야 하고 또한 시장에 알려진 정보를 신속하고도 정확하게 입수하여 활용할 수 있는 능력을 갖추어야 급변하는 생존 경쟁에서 살아남을 수 있는 위치를 선점하게 된다.

그것은 기업 밖에서 행해지고 있는 많은 요소 중에 표준화가 절실히 요구됨을 의미하는 것이다. 표준화에 대한 정의를 알아보면 다음과 같이 구분할 수 있다

1) 한국산업규격(KS A 3001, 품질관리용어)

표준이란 관계되는 사람들끼리 이익이나 편리가 공정하게 얻어지도록 통일, 단순화를 꾀할 목적으로, 물체, 성능, 능력, 배치, 상태, 동작, 절차, 방법, 수속, 책임, 권한, 의무, 사고방식, 개념 등에 대해 정한 결정을 말하며, 표준화란 표준을 설정하고 이를 활용하는 조직적인 행위이다.

2) 한국산업규격(KS A 3019, 생산관리용어)

표준을 설정하고 이것을 활용하는 조직적인 행위를 말한다.

비고	표준화(Standardization), 전문화(Specialization), 단순화(Simplification)를 통칭하여 3S라 할 때가 있다.

이 경우 표준화는 주로 물품의 종류, 등급, 모양, 치수, 품질, 설계방법, 제조방법, 시험방법, 포장방법 등 물품에 직접, 간접적으로 관계되는 기술적 사항에 대하여 정한 표준, 즉 규격(technical standard)을 기초로 한 것을 의미한다.

3) ISO 표준화원리위원회

표준화(standardization)란 “생산교역에 있어 인력, 자재, 동력 등에 대한 전체적인 경제성이 확보되고 재화의 행위가 타당하고 일관성 있는 품질에 의한 소비자의 이익을 보호할 수 있으며 안전, 건강 및 인명의 보호 관계되는 사람들 사이에서 표현과 전달수단을 제공하는 것”이다.

국제적으로 합의된 표준 정의는 “어떤 양을 재는 기준으로 삼기 위하여 어떤 단위나 어떤 양의 한 값 이상을 정의하거나, 현시하거나, 보류하거나 또는 재현하기 위한 물질척도, 측정하기, 기준물질이나 추정시스템”으로 되어 있다.

4) 한국산업규격(KS A 3001, 품질관리용어)

사내표준이란 ‘회사나 공장 등에서 재료, 부품, 제품 및 조직 또는 구매, 제조, 검사, 관리 등의 일에 적용시킴을 목적으로 하여 규정한 표준’이다

일반적으로 ‘사내표준화란 광공업제품의 제조와 관계자들이 전체 이익을 목적으로 하여 과학, 기술, 경험 등을 근본으로 하여 합리적으로 제정하고, 이를 조직적으로 활용하는 것’이라고 정의하며 이 정의에서 합리적 제정이란

- 표준을 정하고(전사적 참여)
- 표준을 준수하고(일상적인 업무에 적용하고)
- 표준을 개정하는 것(지속적으로 업무를 개선하는 것)

등을 의미한다.

그리고 사내표준을 설정할 때 가능한 국제적, 국가적인 규모에서의 표준이나, 여러 전문단체에서의 표준 등과 같이 공공 표준을 도입해야 한다.

여기서 사내표준화의 특징을 살펴보면 다음과 같이 요약할 수 있다.

- 하나의 조직 내에서 실행하는 활동이다.
- 조직 내의 모든 부문과 계층에서 실행해야 하는 활동이다.
- 조직 내 관계자의 의사소통을 통한 다음에 실행해야 하는 활동이다.
- 사내표준을 지키는 것이 의무화되어 있는 활동이다.

사내표준은 적용되는 기능과 계층, 업무의 특성 등에 따라 수준(level)이 정해

질 수 있는데 이는 국가의 법체계가 법, 시행령, 시행규칙 등으로 세분되는 것과 같다.

단, ISO 9001 & 14001 : 2015년판 요구사항에서는 이러한 표준문서 체계를 요구하는 것은 아니며, 문서화된 정보만을 요구하고 있으나, 조직에서 관리목적상 이러한 표준체계는 필요하다고 판단하는 것이 필자의 의견이다.

- Level I (매뉴얼, manual) : 조직의 가장 상위개념의 표준으로 전 조직 및 계층에 영향을 미친다.
- Level II (규정, 절차서, procedure) : 조직 내 업무 / 활동의 내용, 순서, 절차(수속), 방법 등에 관한 사항에 대해 정한 기준
- Level III (지침, work Instruction) : 규정, 절차서의 범위 중에서 제품 / 서비스에 직접, 간접으로 연계되는 기술적 사항에 대하여 규정된 기준
- Level IV (규격, 표준, 시방, 양식 등) : 제품, 재료, 치공구, 설비 등에 관하여 요구하는 특정한 현상, 구조, 치수, 성분, 능력, 정밀도, 성능, 제조방법 및 시험방법 등에 관하여 정한 기준

위와 같은 분류는 절대적인 것은 아니며 조직에 따라 더 세분화, 단순화되는 경우도 있다.

이상과 같은 정의를 종합해볼 때 사내표준화라는 것은 하나의 조직내부에서 그 조직활동을 효율적, 투명하고 동시적으로 원활하게 실행하기 위한 수단으로서 조직의 기술과 경험을 결집해, 조직 관계자의 충분한 의사소통에 의해 반복해서 적용할 수 있도록 조직의 표준을 설정, 그것을 활용해 가는 조직적인 행위로 최근 들어 가장 기본적인 경영수단의 하나로 활용하고 있는 조직이 점차 증가하고 있다.

2. 사내표준화의 의의

기업활동의 목적은 일반적으로 시장(market)에서 요구하는 제품(서비스를 포함함)을 개발하고 생산하여 공급하고, 적당한 이익을 확보함으로써 기업을 존속시키고 사회의 안정과 발전에 공헌하는 일이라고 할 수 있다.

이 목적을 달성하기 위해서는 시장의 요구를 정확하게 파악하고, 사내의 고유 기술을 활용하여 제품의 시방을 결정하여 고객의 요구(needs)에 맞는 제품을 실현(realization)하여 시장에 제공하는 활동이 필요해진다.

이러한 조직의 활동은 보통 시장조사, 연구, 개발, 설계, 계약, 구매, 제조, 유통, 판매, 서비스, 모니터링 및 측정 등의 분야별로 분화한 기능 부문에서 실시되고 있다. 그리고 이러한 각 부문의 활동은 몇 개의 계층 혹은 관리자에 의하여 관리(계획과 조정, planning & control)되고 있는 것이 보통이다.

조직 내에서 업무의 전문화는 광범위한 부문간에 걸친 업무를 세분화하여 인간의 활동이나 기계설비의 기능을 한정된 특정분야에 집중시킴으로써 업무 전체를 효율적(efficiency)으로 실행시키려고 하는 것이다.

그러나 전체를 단순히 세분화하는 것만으로는 개개의 단위가 독자적인 목적만을 주장하고 따로따로 행동하려는 의식이 강하기 때문에 효율화를 실현시키기가 곤란하다.

조직의 목적을 효율적으로 달성하기 위해서는 개개의 기능부문이나 계층이 서로 긴밀한 연계를 계속 유지하고 조직으로서는 총력을 발휘할 수 있는 상태를 만들어내지 않으면 안된다. 조직 내에서 개개의 기능부문이나 계층이 각각 책임과 권한을 올바르게 인식하고, 부문간이나 각 계층간에 적절하고 신속한 의사소통이 이루어지고, 항상 전사적인 입장에서 의사결정을 하는 상태가 아니면 안된다.

그래서 사내표준을 추진하고, 조직 내의 모든 활동에 대하여 표준을 설정하여 모든 부문과 계층에서 표준을 활용하도록 하는 것이 필요할 것이다. 사내표준이 없다면 책임과 권한은 불명확해지고 정보전달도 부정확해질 것이다. 이러한 상태하에서는 조직에 소속되는 개인이 아무리 유능하다 할지라도 조직 전체로서는 총력을 발휘하지 못할 것이다.

그렇기 때문에 표준화는 조직 내에서 책임과 권한, 의사소통(internal communication)을 명확하게 하고, 정보를 전달하며, 전체적인 입장에서 의사결정(making decision)을 하기 위한 기초라는 데서 그 의의를 찾아야 할 것이다.

3. 사내표준화의 효과

업무의 표준화(standardization), 제품의 전문화(specialization), 작업의 단순화(simplification)를 통하여 고유기술을 축적하고, 업무의 효율화를 통한 품질경영과 원가절감으로 기업의 경영방침과 목표를 달성하고 나아가 고객만족(customer satisfaction)을 달성함으로써 조직은 지속적으로 발전하게 되어 있다는 데서 사내표준화의 실행은 선택 여지가 없다.

또한, 사내표준화를 하게 되면 조직은 제품실현의 표준화를 통해 합리적인 제품실현 활동을 전개할 수 있어 경제적 제품실현이 가능하며, 좋은 품질의 제품(서비스)을 저렴한 비용으로 제공할 수 있을 뿐만 아니라, 상거래의 단순화와 공정화를 기할 수 있어 소비자 및 사회에 대한 봉사와 이익을 도모할 수 있다. 문서화는 활동의 의도 및 일관성에 대한 의사소통을 가능하게 한다.

조직 내에서 표준화(문서화)를 추진하면 다음과 같은 효과가 있다.

1) 경영방침과 목표를 구체화하는 데 도움

표준화는 간략하게 기술된 경영방침(policy)이나 목표(objectives)를 구체적으로 실행하게 하는 역할을 한다. 방침이나 목표에서 품질수준, 생산량의 다소, 납기의 장단, 관리의 강약 등의 상관관계를 고려하여 이의 달성수준을 정하면 부문별, 계층별로 이의 달성을 위한 가이드가 되는 것이 사내표준이라고 할 수 있다.

말하자면 제품 및 재료의 시방, 작업조건, 작업방법, 모니터링 및 측정방법, 업무의 책임과 권한 등을 구체적으로 규정한 사내표준을 이용하여 방침과 목표를 달성하기 위한 실행을 옮기게 되는 것이다.

목표관리(management by objectives)를 전개하기 위해서는 설정된 목표 및 세부목표를 주기적으로 모니터링 및 측정하여야 하는데 이러한 업무를 실행하는 데 용이해진다.

2) 책임과 권한의 명확화

표준화는 직무내용이나 책임, 권한관계를 명확하게 하는 역할을 한다. 기업이나 공장의 조직의 업무상 혼란, 마찰, 오해, 오류, 편중 등을 일으키거나 업무지연을 일으키는 것과 같은 폐단을 조직규정, 업무분장규정, 직무규정 등과 같은 관리규정(절차서)에 의해 책임과 권한을 확립시키고 아울러 기술표준에 의해서 구체적으로 책임을 규명할 수 있다.

예를 들어, 고객으로부터 클레임을 접수하여 처리해야 하는 부서가 품질관리부서라고 할 때 2006년 1 / 5 접수한 클레임이 미처리되고 있다면 이는 품질관리부의 담당자가 고유의 업무를 처리하지 않았으므로 이에 대한 책임을 추궁하는 경우 시발점이 될 것이다.

3) 관리의 기준 및 제품실현의 합리화

사내표준화는 품질관리, 공정관리, 원가관리, 제품관리, 영업관리 등 여러 가지 관리의 기준이다. 품질관리에서 말하는 PLAN(기획), DO(실행), CHECK(점검), ACTION(조치) 관리의 사이클을 표준화와 연계시켜 전개하는데 도움을 준다.

표준은 그 작성기준으로 인해서 경영활동이 목표치와 같은 관리기준이 되며 통계적인 수법을 활용할 수 있는 바탕이 된다.

품질관리에서 통계적 기법 등과 같은 수법을 효과적으로 적용하는 데는 사내표준화가 전제요건이 된다. 여러 생산자원과 제품실현 공정이 표준화가 되어 있으면 품질의 산포는 일정한 규칙성을 이루기 때문에 통계적 데이터 분석이론이 효과적으로 적용될 수 있는 것이다.

4) 고유기술, 관리기술의 축적 및 기술력 향상

사내표준에 규정된 내용들은 경영활동 과정에서 얻은 경험의 축적이라고 할 수 있다. 오랜 경영활동에서 얻어진 자료나 정보들을 담당자 개인의 소유가 아닌 그 조직의 자산으로서 보존할 가치가 있는 정보나 자료들을 사내표준으로 분류, 보존할 필요가 있는 것이다.

사내표준화는 개인, 조직의 기술축적과 이것을 기반으로 한 기술력 향상을 가능하게 하는 효과가 있으며, 기업의 기술을 보다 광범위하게 활용하여 기술이전 또는 기술전개를 추진할 수 있다.

5) 적절한 교육훈련을 제공하는 데 용이

개인의 기능도 표준으로 보존될 수 있으므로 숙련공이나 선임자가 자리를 옮겨도 후임자는 표준을 통해 기술이나 기능을 쉽게 터득할 수 있다.

사내표준이 있는 경우 상사나 전임자는 사내표준문서를 이용하여 일관성있는 교육훈련을 제공할 수 있으며, 이에 대해 지속적으로 적절성과 효율성을 검토하여 개정한다면 보다 살아 있는 자원이 될 것이다.

6) 의사소통(정보전달) 도구로 유용

사내표준에 의하여 조직의 방침, 계획, 지표 등을 이해관계자에게 전달하여 이를 이해시키고 준수하도록 하는 효과가 있다.

① 구매하려는 사람에 대해 파는 사람의 정보를 확실히 전달된다(카탈로그, 시방서, 한도 견본 등).

② 조직의 방침, 목표 등을 주지시킬 수 있다(매뉴얼, 홈페이지 등).

③ 부문 내 및 부문간의 업무처리 방법이 명확하게 되고, 정보의 전달, 업무의 통일화, 단순화, 전문화를 도모할 수 있다.

7) 품질의 안정, 향상에 기여

사내표준화는 품질의 안정과 산포의 감소를 가져와 품질의 향상이나 개선에 도움을 준다.

① 4M(Man, Machine, Material, Method, 사람, 설비, 재료, 작업방법)에 기인하는 산포를 관리하고, 그 산포를 감소시키는 것에 의해 품질의 안정, 향상을 꾀할 수 있다.

② 평상 시 반복생산에 의해 다량으로 생산되어 많은 실적을 갖고 있는 표준품이 신뢰성 보증면에서 최근에 높게 평가받고 있다.

8) 이해관계자(interested party)의 이익에 공헌

사내표준화는 이해관계자(종업원, 고객, 지역사회 및 주민, 관련 학회 등)의 이익에 합치되는 제품공급을 지향한다.

① 제품규격, 부품규격 등에 이해서 안전성, 신뢰성이 풍부한 제품을 계속적으로 공급하고, 고객 등 이해관계자의 이익에 공헌한다.

② 수질오염, 대기오염, 소음 및 진동 등 지역사회에 미치는 악영향을 방지하는 사내표준의 확립에 의해서 사회의 환경보호를 도모한다.

9) 호환성확보에 용이하며 비용(cost)을 절감하는데 기여

사내표준화에 의해 물건(재료, 부품, 중간부품, 제조, 제조설비, 치공구, 모니터링 및 측정설비 등)의 표준화는 부품이나 제품의 호환성을 높인다.

① 부품이나 제품의 호환성이 향상되어 사내 코스트 절감에 기여하는 것만이 아니라 일반 사회의 일상생활에도 편리함이 높아진다.

② 치수의 호환성은 물론, 성능의 호환성, 그 위에 시스템의 적합성 등의 효과로 파급된다.

③ 재료, 부품, 제품 등의 단순화(종류의 감소)로 로트의 크기를 늘려 코스트 절감을 기할 수 있다.

④ 제품이 표준화에 의해서 영업이나 판매활동으로부터 설계의 합리화, 재료, 부품의 구입 가격절감, 재고의 감소 등 사내 전반에 걸치는 업무나 코스트가 절감된다.

현실적으로 조직의 환경은 항상 변화하고 있으며, 조직은 변화를 받아들이면서 변화에 대응해 나아가야 한다. 기업활동의 출력물(outputs)인 제품(서비스), 제품실현방법 등도 시간의 경과에 따라 변화해 나간다. 따라서 사내표준화도 이러한 변화에 대비(preparedness)나 대응(response)할 수 있는 활동이어야 한다. 그러기 위해서는 사내표준화에 있어서도 사내표준의 설정, 실시상황의 확인, 개정과 같은 관리가 지속적으로 필요하다.

사내표준은 모두가 영구적인 것이 아니며, 변화에 대응하지 못하는 표준은 쓸모가 없는 것이다. 사내표준의 효과를 극대화시키기 위해서는 지속적으로 개정하여 성과(performance)가 향상되도록 하여야 할 것이다.

또한, 표준화를 추진할 경우에는 표준화의 마이너스 작용(자유로운 선택을 제한하거나 획일화, 고정화와 같은 것)을 가능한 한 억제하고 효과를 올리도록 해야 한다.

이러한 마이너스 작용은 물품의 성능이나 구조, 업무의 수행방법을 일정기간 고정시킴으로써 변화에 적응할 수 없는 결과를 가져오기도 한다.

사내표준화를 추진하면 각 기능별(부서별)로는 〈표 5-1〉과 같은 효과가 기대될 것이다.

〈표 5-1〉 기업활동 부문별 표준화의 효과

부문(부서)	표준화의 효과
개발, 설계	① 개발, 설계업무의 효율화 ② 설계품질의 안정과 개선 ③ 설계, 개발 투하공수의 절감 ④ 신제품 개발기간의 단축 ⑤ 설계 및 개발변경 관리, 검증의 용이 ⑥ 설계 및 개발 담당자의 식별 및 추적성 용이
구매, 조달	① 자재공급의 안정화 ② 구매품 로트의 확대 및 구매단가절감 ③ 공급자(supplier)의 안정과 납기단축 ④ 물류 및 재고비용의 절감 ⑤ 업무처리의 향상과 관리비용절감 ⑥ 공급자에 대한 기술자료 축적 및 체계적 육성 ⑦ 공급자 관리방식, 관리범위의 공정화
제조, 생산	① 생산성 향상과 생산기간 단축 ② 공정관리비용의 절감 ③ 설비전문화로 인한 효율향상 ④ 공정 재공품 감소 ⑤ 작업환경의 개선 ⑥ 작업안전도 향상
품질, 모니터링	① 품질검사의 능률향상 ② 검사 및 시험원의 숙련도 향상 ③ 검사 및 시험원의 판정오류 감소 ④ 모니터링 및 측정기기의 전문화에 의한 능률향상 ⑤ 제품품질의 안정 ⑥ 고객불만의 감소 및 체계적 대응 ⑦ 전 종업원에 대한 교육훈련 용이
영업, 판매 및 서비스	① 제품 재고 및 서비스 부품의 감소 ② 공급의 원활화와 즉납률 향상 ③ 계약검토의 신속화와 변경관리의 용이 ④ 시정조치 및 예방조치의 신속화 ⑤ 시장품질의 안정 ⑥ 체계적 고객불만 처리의 용이성 ⑦ 시장경쟁력의 강화

4. 사내표준화의 일반원칙

사내표준화에 의해서 얻은 성과에 비하여 투입된 노력이 더 크다면 비효율적이라고 할 수 있다. 필요이상으로 상세한 규격은 그의 실행과 규격유지에 엄청난 노력과 비용이 소요된다. 반대로 내용이 빈약하거나 형식적으로 작성된 규격이나 규정으로는 그 성과조차 기대하기 힘든 것이므로 경제성이 있고 현실에 맞는 사내표준이 제정되고 적용 실행되어야 한다.

사내표준은 조직 내 전임직원 공용의 것이므로 이해하기 쉽고, 명쾌하며, 또한 올바르게 받아들여질 수 있을 뿐만 아니라, 항상 새롭고 도움이 되는 것이 아니면 안된다. 사내표준의 일반원칙으로는

① 사내표준 제정 시에는 전원이 참여해야 한다.

표준을 사용할 조직 내 이해관계자들이 자신들의 의견을 충분히 반영하고 직접 제정한 규격이라야 배포 이후 적극적으로 실행에 참여하게 되고, 사내표준화의 실시효과도 기대할 수 있으며, 실행하면서 개정도 용이하게 될 수 있다.

특히, 본사, 핵심부서나 고급관리자가 참여하지 않는 표준은 아무리 많은 비용을 들인다 해도 실행에는 어려움이 많을 것이다.

② 사내표준은 실행 가능한 것이고 항상 사용 가능한 상태이어야 한다.

사내표준은 처음 제정한 것이 완벽할 수는 없는 것이며, 시대의 변화, 제조방법이나 기술의 변천, 담당 구성원의 처리방법, 설비나 시설의 개조, 신규도입 등에 따라서 달라져야 하기 때문에 수시로 개정하여 구성원이 실행 가능하여야 한다.

③ 객관적인 데이터나 사실(facts)에 근거한 표준이어야 한다.

사내표준은 의사소통 수단으로 업무나 작업의 기준 또는 방법을 규정한 것이므로 그것을 사용하는 사람에 따라 그 내용에 구체성이나 객관성이 결여되어서는 안된다.

④ 사내표준은 상호간에 모순이 없고, 국제규격, 지역규격, 국가규격, 단체규격 등과 서로 조화되어 모순이 없어야 한다.

사내표준은 상호간에 관련된 것이 많으며, 예를 들면 원부재료 규격은 수입검증과 구매시방서 등과 서로 관련을 갖고 있기 때문에, 이런 경우에 서로 모순되지 않도록 주의하여야 한다. 특히 관련된 표준의 제정 · 개정시에는 지속적으로 해당 사항이 반영되도록 노력해야 한다.

• 단체규격의 예

– ASME(American Society of Mechanical Engineers, 미국기계학회)

–ASTM(American Society of Testing and Material, 미국재료시험협회)

–UL(Underwriters Laboratories Inc, 미국보험협회안전시험소)

–CE(Communaut' Europeen, 유럽공동체마크)

• 국가규격(national standards)의 예

–KS(Korean Industrial Standards)

–JIS(Japan Industrial Standards)

–DIN(Deutsche Industrial Norman)

–BS(British Standards)

–ANSI(American National Standard Institute)

• 지역규격(regional standards)의 예

–GEN(Committee European de Normalization, 유럽표준화위원회)

–CEE(International Commission on rules for the approval of Electrical Equipment, 유럽전기기기통일안전규격위원회)

–PSAC(Pacific Area Standards Congress, 태평양지역표준화회의)

• 국제규격(international standards)의 예

–ISO(International Organization for Standardization, 국제표준화기구)

–IEC(International Electrotechnical Commission, 국제전기기술위원회)

–IECQ(Quality Assurance System for Electronic Components, IEC 전자부품품질인증제도)

⑤ 사내표준은 지속적으로 적절성이나 효과성이 검토되어야 한다.

최초 제정한 사내표준이 가장 조직에 효율적인 것으로 반영되었다고 할지라도, 또는 이의 제정에 참여한 담당자들이 우수한 인재들이라 할지라도 사내표준은 지속적으로 적절한지, 조직 내에서 효과나 효율면에서는 우수한지를 지속적으로 내부심사나 경영검토의 과정을 통해 검토해야 한다.

⑥ 사내표준은 문장 등으로 성문화된 형태(paper=hard copy)로 혹은 자기매체(magnetic), 전자식 또는 광학식 컴퓨터 디스크(electronic or optical computer disc), 사진(photograph), 마스터 샘플(master sample) 등으로 구체적이고 실제적으로 규정되어야 한다.

특히, 최근 외국인 근로자와 의사소통 문제 등을 고려하여 그림이나 한도견

본 등을 적극 활용하는 것이 좋을 것이다.

⑦ 전사적으로 구축된 ERP 등과 모순이 없어야 한다.
특히 많은 제조업체의 경우 영업관리, 생산관리, 구매 및 공급자 관리, 외주관리, 검사 및 시험관리, 수입관리, 수출관리 등의 업무가 ERP, SCM, CRM 등의 S / W Network로 실행되는 경우가 많은데, 업무 프로세스의 전개에 있어 이들 프로세스와 차이가 있어서는 안될 것이다.

- ERP(Enterprise Resources Program)
- SCM(Supply Chain Management)
- CRM(Customer Relationship Management)

⑧ 사내표준은 조직 내의 모든 관련된 계층이나 부문에서 실제 실행하여야 한다. 외부 인증기관과의 의사소통을 주관하는 부서나 담당자, 품질경영시스템이나 품질관리부서가 명칭이 유사하니까 품질관리부서만이 관심을 가져야 하는 것으로 문화가 형성되어 있다면 거의 실패로 끝날 확률이 높다고 할 것이다.

5.2 사내표준화 추진

기업이 생산활동을 수행하는 데 있어 사내표준화를 실시하게 되면 합리적인 생산활동을 전개할 수 있으며, 경제적인 생산이 가능하게 되어 고품질의 제품과 서비스를 합리적인 가격으로 소비자에게 공급할 수 있게 된다. 그리고 소비자와의 상거래에 있어서도 단순화와 공정화를 기할 수 있어 기업활동을 통한 이익과 사회에 대한 봉사를 동시에 도모할 수 있게 된다. 사내표준화가 갖는 특징은 다음과 같다.

① 하나의 기업 내에서 실시하는 표준화활동이다.

② 기업 내의 모든 부문과 계층에서 실시해야 하는 활동이다.

③ 사내 관계자들의 합의를 얻는 다음에 실시해야 하는 활동이다.

④ 정해진 사내표준은 의무적으로 지켜져야 한다.

1. 사내표준화의 절차

사내표준화가 이루어지는 과정은 다음 단계와 같다.

1) 표준화의 체제 만들기(1단계)

최고경영자를 중심으로 사내표준화의 필요성을 인식하여 사내표준화를 추진할 부문을 결정하고, 이 활동에 전원이 참여할 수 있도록 표준화 도입에 걸맞는 체계를 세우는 작업이다.

2) 표준화 계획(2단계)

기업의 표준화 활동목적을 결정하고 표준화 대상의 개요와 세부 항목에 대해 설계를 한 후 실시순서를 결정한다. 그리고 표준화 시스템의 요소를 구성하는데, 표준화 시스템의 요소로는 표준화 목적과 사무처리방법, 표준화의 체계 및 교육절차 그리고 사내표준의 체계 등이 포함된다.

3) 표준화의 운영(3단계)

표준화의 운영단계에서는 표준화의 운영계획과 표준작성상의 주의점 그리고 사용상의 주의점 등이 고려되는 단계이다. 표준화의 운영계획은 기업의 다양한 활동을 분류하고 표준을 근거로 분류하고 이에 적합한 표준을 제정 · 개정하는 작업이다. 표준을 제정 · 개정하기 위해서는 표준 자체를 하나의 시스템으로 파악하고 비용의 관점에서 표준을 작성한다. 이러한 운영계획을 통해 사내표준화가 운영될 수 있으며, 이 과정에서 사내표준화 활동이 표준에 근거하여 실시될 수 있도록 표준의 사용방법을 연구하고 그 결과를 교육과 종합훈련을 통해 전원에게 알린다.

4) 표준화의 평가(4단계)

각 부문별로 그리고 종합적으로 운영상의 문제점을 파악하고 이를 평가한다.

위의 사내표준화 구축과정은 조직적인 활동을 통해 효율적으로 이루어질 수 있다. 이러한 활동은 기업의 규모와 표준화의 적용범위에 따라 다양하게 나타날 수 있으나, 일반적으로는 표준화 활동의 기획, 관리, 서비스 등을 담당하는 표준화 추진스탭－보통 QM추진 사무국에서 담당－과 일상적인 기업활동 속에서 표준화 성과를 올리는 부문을 담당하는 표준화 실시부문, 그리고 표준화를 계획 · 심의 및 표준화 활동의 전반적인 촉진을 검토하는 사내표준화 추진위원회에 의해 수행된다. 이러한 조직은 전사적 체제로 운영되며 라인부문을 담당하는 표준화 실시부문이 주체가 되어서 시행되어야 한다.

2. 사내표준화의 종류 및 대상

목적은 강제력의 정도, 표준화의 적용기간에 따라서 다음과 같이 나눌 수 있다.

1) 표준화의 목적에 따른 분류

(1) 회사규정

회사의 조직 또는 업무와 관련된 기본적인 사항에 관한 규정
㊞ 조직규정, 업무규정, 종업원취업규정, 회의규정, 문서규정 등

(2) 관리표준

회사의 관리활동을 확실하고 원활하게 수행하기 위하여 업무수행방법, 관리방법, 교육훈련방법, 클레임처리방법 등 주로 업무의 관리방법에 관한 규정
㊞ 표준관리규정, 품질관리규정, 클레임(고객불만) 처리규정, 판매관리규정 등

(3) 기술표준

제품과 제품의 제조에 사용되는 부품 · 재료, 생산설비, 보관설비, 수송설비에 관한 다양한 항목에 관한 시방(示方)
㊞ 제도규격, 제품규격, 재료규격, 검사규격, 포장규격 등

2) 강제력의 정도에 따른 분류

국제표준, 국가규격과 같이 사내표준 역시 강제표준과 임의표준으로 나눌 수 있으며, 사내표준에서는 사원들이 반드시 준수하도록 의무화한 것과 지도교육 판단기준을 부여할 목적으로 제정한 것을 각각 강제표준과 의무표준이라고 할 수 있다. 강제표준은 규칙규정표준 등으로 불리며 사내표준은 이 순서로 파악될 수 있다.

3) 적용기간에 따른 분류

표준은 항상 변화에 대응할 수 있어야 한다. 따라서 변화된 환경에 맞는 표준은 계속적으로 제정 · 개정되어야 한다. 적용기간에 따라 사내표준을 분류하면 다음과 같다.

(1) 통상표준

적용시작의 시기만이 명시된 표준으로 보통 대부분의 표준이 이에 속한다.

(2) 시한표준

적용의 개시기간과 종료기간이 명시된 표준으로 특정사업을 추진하거나 생산 및 기업활동의 과도기에서 표준을 도입할 때, 그리고 일정한 시간이 지나면 의미가 없는 경우에 적용되는 표준이다.

(3) 잠정표준

일정한 시간이 지나거나 정규표준으로 제정될 수 있는 조건이 갖추어지면 정규표준으로 교체될 수 있는 표준을 의미한다. 일반적으로 잠정표준은 상위표준 규제법규의 내용이 확정되거나 규정하려는 내용에 대한 검토 및 실험 등이 끝나거나 사회의 움직임이 정규표준으로 교체해도 무리가 생기지 않을 때 정규표준으로 바뀐다.

〈표 5-2〉 사내표준별 주요 내용

분류	내 용
① 관리표준	표준관리규정, 고객 시방취급 규정, 제품규격의 규정, 개발에 관한 규정
② 제품표준	생산명령의 규정, 도면관리의 규정, 구매를 위한 규정, 창고관리의 규정
③ 설계표준	제품규격, 도면, 제품검사의 규격, 포장을 위한 규격
④ 재료부분품표준	도면양식, 제도방식, 공급자 선정기준 및 방법, 구매시방서 · 구매규격, 재료부분품의 규격, 외주의 시방서, 외주의 규격,
⑤ 제조기술표준	수입검사의 규격, 중간검사의 규격
⑥ 작업표준	공정별 작업표준, 작업지도서 등
⑦ 설비보전표준	공정분석표, 작업지도표

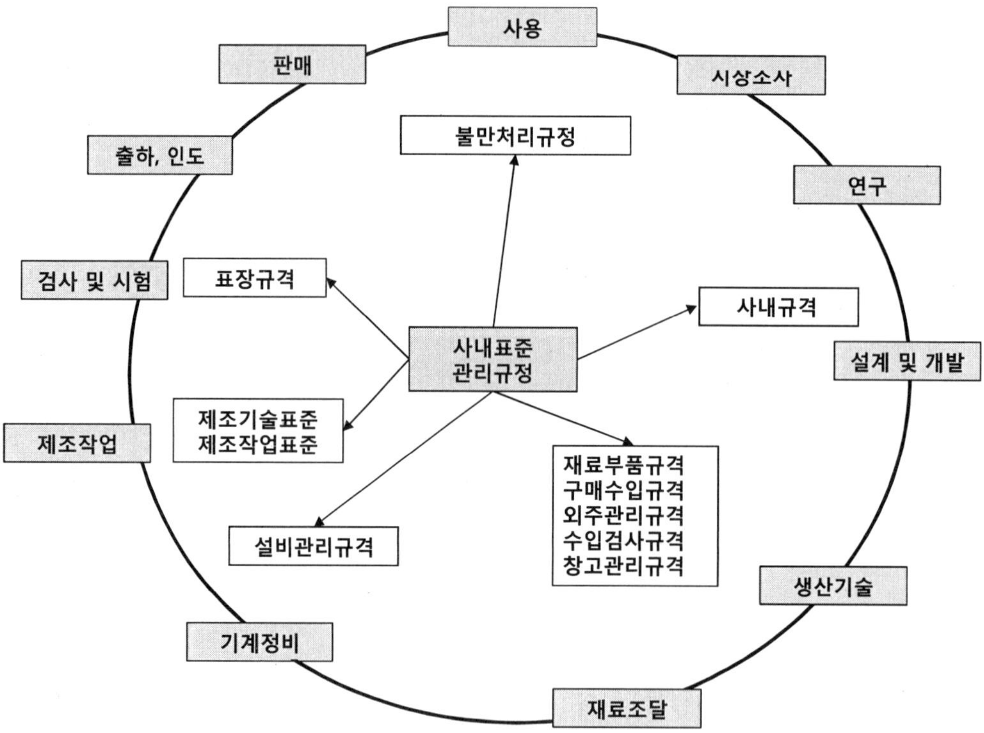

[그림 5-1] 생산시스템의 사내표준화

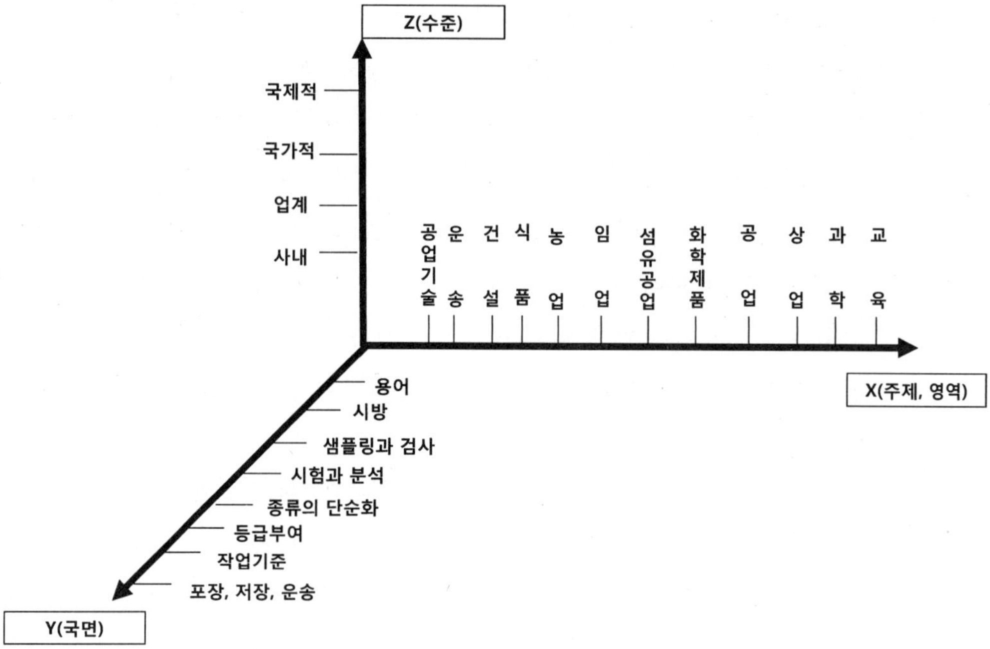

[그림 5-2] 표준화의 구조

① 주제별 체계(X축) : 표준화의 주제는 표준화의 대상이 되는 것으로 유형의 물품에서 시작하여 무형에 이르기까지 매우 다양하게 분류할 수 있다.

② 국면별 주제(Y축) : 표준화의 국면은 표준의 규정들을 항목별로 분류하여 일정한 체계를 만드는 것으로, 예를 들어 볼트의 모양과 치수에 대해 표준화를 할 경우에 볼트가 주제이고 볼트의 모양이나 치수 및 시험방법 등이 국면이다.

③ 수준별 체계(Z축) : 표준화의 규모의 크기를 나타낸 것으로서 회사, 단체, 국가 및 국제표준화순으로 배열되어 있다.

3. 사내표준화 추진 시 착안점

성공적으로 조직을 이끌고 운영하기 위하여 체계적이고 투명한 방법으로 조직을 경영하는 것이 요구된다. 오늘날 급변하는 경영환경 속에서 사내표준화를 추진하고 성과를 올리기 위해서는 다음 사항을 이해하고 반영하는 것이 좋다.

① 고객중시(customer focus)적 사고를 가져야 한다. 조직은 고객에 의존하고

있다. 따라서 현재 및 미래의 고객요구를 이해하고 고객요구사항을 충족시키며 고객의 기대를 능가하도록 노력하여야 할 것이다.

② 리더십(leadership) : 리더는 조직의 목적과 방향의 일관성을 확립한다. 리더는 사람들이 조직의 목표를 달성하는 데 전적으로 참여할 수 있는 내부환경을 조성하고 유지하여야 할 것이다. 최고경영자의 진취적이며 적극적인 의지가 조직 전체에 미치는 효과는 다른 어느 요소보다도 크다 할 것이다.

③ 전원참여(engagement of people) : 모든 계층의 사람들이 조직의 필수 요소이다. 따라서 전원이 참여함으로써 그들의 능력이 조직의 이익을 위하여 발휘될 수 있다.

④ 프로세스 접근방법(process approach)과 사실적 접근을 할 것. 관련된 자원 및 활동이 하나의 프로세스로 관리될 때 바라는 결과가 보다 효율적으로 얻어진다. 각 프로세스별 입력사항과 출력사항을 정의하고 그 과정(process)에서 어떠한 절차를 거치는 것이 사내표준의 성과(performance)가 있을까를 항상 생각해야 한다. 효과적인 의사결정은 데이터 및 정보의 분석에 근거해야 하므로 표준이 제정될 때 이러한 사실적 데이터에 근거하도록 한다.

⑤ 과도한 표준을 지양하고 적절한 내용을 표준으로 만들 것. 조직의 총체적 성과에 대한 지속적 개선은 조직의 영구적인 목표이어야 할 것이다. 너무 세세하거나 너무 개괄적인 표준을 만든다면 실행 시에 책임과 권한이 애매모호한 경우가 발생될 수 있을 것이다.

⑥ 프로세스별 핵심성과지표(KPI : Key Performance Indicator)를 적용하도록 한다. 모든 프로세스가 성과지표로 평가될 수는 없겠지만 업무활동이나 공정에서는 부가가치를 발생시킬 때 의미가 있는 것이며, 그러한 가치(value)를 평가하는 지표는 프로세스마다 가지고 있을 것이다. 가급적이면 그 많은 지표 중에서도 어떤 핵심지표를 설정하여 그 지표를 주기적으로 모니터링, 측정할 때 표준제정의 근본 목적을 달성할 수 있을 것이다.

4. 사내표준화 추진 단계

전사적인 표준화 계획을 추진할 때, 표준화에 대한 조직의 기본이념과 방침을 충분히 이해하고 또 사내표준화의 현황도 충분히 파악하여 조직의 표준화의 필요성이 어디에 있는지를 인식한 다음에 구체적인 추진계획을 작성해야 한다.

제품에 대한 표준화인지, 시스템에 대한 표준화인지, 강제제도인지 임의제도인지 등도 고려되어야 할 것이다.

1) 사내표준화 계획의 수립(plan)

사내표준화의 추진계획은 표준화 추진 전담조직인 추진사무국이나 추진위원화가 중심이 되어 원안을 작성하고, 사내 각 부문의 협조를 얻어 이러한 안을 정리하여 검토, 승인을 거친 후 최종적으로 결정한다. 훌륭한 계획안은 실행단계를 원만하게 하는 역할을 한다.

사내표준화의 현황을 충분히 인식하고 현재의 문제점, 개선해야 할 점, 어떠한 부문의 표준화를 먼저 다룰 것인가를 조사한 다음, 표준화의 주제, 일정, 우선순위 등을 결정한다.

또한 계획을 입안할 때에는 사내표준화의 전체적인 진척도와 업무의 부하량, 균형 등을 고려하면서 추진해야 하기 때문에 사내표준의 분류체계에서의 위치와 상호관계도 파악해야 한다. 계획단계에서의 내용으로는 사내표준의 명칭과 내용을 체계적으로 정리하여 열거하고, 표준화 착수의 우선순위를 결정하고 각 표준에 대해 표준의 원안을 작성하며, 심의, 결재, 인쇄, 배포, 교육 및 홍보 등의 진행은 일정계획으로 전개한다.

일반적으로 표준화의 추진체계에 있어서 표준의 정상적인 제정, 개정, 폐기나 부분적인 검토계획은 연도계획에 많으며, 표준화 체제를 최소로 수립하거나 추진하는 경우, 또는 표준 분류체계의 각 표준들을 대폭적으로 검토하는 경우는 2~3년의 장기계획을 입안해야 한다.

일반적으로는 사내표준으로 확립하고 정비하여 실행에 옮기는 데는 2~3년 또는 그 이상의 기간이 소요되므로 그 동안의 기업환경의 변화와 기술진보를 감안하여 장기적인 전망에 입각하여 계획을 입안하여야 한다.

2) 사내표준화 추진계획의 실행(do)

사내표준화 계획을 바탕으로 표준화를 추진하고 사내표준을 작성, 준수해 나가는 것이 표준화 추진계획의 실행단계이다.

사내표준을 작성할 때에는 다음 사항을 유의해야 한다.

① 사내표준은 실행할 수 있어야 하며, 내용은 구체적으로 성문화되어야 한다.
② 사내표준은 사용할 사람을 포함한 관계자들의 합의에 의해 결정되고 준수할 만한 가치를 가진 것이라야 한다.
③ 사내표준은 필요에 따라서 개폐가 이루어져 최신의 상태로 유지, 관리되어야 한다.

표준화의 실행단계에서 유의할 사항으로는 사내표준 작성일정의 관리, 표준의 원활한 실시, 철저히 인식시키는 방법, 제정된 사내표준의 유지, 관리방법 등이 있다. 또 사내표준을 제정할 때의 순서와 유의점들을 살펴보면 다음과 같다.

(1) 입안 담당

표준 분류체계에 대한 입안 담당부서는 해당 규격 및 기준에 정해진 부서를 우선적으로 하고 입안 담당부서가 복수일 때에는 업무분장규정에 기초하여 가장 관계가 깊은 업무를 행하는 부서가 입안 담당부서가 되며, 표준의 입안, 협의를 통하여 표준을 제정하고, 실시상 책임을 진다. 또한 표준의 적절성과 유효성 검토를 통하여 필요시 개정 및 폐지에 대한 업무를 처리한다.

(2) 원안의 작성

사내표준의 제정계획 또는 표준화 제안을 바탕으로 하여 원안을 작성하게 되는 데 원안의 입안은 표준의 제정을 필요로 하며, 그것을 실시하는 라인 부문에서 하는 경우와 사내표준화를 추진하는 스탭 부문에서 하는 경우가 있다. 하지만 대개의 경우 라인과 직접적인 관계가 있는 구체적 표준은 각 부문에서 작성하며 기본적, 공통적 표준은 표준화 시스템 스탭 부문에서 작성한다.

사내표준은 기여도가 큰 것부터 또는 상호 의견충돌이 발생하는 것부터 표준으로 작성하는 것이 좋다. 구체적인 실시방법으로는 입안 부서장은 우선 표준화

담당 실무자를 선정하고 효율적인 표준이 만들어지도록 월별, 분기별, 반기별 …… 추진계획을 세우도록 하여 그 진척사항을 주기적으로 피드백(feed back)하도록 한다.

발의한 사항에 대해서는 원안을 작성하고 관련 표준과의 검토 및 표준의 시행상 관계가 있는 부서와의 협의를 통하여 내용상의 실시 가능성, 문장의 적합성, 용어나 표현의 타당성, 오자 / 탈자, 중복 및 누락사항 등을 검토하도록 한다. 특히,

① 누구든지 요점을 분명히 알 수 있도록 간단명료한 단어나 문장을 사용한다.
② 작업표준 등은 이루어질 결과를 달성하기 위한 방법을 쓴다.
③ 서식에 반드시 맞출 필요는 없으나 가급적이면 통일화를 기하여 누구든지 알기 쉽도록 한다.
④ 제정, 개정, 폐기, 원본보관, 교육훈련 등의 책임부서를 확실하게 밝혀 둔다.
④ 업무개선에 최대한 활용하도록 한다.

(3) 검토(심의)와 승인

사내표준의 검토(심의)는 위원회 형식으로 하는 것과 직제를 통해서 하는 경우가 있다. 여러 곳의 공장이 있는 경우에는 공장별 공통적인 주제나 업무에 대해서는 본사 차원에서 검토(심의)하지만, 그렇지 않은 경우에는 공장별로 각 위원회나 실무추진 주관부서에서 검토한다.

규모가 아주 작은 소기업에서는 경영자 중에서 전체 업무를 총괄하고 있는 직책을 맡고 있는, 예를 들면 품질경영대리인(quality management representatives) 등이 검토한다. 검토(심의)가 끝난 표준안은 사내표준화 책임자(의사결정권자)의 승인을 득하게 된다.

사내표준의 제정, 개정, 폐기에 있어서는 그 합리적 운영을 도모하기 위하여 표준의 내용이나 실시 수준에 따라 하위 책임자에게 위임하는 경우도 있다.

ISO 9001 & 14001 : 2015 / 7.5.2에서는 “문서화된 정보의 작성이나 갱신 시 적절성 및 충족성에 대한 검토 및 승인”을 승인받도록 요구하고 있다.

(4) 제정, 개정, 폐기

승인된 사내표준은 소정의 양식에 따라 작성되는데 그것이 원본(관리본)이 된다. 최근에는 컴퓨터 디스켓, CD, 그룹웨어, 홈페이지 등에 보관하는 경우도 있다. ISO 9001 & 14001 : 2015 / 7.5.3.2에서는 "문서화된 정보의 관리시 변경관리" 하도록 요구하고 있다.

(5) 등록 및 공포

입안 담당부서(추진 총괄부서)는 제공된 부서에 대한 원본 1부를 등록한다. 사무국은 내용을 검토하여 전사적 활용이 충분하다고 판단되는 표준에 대해서는 분류체계에 의한 등록번호와 문서번호를 부여한 다음 표준문서등록대장에 등록하고 경영자의 승인을 득한 후 총괄부서장이 공포한다.

ISO 9001 & 14001 : 2015 / 7.5.3.1에서는 "문서화된 정보의 관리"에서 "문서화된 정보는 필요한 장소 및 필요한 시기에 사용 가능하고 사용하기에 적절"할 것을 요구한다.

(6) 배 포

공포된 표준문서는 인쇄, 배포 기준에 따라 사내 전부서 또는 관계부서에 배포되는데, 배포 시에는 표준문서배포대장을 작성하여 확인해 두어야 한다. 또 배포할 때 관계부서의 관리책임자도 명확히 해두는 것이 바람직하다.

표준은 전부서에 배포하는 일반배포와 특히, 비밀유지의 필요가 있어 특정부서에 한하여 배포하는 특정배포로 구분한다.

ISO 9001 & 14001 : 2015 / 7.5.3.2에서는 "문서화된 정보를 배포, 접근, 검색 및 사용"을 관리하도록 요구한다.

(7) 이의 조정, 개정 및 폐기

표준의 적용에 있어 해석상의 이의가 발생하는 경우나 개정, 폐기가 필요한 경우에는 총괄부서 혹은 입안부서에 개정, 폐기를 제안할 수 있다.

총괄부서는 입안부서로 그 내용을 통보하여 조정, 개정 및 폐기를 의뢰하며, 입안부서는 표준의 내용에 대해 검토 후 제정 시와 동일한 과정을 거쳐 개정한다.

(8) 효력의 발생 및 소멸

표준의 효력은 해당 표준에 실시시기를 명시하거나 승인한 기일로부터 발생하고 특별히 실시일이 명기되지 아니한 경우에는 제정 및 개정일(공포일)로부터 효력을 발휘한다.

또한 표준 효력의 소멸은 제 · 개정 시 폐기일을 이미 정한 경우에는 그 시한이 되면 당연히 잃게 되며, 다음의 경우에도 효력을 소멸한 것으로 본다.

① 기존의 표준이 신규 제정된 표준에 저촉이 될 때에는 신규 표준이 우선한다.

② 관련 표준을 인용한 표준에 대해서는 관련 표준이 폐기됨과 동시에 효력을 상실하며 내용은 재검토되어야 한다.

(9) 보존년한

총괄부서는 표준이 폐기되었다 할지라도 그 내용은 회사 고유기술의 축적 과정이며 신규 표준에서 발생할 수 있는 문제점에 대한 중요한 자료이므로, 폐기된 표준의 일부를 별도로 식별하여 장기간 혹은 영구 보존하는 것이 좋다.

(10) 교육훈련, 홍보

사내표준이 제정되면 관계부문이나 계층별로 이러한 내용을 이해시키기 위해 필요한 교육훈련이나 설명회를 실행하는 것이 필요하다. 표준의 내용을 완전히 암기하는 수준이 되지는 않더라도 내용의 전개나 포함 사항 등을 충분히 이해하고 있어야 실행에 도움을 주게 될 것이다.

3) 사내표준의 점검(check)

사내표준을 제정, 배포하고 나면 그것을 준수하는 것은 실시하는 부문의 책임이다. 사내표준을 잘 준수하고 있는가를 조사할 때 그 부문 자체의 점검이나 내외부 심사를 통해서 이루어지는 경우가 있다. 이러한 기회를 이용하여

① 표준의 정비상황

② 표준의 부문별, 계층별 준수상태

③ 표준의 부적합이나 미비점 유무

④ 실시부문의 의견청취와 앞으로의 개선점 추출
⑤ 고객불만(claim)이나 고객만족(customer satisfaction) 모니터링에 관한 사항 등

내외부 점검(심사)은 미비점을 지적하는 것이 목적이 아니며 문제점, 개선점을 찾아내 다음에 해야 할 개선의 발판을 마련하고자 하는 것이다. 최근에는 내부심사나 경영검토 등의 기회를 이용하여 지속적으로 사내표준의 적절성 및 유효성을 검토하여 조직내의 표준과 기술을 향상시켜 나가고 있다.

4) 사내표준의 조치(action)

내부심사나 경영검토과정을 거쳐 이미 실행 중인 사내표준에 대해 다음과 같은 현상이 발견되는 경우 제정 · 개정, 교육훈련 등의 조치를 취하는 단계이다.
① 완성된 제품실현에 대해 고객이 만족하지 않는 경우
② 고객에게 인도된 제품에 대해 고객불만이 현저하게 증가하는 경우
③ 고객만족 모니터링 및 측정결과에 대해 개선점이 발견된 경우
④ 기술수준이 향상된 경우
⑤ 관련 (작업)자가 표준대로 업무를 실행하지 않는 경우
⑥ 제품에 대해 PL법(제조물 책임법), 소비자보호 관련 법 등 법적인 문제가 대두된 경우
⑦ 표준대로 하고 있으나 불량품 발생이 감소하지 않는 경우 등

5) 사내표준화 추진 시 계층별, 부문별 역할

(1) 계층별 주요 업무의 예

〈표 5-3〉 계층별 업무역할

구분	최고경영자	추진책임자	부서(팀)책임자	TFT 요원
업무 분장	• 방침설정 • 조직구성, 자원제공 • 내부심사 승인 • 표준 승인 • 업무진도 확인 등	• 추진팀 구성 • 기능, 부서업무 계획 승인 • 업무분장 조정 • 표준 검토 등 • 추진팀 활동지원 • 추진팀 활동성과 보고 및 조치 • 내부심사 주관 • 외부 인증기관과 의사소통 • 교육계획 수립	• 추진팀 인원 추천 • 표준 검토 • 내부심사 수검 • 해당 업무성과 지표관리 • 교육훈련	• 표준문서 작성 • 문서관리 • 추진계획 수립 및 실행 • 기능조직 교육
책임과 권한	• 방침 및 목표의 수립 및 교육(주지) • 사내표준의 최종승인(상위문서) • 내부심사, 경영검토에 대한 자원제공, 지시 • 핵심성과지표(KPI)에 대한 지속적 피드백	• 표준팀 구성 및 품의 • 기능부서별 업무계획 승인 및 실행 확인 • 사내표준의 적합성 검토 • 표준문서 검토 • 팀활동 지원 • 내부심사 결과보고, 피드백 • 외부 인증기관과 의사소통	• 표준팀 구성 지원 (인원선정 추천) • 담당부서 업무계획 수립, 실행 • 핵심성과지표의 종합, 분석, 보고 • 관련 부서간 업무 협조 • 해당 부서(팀)의 사원에 대한 교육	• 시스템, 표준문서의 이해, 숙지 • 표준문서 작성의 책임 • 문서의 보관, 유지 배포 등 실시 • 업무진도 점검 및 대책수립 • 관련 부서(팀)과의 의사소통

(2) 부문별 주요 업무의 예

〈표 5-4〉 부문별 업무역할

부문	주요 업무
공 통	• 내부 및 외부 이슈 파악, 이해관계자 니즈 및 기대사항 파악, 리스크 및 기회 파악 • 표준 문서이해 및 실행, 교육훈련 • 해당 부서, 기능별 업무책임과 권한 등 숙지 및 실행 • 해당 프로세스에 대한 실행, 성과분석, 향상(발전) • 부적합에 대한 시정조치 • 해당 업무 / 공정에 대한 기록의 보관, 식별(분류), 보존 등 • 내부심사 대응 및 경영검토실행
영업 및 판매	• 고객과의 영업, 판매촉진, 견적 제출에 관한 사항 • 고객과의 계약검토 및 계약, 계약변경에 관한 사항 • 고객만족 모니터링 및 측정에 관한 사항(설문조사 등) • 신제품 동향에 관한 사항의 피드백(설계 및 개발부문에 대해) • 시장조사 및 경쟁사에 대한 동향 등
설계 및 개발	• 개발 및 설계 관련 기획, 입력 및 출력사항, 설계검토 및 검증사항 • 설계변경관리, 설계 타당성 확인사항 • 설계 및 개발자원(인력, 설비, S / W 등) 관련 사항 등
구매 및 공급자 관리	• 구매규격(시방서), 구매 프로세스, 구매품의 검증 관련 사항 • 외부 공급자(external supplier, provider) 관리방법 및 기준에 관한 사항 • 부적합품(원부자재) 조치에 관한 사항

제품실현 (생산)	• 제품실현 기획, 프로세스의 모니터링 및 측정에 관한 사항
	• 생산 및 서비스 제공의 모니터링 및 측정에 관한 사항
	• 식별 및 추적성 관련 사항
	• 고객재산에 관한 사항
	• 제품 포장, 보존, 보관, 식별에 관한 사항
	• 데이터 분석 및 지속적 개선에 관한 사항
	• 자원관리에 관한 사항
	  – 설비자원, 공정별 인적 자원의 적격성, 작업환경, 치공구 관리 등
	  – 일상점검, 정기점검 등

품질보증 (품질경영)	• 모니터링 장비 및 측정장비에 관한 사항 : 일상점검 및 정기적인 검교정 등 • 제품의 모니터링 및 측정에 관한 사항 : 공정별 관리항목, 관리기준, 관리방법, 이상시 조치방법 등 • 부적합품의 시정조치 및 예방조치에 관한 사항 • 데이터 분석 및 지속적 개선에 관한 사항(통계적 기법 등) • 내부 / 외부 심사기획, 실행결과 피드백, 의사소통 등
총무, 관리, 출하 등	• 인적 자원의 적격성에 관한 사항 : 프로세스별 인적 자원의 적격성(학력, 경력, 경험 등) • 인적 자원의 육성(교육훈련)에 관한 사항 • 제품의 보관, 출하, 인도에 관한 사항 • 조직의 관리일반 표준에 관한 사항

5.3 사내표준 작성 실제

1. 품질 / 환경경영 매뉴얼

ISO 9001 & 14001 : 2015년판에서는 XX 경영 매뉴얼(Management Manual)을 요구하고 있지는 않으나, 이미 국내에서 ISO 9001이나 14001 인증을 받은 모든 조직에서는 품질경영 매뉴얼, 환경경영 매뉴얼 혹은 이를 통합한 (품질 / 환경) 경영 매뉴얼을 보유하고 있는 현실이다.

따라서, 본 저자는 기존의 매뉴얼의 계속 사용보다는 새로운 요구사항에 맞추어 매뉴얼을 개정 혹은 제정하고 관련 표준문서인 절차서와 지침서를 상호 연계시키는 것이 바람직하다고 본다.

이는 마치 법령의 체제가 법 - 시행령 - 시행규칙 - 훈령 / 고시 … 등으로 연계되는 것과 마찬가지이며, 산업표준화법에 의해 오랫동안 KS 제도를 시행해오는 국내의 기업특성을 고려한 것이다.

이 책의 뒷부분에 부록으로 "(품질 / 환경) 통합경영 매뉴얼"을 실었으나, 이는 본 저자의 개인적인 모듈이며, 의견을 달리하는 조직은 ISO 9001 & 14001 : 2015년판을 조직의 특성에 맞게 해석하여 적용할 수 있을 것이다.

☞ 부록#3 : (품질 / 환경)통합경영 매뉴얼 모듈 사례
별도의 엑셀 자료를 삽입 가능함

제6장

통합경영시스템의 정착과 발전

6.1 내부심사

인증 시스템 구축 및 인증획득 이후 시스템 요구사항에 적합한 공정하고 투명한 내부심사(internal audit)의 실행은 시스템의 효율성을 제고시키고 성과를 향상시키는 중요한 수단이다.

간혹 인증기관의 사후심사에 대비하기 위해 내부심사를 형식적으로 실행하는 조직을 볼 수 있는데 이는 인증제도를 잘못 이해하기 때문이다.

제2자나 제3자에게 보여주기 위한 내부심사가 아니라 내부심사를 통해서 조직의 제품이나 시스템의 표준상 개선해야 할 점을 찾아내는 수단으로 활용하여야 한다.

1. 내부심사 요구사항

☞ ISO 9001 & 14001 : 2015의 요구사항 9.2항 참조

2. 내부(품질 / 환경)심사의 개요 및 목적

1) 심사의 구분 및 형식

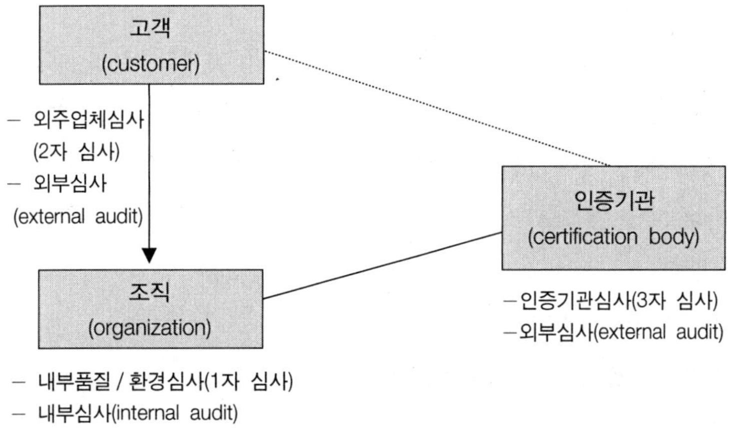

[그림 6-1] 제1 / 2 / 3자 심사

2) 내부심사를 실시하는 이유(중요성)

(1) 규격의 요건

ISO 시리즈 및 기타 품질 / 환경시스템 규격에서는 내부심사를 통하여 품질 / 환경시스템에 대한 주기적인 심사를 받도록 규정하고 있다.

(2) 시스템 개발

시스템의 결함을 방지하는 것이므로, 품질 / 환경시스템을 개선함에 있어서 필수불가결하고 강력한 수단이며 경영에 의해 이용되는 관리수단이기도 하다.

(3) 확 인

내부심사를 실시함으로써 문서화된 시스템이 효과적으로 시행되고 있는지를 확인하고, 시스템 부적합 사항을 해결하기 위한 시정조치가 효과적으로 시행되고 있는지를 확인할 수 있다.

(4) 자체진단

고객 또는 제3자가 지적하고 보고하기 전에 사내에서 미리 그 문제점을 찾아 시정할 수 있다.

3) 내부심사의 정의 및 목적

시스템이 효과적으로 잘 유지되고 있는지의 여부를 경영진에게 확인시켜 주기 위해 수행되는 조직 자체 스스로의 심사를 말하며, 시스템의 제반요건이 품질 / 환경 목표달성에 효율적이며 적절한가를 판단하고 부적합 사항의 감소, 제거, 예방에 필요한 객관적 증거제공으로 경영자가 조직의 운영을 개선할 목적으로 활용한다.

① 품질 / 환경시스템의 적합성 평가
② 품질 / 환경시스템 효율성 평가
③ 문제점 조사
④ 개선 / 시정조치 필요성 평가

⑤ 외부심사 대비

4) 내부심사의 특징

① 내부심사는 회사내 업무특성을 고려하여 실시한다는 점에서 제2자/3자 심사와는 구별이 된다.
② 심사자가 모두 같은 회사의 종사자가 될 수 있으므로 조직적 측면의 기능 부여에 대한 고려가 있어야 한다.
③ 심사의 객관성을 부여하기 위하여 심사결과의 정당화가 요구된다.

5) 경영수단 관점에서의 내부심사

(1) 내부품질/환경심사의 시행사항 및 목적

① 품질/환경경영상태에서의 경영자의 의지가 모든 종업원에 이해되고 준수되고 있는지를 확인
② 시스템의 제반절차가 목표달성에 효율적이며, 적절하다는 것의 확인 및 판정
③ 시스템의 제반 문제점들의 원인조사, 대책수립, 시정조치 등 근본적인 대책의 수립 및 시정조치의 확인에 도움

(2) 내부심사와 관련된 경영자의 확인사항

① 심사요원에 대한 조직적 독립성 및 신분상의 지원/보증
② 심사결과의 검토 및 시정조치 확인
③ 심사에 대한 관심 표명, 경영검토사항의 해결방안 수립

3. 내부(품질/환경)심사

1) 심사 관련 용어

관련 용어의 번호는 KS Q ISO 9000 : 2015/ISO 9001 : 2015 품질경영 시스템 - 기본사항과 용어에 따른다.

3.13.1 심사(audit)

심사기준(3.13.7)에 충족되는 정도를 결정하기 위하여 객관적인 증거(3.8.3)를 수집하고 객관적으로 평가하기 위한 체계적이고 독립적이며 문서화된 프로세스

비고

1. 심사의 기본적인 요소는 심사 대상에 책임이 없는 인원에 의해 수행되는 절차에 따라, 대상의 적합성에 대한 확인결정을 포함할 수 있다.
2. 심사는 내부심사(1자심사), 또는 외부심사(2자 또는 3자심사)가 있으며, 결합심사 또는 합동심사가 있을 수 있다.
3. 때로는 1자 심사로 불리는 내부심사는 경영검토와 기타 내부 목적을 위하여 조직에 의해, 또는 조직 자신을 대신해서 수행되며, 조직이 자체 적합성 선언의 기초로 구성할 수 있다. 독립성은 심사 대상 활동에 대한 책임으로부터 자유롭다는 것으로 입증될 수 있어야 한다.
4. 외부심사는 일반적으로 2자 심사와 3자 심사로 불리는 심사를 포함한다. 2자 심사는 조직과 이해관계가 있는 관계자, 예를 들면 고객 또는 고객을 대신한 다른 사람 등에 의해서 수행된다. 3자 심사는 적합성 인증/등록을 제공하는 외부의 독립된 심사조직 또는 정부기관에 의해 수행된다.
5. 이 용어와 정의는 ISO/IEC Directives, 제1부의 통합 ISO 보충판의 부속서 SL에 제시된 ISO 경영시스템 표준을 위한 공통 용어와 핵심 정의 중의 하나이다.

3.13.2 결합심사(combined audit)

한 피심사자(3.13.12)에 둘 이상의 경영시스템(3.5.3)이 함께 수행되는 심사(3.13.1)

비고 결합심사에 포함될 수 있는 경영시스템의 일부는 조직(3.2.1)에 의해 적용되는 관련 경영시스템, 제품 표준, 서비스 표준 또는 프로세스 표준에 의해 식별될 수 있다.

3.13.3 합동심사(joint audit)

둘 이상의 심사조직(3.2.1)에 의해 한 피심사자(3.13.12)에게 수행되는 심사(3.13.1)

3.13.4 심사 프로그램(audit programme)

특정한 기간 동안 계획되고, 특정한 목적을 위하여 관리되는 하나 또는 그 이상의 심사(3.13.1)의 조합

3.13.5 심사범위(audit scope)

심사(3.13.1)의 영역(extent)과 경계(boundaries)

3.13.6 심사계획서(audit plan)

심사(3.13.1)와 관련된 활동(activities)과 준비사항(arrangement)을 기술한 문서

3.13.7 심사기준(audit criteria)

객관적인 증거(3.8.3)를 비교하는 기준으로 사용되는 방침(3.5.8), 절차(3.4.5) 또는 요구사항(3.6.4)의 집합

3.13.8 심사증거(audit evidence)

심사기준(3.13.7)에 관련되고 검증할 수 있는 기록, 사실의 진술 또는 기타 정보

3.13.9 심사발견사항(audit findings)

심사기준(3.13.7)에 대하여 수집된 심사증거(3.13.8)를 평가한 결과

비고	1. 심사발견사항은 적합(3.6.11) 또는 부적합(3.6.9)으로 나타난다. 2. 심사발견사항은 개선(3.3.1)의 기회파악 또는 좋은 관행의 기록으로 이어질 수 있다. 3. 영어에서 심사기준(3.13.7)이 법규 요구사항(3.6.6) 또는 규제 요구사항(3.6.7)으로 선택된 경우, 심사발견사항은 준수 또는 비준수라고 불릴 수 있다.

3.13.10 심사결론(audit conclusion)

심사목표 및 모든 심사발견사항(3.13.9)을 고려한 심사(3.13.1)결과

3.13.11 심사의뢰자(audit client)

심사(3.13.1)를 요청하는 조직(3.2.1) 또는 개인

3.13.12 피심사자(auditee)

심사(3.13.1)를 받는 조직(3.2.1)

3.13.13 안내자(guide)

심사팀(3.13.14)을 지원하기 위하여 피심사자(3.13.12)가 지명한 인원

3.13.14 심사팀(audit team)

심사(3.13.1)를 수행하는 한사람 또는 그 이상의 인원, 필요한 경우 기술전문가(3.13.6)의 지원을 받는다.

비고	1. 심사팀의 한 심사원(3.13.15)은 심사팀장으로 지명된다. 2. 심사팀에는 훈련 중인 심사원을 포함할 수 있다.

3.13.15 심사원(auditor)

심사(3.13.1)를 수행하는 인원

3.13.16 기술전문가(technical expert)

심사팀(3.13.14)에 특정한 지식 또는 전문성을 제공하는 사람

비고	1. 특정한 지식 또는 전문성은 심사 대상이 되는 조직(3.2.1), 프로세스(3.4.1) 또는 활동에 관련되거나 언어 또는 문화와 관련된 것이다. 2. 기술전문가는 심사팀(3.13.14)에서 심사원(3.13.15)의 역할을 하지 않는다.

3.13.17 참관인(observer)

심사팀(3.13.14)과 동행하지만 심사원(3.13.15)의 역할을 하지 않는다.

비고	참관자는 피심사자의 인원, 관계, 당국 또는 입회심사(3.13.1)를 수행하는 기타 이해관계자가 될 수 있다.

2) 품질/환경심사의 구분 및 종류

(1) 대상 목적별 분류

① 품질시스템심사(quality system audit) : 품질보증계획이 적절히 수립되어 문서화되어 있는지 여부와 규정된 요건에 따라 효과적으로 이행되는지를 확인하기 위하여 절차서 및 점검표에 따라 객관적인 증거의 조사 및 평가로서 수행되는 심사

② 제품심사(product quality audit) : 이미 합격된 제품에 대한 재검사, 재시험 또는 관련 문서의 재검토로서 이루어지는 심사를 말하며, 제품의 생산시 사용되었던 동일한 절차, 장비 및 방법으로 해당 요건에의 일치성을 확인하기 위함이다. 제품심사를 통해 제품의 품질을 직접 측정하여 소비자에게 전달된 제품의 품질수준을 미리 확인하고 시험, 검사 등 생산시스템의 효율성 또는 정확성도 평가할 수 있다.

③ 공정심사(process quality audit) : 설계, 제작 및 시험공정이 관련 표준 및 절차에 부합하는지를 평가하기 위하여 실시된다. 즉, 관련 공정, 장비 및 인원들이 규정된 요건(시간, 온도, 압력, 성분, 전류, 성분조합비율 등)을 만족시키고 있는가를 평가하는 것으로서 주로 용접, 열처리, 비파괴검사, 도장 등의 공정들에 해당된다.

(2) 주기별 분류

① 정기심사(regular audit) : 연초에 수립된 심사일정표에 의해 따라 수행되는 심사(품질보증 / 환경경영 프로그램의 모든 요소가 포함된다)

② 추가심사(additional audit) : 다음과 같은 사유로 인해 정기심사 외에 추가적으로 시행되는 심사

③ 조직의 변경, 프로그램의 변경 등 시스템상 중대한 변화가 발생한 경우

④ 품질 / 환경 관련 업무수행 중 중대한 결함이 예상되거나 발생한 경우

⑤ 시정조치 결과를 확인하기 위하여 재심사가 필요한 경우

⑥ 기타 특수사정으로 인해 국한된 목적의 심사를 수행할 필요가 있을 경우

(3) 대상 조직별 분류

① 내부심사(internal audit) : 직접적인 관리하에 있는 자체 조직에 대한 품질 / 환경 프로그램의 심사

② 외부심사(external audit) : 직접적인 관리하에 있지 않는 다른 조직에 대한 품질보증 환경경영 프로그램의 심사

(4) 심사 깊이에 따른 분류

① 시스템 심사(system audit) : 품질 / 환경시스템 심사 참조

② 실무심사(compliance audit) = 준수심사 : 제품심사와 공정심사를 포함한 실무수준의 심사로서 주로 절차서를 대상으로 하여 절차서의 적절성 및 그 이행의 유효성을 심사

(5) 심사의 범위에 따른 분류

① 전체심사(full audit) : 계약수행에 포함된 모든 행위 및 부서를 포함하며, 계약을 실행해 가는 데 있어서의 모든 업무단계를 고려

② 부분심사(partial audit) : 특별한 관심이 있는 활동(업무) 또는 부서에만 수행

③ 후속심사(follow up audit) : 앞서 수행한 심사의 시정조치 효과를 검증 및 평가하는 것

(6) 심사방법에 따른 분류

① 순방향심사(down stream) : 주문 접수에서 납품까지 업무순서대로 하는 심사
② 역추적심사 : 순방향과 반대
③ 무작위 샘플링(random sampling)
④ 부서별 심사 : 한 부서에 관련된 모든 활동에 대한 심사
⑤ 요건별 심사 : 하나의 규격요건에 관련된 모든 사항을 심사

4. 내부심사 절차

1) 내부심사 프로세스

〈표 6-1〉 내부심사 프로세스

Step	주요 내용
Plan	심사기본계획 수립
	심사일정표 작성
	심사원 선정
	심사목적 및 범위작성
	체크리스트 작성
	심사일정 통보(의사소통)
Do	심사실행
Check	심사보고 및 기록유지
Action	후속조치

2) 심사 기본계획수립

(1) 심사 기본계획수립(방침관리에 포함시켜도 가능)

① 심사방식 및 범위
② 심사일정계획

(2) 사전준비

필요한 정보수집(대내외 정보)

(3) 심사원 확보(자격요건 등 고려)

① 심사원 지정
② 심사원 교육실시

3) 심사일정표 작성

(1) 작성 시 고려할 사항

① 피심사 조직의 중요성, 업무의 범위 등
② 심사소요 일수
③ 심사형태
④ 심사자의 인원 및 자격요건
⑤ 심사 수행장소
⑥ 심사의 범위 및 깊이
⑦ 심사 횟수
⑧ 피심사 품질보증 프로그램과 과거 심사기록

(2) 작성 시 주의할 사항

① 시스템 규격요건 관련 부서를 망라해야 한다(심사주관부서도 피심사부서에 포함).
② 심사주기는 최소 연 1~2회로 하는 것이 일반적이다.
③ 회사업무에 장애를 주지 않도록 짧고 날카롭게 실시하는 것이 좋다(한 부서 심사기간은 통상 1일을 초과하지 않도록 / 부서당 2~3시간 적당).

4) 심사원 선정

① 심사원의 독립성 / 신뢰성 유지
② 1인 단독 심사 / 2인 이상 심사팀 구성

5) 심사목적 및 범위확정

① 시스템 시행 초기
② 시스템 변경 시
③ 문제점 발견 시
④ 시스템 수립 후 등 그 시기에 따라 달라질 수 있다.

6) 체크리스트 준비

① 체크리스트 작성자 : 심사원 / 품질, 환경심사 주관부서
② 심사항목 : 고정항목(매번 빠짐없이 심사할 사항) / 변동항목
③ 참조사항 : 전회 심사결과 / 알려진 품질문제

7) 심사실시 일자(의사소통)

① 심사일정표 송부 : 업무연락서, 협조전, 사내통신문, 기안
② 실시일자 확인 : 전화, 직접, 공문
③ 합의 시 연기
④ 현황조사

8) 심사실시

(1) 심사 전 회의

심사팀 소개 / 심사범위, 일정설명

(2) 심사 진행

① 품질 / 환경 매뉴얼, 품질 / 환경시스템 절차서 등 적절성 및 이행상태 확인
② 관련 문서확인
③ 현장실시 상태확인
④ 발견된 지적사항에 대한 문서화

(3) 심사 후 회의

① 지적사항 검토
② 지적보고서 작성
③ 지적사항 구두보고

9) 심사실시 세부사항(주의사항)

① 내부심사는 공식적인 '시작회의'는 필요치 않으나 일정한 형식은 갖추어야 한다.
② 심사원은 심사시작 전에 해당 부서장에게 심사범위를 확인하고 결과보고 회의시간을 결정한다.
③ 피심사부서장은 본인이 직접 심사원을 안내하거나 심사원을 수행하도록 할 안내자를 지명한다. 피심사부서 직원들이 알고 있는 시스템의 시행상 문제점을 자발적으로 제시하도록 권고한다.
④ 심사체크리스트에 없는 것이라도 시스템 중 심사원이 원하는 부분을 조사할 수 있도록 협조해야 한다.
⑤ 심사원은 발견된 문제점에 대해 반드시 모든 세부사항을 사실적 증거를 확인한다.
⑥ 조사가 끝나면 결과보고회의에서 구두로 피심사부서장에게 지적사항을 요약하여 알려주어야 한다.

10) 심사결과보고서 및 기록

(1) 심사결과보고서 작성

① 작성 : 심사팀장
② 승인 : 심사주관부서장 / 품질, 환경경영대리인
③ 기재사항 : 심사참고사항, 목적 및 범위, 샘플의 범위, 부적합사항, 결론 등

(2) 보고서 배포 : 피심사부서

(3) 심사기록 보관

심사보고서, 체크리스트, 심사원 메모(관찰기록)

11) 후속조치

시정조치 요구 → 시정조치 방안 수립(계획, 납기 등) → 시정조치(해당 부서 실시) → 확인(시정조치 계획서 의거 확인) → 재확인 → Close Out

5. 내부심사 요령

1) 내부심사절차서의 제정

① 심사일정(심사주기, 대상 부서, 대상 업무)
② 심사원의 배정(심사원의 자격, 독립성)
③ 심사준비(체크리스트 작성, 심사원 통보)
④ 심사실시(체크리스트 활용, 관찰 및 기록, 심사지적보고서 작성)
⑤ 보고 및 후속조치(심사보고서의 작성 및 배포, 시정조치, 확인)

2) 내부심사원의 자격

① 내부심사원의 자격기준은 국제규격으로 정해져 있지 않다.
② 다음 사항을 고려하여 공급자가 스스로 정한다.
학력, 경력, 전문성, 화술, 심사 경험, 교육훈련 및 시험

3) 심사자의 소양

〈표 6-2〉 심사자의 소양

가져야 할 소양	갖지 말아야 할 소양
• 피심사자 업무에 대한 전반적 이해와 지식 • 판단력, 끈기 • 심사업무 자체에 대한 흥미 • 강인한 정신력 및 체력 • 피심사자의 이야기를 들을 줄 아는 능력 • 문제의식, 분석력, 정직성 • 예절, 외교적 수완	• 논쟁을 잘 일으킴 • 편견, 속단하는 경향 • 쉽게 감화됨 • 융통성이 없음 • 증거에 대한 확인 소홀 • 자신에 대한 평판에 주의를 기울임 • 비사교적, 예의 없음

4) 질문요령

① 6하 원칙을 사용하여 질문한다(what, why, when, how, where, who).
② '예' 또는 '아니오'라는 답변이 나오지 않도록 한다(YES / NO question).
③ 상대방이 이해를 못하면 다른 쉬운 말로 설명하고, 그래도 알아듣지 못하면 다른 관점에서 질문한다.

5) 내부심사 시 자문자답

① 이것이 한 건의 사소한 실수는 아닌가?
② 이것이 하나의 주제에 대해 자주 일어나는 일이 아닌가?
③ 심사기준에 근거할 때 내가 발견한 것이 부적합이라고 할 수 있는 것인가?
④ 이것이 중대한 사안인가, 아니면 경미한 사안인가?
⑤ 내 판단이 정확하다고 어떻게 확신할 수 있는가?
⑥ 내 지적사항을 뒷받침할 충분한 근거가 있는가?
⑦ 어떤 시정조치가 필요한가?
⑧ 시정조치는 어떻게 처리되는 것이 좋은가?
⑨ 보고서가 어떤 영향을 미칠 것인가?

6) 심사원의 금기사항

① 선입관을 가지고 심사에 임한다.
② 원칙 없이 끌려 다닌다.
③ 건성으로 묻고 답변에 관심을 보이지 않는다.
④ 비현실적인 이야기를 늘어놓는다.
⑤ 답변을 거짓말이라고 단정하고 믿지 않는다.
⑥ 피심사자를 잘 안다고 공적인 입장을 무시한다.
⑦ 직접 확인하지 않고 구두 답변에만 의존한다.
⑧ 회계 / 업무심사와 혼동한다.

7) 효과적인 심사를 위한 권고사항

① 잘못된 점뿐 아니라 잘된 점도 보고할 것
② 내부심사를 공식적인 부서 의견전달 기회로 삼을 것
③ 심사결과에 따라 개인적인 불이익을 주지 말 것
④ 심사시기를 인증기관 사후관리 심사전으로 하여 효율성을 높일 것
⑤ 내부심사는 어차피 형식적이라는 고정관념을 버릴 것
⑥ 처음 내부심사를 실시할 경우에는 전문가의 도움을 구할 것

8) 심사기법

질문 → 청취(듣고 나서 메모) → 확인(보여주세요, 믿는다, 증거를 확보한다) → 점검대상(샘플링 : 모든 것을 보려 하면 아무 것도 보지 못함) → 토의

6. 내부심사 조직요소별 책임사항

1) 심사수행조직

(1) 사무국(혹은 품질 / 환경부서)

① 연간 사내품질 / 환경심사 계획수립 및 통보
② 심사 세부 계획 수립 및 통보
③ 심사자(심사원) 자격부여 관리 및 유지 / 심사자 선임
④ 사내 심사 관련 교육의 주관(별도 교육 전담부서가 있는 경우 협의)
⑤ 심사 관련 문서의 유지관리 / 심사 관련 규정의 정비유지
⑥ 심사 체크리스트 유지(제 · 개정 포함)
⑦ 심사기간 중의 심사 총괄관리, 회의 등 주관
⑧ 심사보고서에 따른 사무관리(시정조치 확인)

(2) 선임심사자(심사팀장)

① 심사자 선발에 대한 지원
② 심사 시행계획의 지원

③ 심사 체크리스트의 검토 및 승인
④ 심사팀의 지휘통솔
⑤ 심사진행 중 주요 장애사항 해결 및 보고
⑥ 최종심사보고서의 작성 및 제출

(3) 심사자(심사원)

① 적절한 심사요건의 적용을 위한 체크리스트의 작성
② 심사요건의 통지 및 의견조정
③ 부과된 책임에 대한 효과적이고 효율적인 계획수립 및 실시
④ 심사내용의 문서화 / 심사결과의 보고
⑤ 심사결과 취해진 시정조치의 확인
⑥ 완결된 심사문서의 유지관리
⑦ 선임심사자의 협조 및 지원

2) 피심사자(수검부서) 조직

① 심사의 목적 및 범위에 대하여 관련 직원에 숙지
② 심사팀을 안내할 책임자 임명(지정)
③ 효과적이고 능률적인 심사를 위해 심사팀에 자원 제공
④ 심사 중 필요한 현장출입 허용 및 객관적 증거자료 제공
⑤ 심사목표를 달성하도록 심사자에게 협조
⑥ 심사 지적사항에 대한 시정조치의 일정 및 실시계획 수립

3) 품질 / 환경부서의 역할 변화 및 방향

(1) 품질 / 환경부서의 기존 역할

① 제품 및 서비스에 대한 검사 및 시험
② 공정불량이나 제품불량의 개선
③ 고객불만에 대한 임시방편적 처리의 국한된 역할을 담당
④ 점검사항에 대한 사후조치(end of pipe)

(2) 품질 / 환경부서의 향후 역할

① 품질 / 환경경영정책에 대한 전반적인 관리
② 시스템 전반에 대한 확인관리(사내심사)
③ 영업, 설계, 제조, 시험 및 검사, 설치, A / S 등 경영 전반에서의 개선관리
④ 부적합 제품이나 임시 방편적인 고객불만처리가 아니라 시스템 측면에서 경영자에게 검토, 보고, 지시 등을 통해 근본적인 품질보증 / 환경경영이 되도록 하는 역할

7. 심사 체크리스트 작성방법

1) 정 의

심사수행 시 심사 대상부문에 대한 점검사항을 수록해 놓은 일종의 문서화된 리스트

① 체크리스트 작성자 : 심사원, 심사팀장 혹은 각 팀장
② 심사항목 : 고정항목, 변동항목

2) 심사 체크리스트 포인트

① 심사자의 경험을 통해서 볼 때 이 부서의 주요 기능은 무엇인가?
② 그 외에 어느 기능을 수행하고 있는가(manpower, 전문성 등)
③ 일이 잘못 되었을 때 이 부서는 어떻게 처리(업무)하고 있는가? (일상업무, 특수업무, 위기상황시 등)

3) 체크리스트 작성요령

① 전체 심사일정을 보아 시간 배분(심사시간)
② 무엇을 볼 것인가(look at), 찾을 것인가(look for)
③ 누구에게 말을 걸을 것인가(질문할 것인가)

4) 심사 체크리스트 작성 시 정보원

① 품질, 환경매뉴얼 / 절차서(작업지침서, 양식 등도 포함)

② 경영우선사항

③ 기존의 품질, 환경문제점

④ 이전의 심사

⑤ 심사자의 경험

⑥ 카탈로그

5) 심사 체크리스트를 사용 시의 이점

① 적절히 심사속도를 유지할 수 있다(시간 배분).

② 심사대상을 확실히 할 수 있다.

③ 심사자료(보고)로서의 참고가 된다.

④ 심사자의 업무 load를 감소시킬 수 있다.

6) 심사 체크리스트 사용 시 주의할 점

① 체크리스트는 참고항목으로 보아야 한다.

② 중요하다고 생각되는 항목 위주로 보아야 한다.

7) 체크리스트 작성 예

(1) 모델 A

〈표 6-3〉 심사 체크리스트(모델 A)

요건	심사항목	적합여부		특기사항
		적합	부적합	
5.2	품질 / 환경방침이나 목표가 조직 내에서 의사소통되고 이해, 실행되고 있는가?			

① 적합하나 개선할 사항이 있으면 특기사항란에 관찰(권고)사항을 기입한다.

② 부적합 사항이 발견되면 부적합란에 표시하고 객관적 증거를 확보한다.

(2) 모델 B

〈표 6-4〉 심사 체크리스트(모델 B)

요건	심사항목	적합여부		특기사항
		적합	부적합	
QP 100	2.1 목표 및 세부목표 추진계획은 수립되었으며, 성과 분석은 주기적으로 실행되는가?			
WI 710	3.2 배합조건은 준수하는가? – 시간, 온도, 압력, 투입순서 등			

• 표준문서 : 매뉴얼, 절차서(규정), 지침서 …… 등 조직 내에서 적용되는 표준 문서

8) 체크리스트 작성(실습)

① 자신이 근무하고 있는 회사의 부서 업무 중에서 주요 공정(또는 업무) 한 가지만 선정하여 그 공정(업무)에 대한 심사 체크리스트를 해당 양식에 준하여 작성한다.
② '수강신청 규정'을 참고하여 체크리스트를 작성한다.

8. 심사지적보고서 작성방법

1) 부적합의 정의

시스템에서 행하고 있는 요건이 원래 그 시스템이 의도했던 요구사항(requirements)과 일치하지 않을 때의 그 상태를 부적합(nonconformity)이라 한다.

2) 부적합 사항의 확보

(1) 부적합 사항의 기준

① Major(중부적합 사항 : 중대한 불일치 사항) : 매뉴얼, 절차서에 제시된 요

구사항의 불일치가 완벽한 시스템 운영의 결함, 실패사항인 경우

② Minor(경부적합 사항 : 경미한 불일치 사항) : 매뉴얼, 절차서 사항의 국소 실수나 주목할 필요는 있으나 무사한 경우

③ 현재는 중 · 경부적합의 구분없이 부적합으로 통일하고 있음

(2) 부적합한 사항이 나타나는 경우

① 의사, 의도가 표준의 요구사항을 만족하지 못한 경우

② 실행을 하지 않았을 경우

③ 시스템과 절차가 있고, 실행을 했는데 비효과적이며 목표달성을 못하는 경우

(3) 부적합 사항의 확보방법

심사는 사실에 근거해서 시행되어야 하고 객관적인 사실을 확보해야 함(심사받는 측과의 대화내용 / 듣는 것을 검증 / 증거수집 / 발견시점에서 관찰사항의 명확화)

3) 부적합 조항찾기(실습)

다음 보기와 같이 주어진 문장을 읽고 ISO 9001 : 2015 품질경영시스템 - 요구사항의 해당 부적합 조항을 쓰시오.

[보기] 심사원이 오산실업(주)에 도착하여 현장심사를 하던 중 "이 회사의 경영대리인은 누구입니까?" 하고 질문했더니, "우리 회사에는 별도로 경영대리인이 지정되어 있지 않고 모두가 경영대리인의 자세로 업무에 임합니다"라고 대답하였다(5.5.2).

(상황) 1. 생산1부를 심사하던 중 생산1부 전 사원에 대한 회사의 품질방침에 대해 알고 있느냐는 질문을 하였으나 10명 중 1명만이 그 내용을 알고 있었다. (   )

2. 관리부의 교육담당 인원은 지난 1월 퇴사했으나 해당 부서장은 교육훈련 업무를 아직 다른 사원에게 할당하지 않았다. 그 이유를 물으니 인원 충원을 아직 하지 못해서 그렇다고 대답하면서, 곧 충원할 것이라고 말했다. (   )

3. 영업부는 지난 1월 고객으로부터 클레임을 접수받았으나 3월달인 현재까지 이를 처리하지 않고 있었다. (   )

4. 구매팀은 생산부로부터 발주 요청받은 원재료인 화학약품 '가나다' 품목을 등록되지 않은 공급자에게 발주하였다. (   )

5. 품질관리부에서 사용 중인 전자저울(기기번호 1234) 1대는 검교정 대상장비로 지정되었으나 검교정 유효기간이 경과하였는데도 아직 검교정되지 아니하였다. (   )

6. 영업부는 주기적으로 고객만족도를 측정하도록 되어 있으나(절차서에 의하면 상반기 말인 6월말에 실시하도록 되어 있음), 8월달인 지금까지도 이를 실행하지 않음. (　　　)
7. 회사로 원재료를 공급하는 공급자는 연 2회 입고검사 부적합률과 납기 준수여부를 분석하도록 되어 있으나 화성실업(주)에 대해서는 이러한 자료가 없음. (　　　)

4) 심사지적보고서 작성

(1) 요구사항(requirements)의 파악

① ISO 규정
② 회사의 규정(매뉴얼, 절차서, 지침서, 지시서 등)
③ 계약내용, 국가규정, 법규 등

(2) 부적합이라는 명백한 증거

① 부적합의 증거 : 객관적이고 사실적인 것
② 부적합 발견 시의 처리 : 내용 및 증거를 확보

(3) 부적합 사항 기술

장소 / 부적합과 관련된 사람의 직위, 성명 / 관련 문서, 검토한 샘플의 수량 / 검토한 물품(자재, 기계, 장비, 사람 등) / 부적합의 내용

(4) 보고서의 작성

① 요구사항 대비 부적합 사항 / 객관적인 증거첨부
② 검토
- Correct(정확성) : 사실에 근거, 객관적 증거(예 10개 중 2개)
- Complete(완전하게) : 6하 원칙, 추가설명이 필요 없을 정도로
- Clear(명료성) : 군더더기 없이 간결하게
- Concise(간결성) : 보고서에 명시할 사항을 빠짐없이 기재

(5) 부적합 사항의 작성요령

① 작성방법

② 회사용어를 써서 심사지적보고서 작성함
③ 심사를 받은 사람이 추적할 수 있도록 해야 함
④ 내용을 원하면 볼 수 있도록 해야 함
⑤ 심사받은 사람이 도움이 될 수 있도록 해야 함
⑥ 간결하게 하여야 함

5) 심사지적보고서 작성(실습)

다음 보기와 같이 주어진 문장을 읽고 귀하가 심사원이라고 가정하고, 지적사항에 대해 심사지적보고서를 쓰시오.

[보기] 품질관리팀은 2 / 15 에 공급자 태평(주)로부터 입고된 원자재(화학약품 ABC)에 대해 수입검사를 실행한 근거를 찾을 수가 없음

내부심사지적보고서

부서(팀)명	품질관리팀	발행번호	201X－001
심사원	홍 길 동	해당 조항	9.1.1

• 부적합 내용(해당시 객관적 증거 첨부 가능) : 검사 및 시험관리절차서(HSQP-1200, 개정 1)의 4.2 항에 의하면 품질관리팀은 입고된 원자재에 대해 수입검사를 실행하여야 하나, 2 / 15 태평(주)로부터 입고된 화학약품 ABC는 수입검사를 실행한 근거가 없음

[상황] 1. 철강제품 제조공정 중 용해공정에서 온도는 주요 공정변수 중 하나이다.
그런데 이 제품의 품질계획서(문서번호 : HSI-1001, 개정번호 1)에는 온도라는 공정변수의 관리기준이 1200±50℃로 되어 있었고, 용해공정 작업표준(문서번호 : HSI-1200, 개정번호 1)에는 관리기준이 1150±100℃로 정해져 있었다.

2. 식품을 생산하는 회사다. 포장부 작업장에서 귀하는 12명의 작업자 중 김은숙 씨 등 3인이 모자를 쓰지 않고 작업하는 것을 발견하였다. 작업반장 책상에 비치된 작업지침서(WI-1999, 제4판)에는 작업장에 출입하는 모든 인원은 백색천으로 만든 모자를 착용하도록 명시되어 있었다.
주 : 모자는 제품의 이물질 오염을 방지하기 위한 것이지, 작업자의 안전을 위하여 착용하는 것은 아니다.

3. 품질관리팀은 내부심사절차서(HSQP 2100)에 의하면 연간 내부심사계획서를 작성하도록 되어 있었으나 2016년 정기 내부심사 시 이를 확인할 수 없었다.

9. 시정조치보고서 작성방법

1) 시정조치의 일반적 개요 및 설명

시스템에 역행하는 사항을 신속히 식별하여 원인을 규명하여 재발방지를 위한 시정조치를 하기 위한 사항이며, 이에는 시정조치의 절차와 작업중지 요구절차를 확립하며 중대 사항은 시정조치 요구사항과 결과를 경영층에 보고하며, 결과확인을 위하여 주기적인 심사를 실시하도록 해야 한다.

시정조치의 행위에는 각 책임조직의 중대한 위배사항을 식별하고 시정조치하는 것, 유사문제의 반목이나 중대 불일치 사항의 발견 시에는 원인을 규명하고 재발방지하도록 경영층에 보고하는 것, 시정조치방법과 서류화 및 보고절차가 포함되어야 한다. 그리고 조치결과는 품질/환경부문에서 검토 승인하고 확인한다.

시정조치요구서와 시정조치보고서는 별도의 절차서에 따라 행하도록 규정하며, 이는 기록으로 유지 관리하도록 한다. 또한, 시정조치 경과사항과 결과를 경영층에게 보고하여 전사적으로 체계를 재평가하도록 함으로써 제품 품질/환경을 개선하는 것은 ISO의 경영검토(management review) 요구를 만족시킬 수 있게 된다.

2) 시정조치의 일반적 포맷

① 번호
② 부적합사항
③ 책임부서
④ 발생원인, 요구되는 조치, 재발방지대책
⑤ 시행요구 일자
⑥ 유효성 확인

3) 문제범위 결정

피심사부서에서는 '심사에서 발견된 문제는 단지 일부분이다'라는 사실을 명기해야 한다.

예 : ① 폐기된 문서가 발견되었을 때 → 다른 부서는? 다른 장소는?

② 고정되지 않은 계기 발견 → 다른 계기는? 다른 부서는?

③ 승인되지 않은 공급자에서 자재구매 → 다른 자재는? 미승인 공급자로부터 자재구매가 가능한가? 공급자평가는 수행했는가?

〈표 6-5〉 시정조치요구서(CAR)

<table>
<tr><td>부서명</td><td>영업팀</td><td>심사구분</td><td colspan="2">정기심사</td><td>발행일자</td><td>201X.XX.XX</td></tr>
<tr><td rowspan="3">적용규격</td><td rowspan="3" colspan="3">■ KS Q 9001;2015 / ISO 9001;2015
□ KS I ISO 14001;2015</td><td>적용조항</td><td colspan="2">8.2</td></tr>
<tr><td>심사부서</td><td colspan="2">영업팀</td></tr>
<tr><td>심사원</td><td colspan="2">홍길동 (인)</td></tr>
<tr><td>심사구분</td><td colspan="3">□ 최초, ■(1)차사후, □기타(갱신)</td><td>부적합등급</td><td colspan="2">■ 경부적합, □ 중부적합</td></tr>
<tr><td colspan="7">부적합사항(□ 현장확인 ■ 문서확인)

영업관리규정규정(KFC－QP－031)의 5.1.6에 의하면 주문 접수시 영업담당자는 주문서관리 대장(KFC－QP－031－02) 에 기록하도록 되어 있으나, 201X.2.15 주문받은 내용 중 일부가 누락되었음.</td></tr>
<tr><td colspan="3">심사팀장 : 이 순 신 (인)</td><td colspan="4">영업팀장 : 강 감 찬 (인)</td></tr>
<tr><td colspan="7">시정조치 □ 계획 ■ 결과(첨부 유□ 무□)

1) 조치내용 : 주문받은 내용 중 누락사항은 추가로 작성하여 기록하였음.
2) 발생원인 : 담당자 홍길동의 장기 출장으로 인하여 한시적으로 업무를 대행했던 담당자가 충분히 내용을 이해하지 못해 발생하였음.
3) 재발방지대책 : 영업담당자에게 이러한 경과를 설명하고, 동일하거나 유사한 사례가 재발되지 않도록 첨부와 같이 교육을 실시하였음. (첨부 : # 1 교육일지)</td></tr>
<tr><td colspan="2">영업팀장</td><td>성명</td><td colspan="2">강 감 찬 (인)</td><td colspan="2">일자 : .</td></tr>
<tr><td colspan="3">확인심사 (□ 문서확인, □ 현장확인)

심사팀장 : (인) . . .</td><td colspan="4">유효성 확인

심사원 : (인) . . .</td></tr>
<tr><td colspan="7">1. 시정조치 결과는 발행일로부터 1개월 이내에 XX 인증원으로 제출되어야 합니다.
2. 조치결과는 현장확인(중부적합인 경우) 또는 문서확인을 통해 확인하며, 3개월 이내에 조치되지 않을 경우 재심사를 실시합니다.</td></tr>
</table>

4) 내부심사 결과보고 주요 내용

① 내부심사 품의 근거문서, 심사일정
② 심사원별 담당 피심사부서(팀)
③ 부적합 및 관찰사항 발견건수 및 내용
가능한 한 부서 / 기능 / 프로세스별 데이터 분석
④ 심사지적사항 : 첨부
⑤ 향후 업무추진 계획

위의 내용을 데이터를 분석, 그래프를 첨부하면 시각적 효과가 있을 것이다.

6.2 경영검토

품질 / 환경경영시스템의 지속적인 적합성과 유효성을 유지하고 품질 / 환경성과를 향상시키기 위하여 최고경영자는 경영검토(management review)를 실시하여야 한다. 경영검토는 월간 / 분기 / 반기 등 정기적으로 실시되어야 하고 시스템의 지속적인 개선을 위한 방향이 제시되어야 한다.

1. 요구사항

☞ ISO 9001 & 14001 : 2015 / 9.3항 및 제4장 18항의 경영검토 참고

2. 경영검토 일반

최고경영자는 품질 / 환경경영시스템의 효과성 및 효율성을 검증하는 것 이상의 경영검토 활동이 조직 전체로 확산되고, 시스템의 효율성을 평가하는 프로세스로 진전시켜야 할 것이다.

경영검토는 최고경영자의 리더십에 의해 고무되는 입력에 대한 공개토의 및 평가를 통하여 새로운 아이디어 교환의 장이 되어야 할 것이다. 경영검토에 따라 조직에 가치를 부가하기 위해서, 최고경영자는 품질 / 환경경영원칙을 기반

으로 한 체계적인 검토에 의해 실현 프로세스 및 지원 프로세스의 성과를 관리하여야 할 것이다.

경영검토의 주기는 조직의 요구에 따라 결정되어야 할 것이다. 검토 프로세스에 대한 입력은 품질경영시스템의 효과성 및 효율성을 능가하는 출력이 되어야 할 것이다. 검토출력은 조직의 성과개선을 위해 기획에서 활용되는 데이터로 제공되어야 할 것이다.

품질/환경경영시스템의 효과성뿐 아니라 효율성을 평가하기 위한 입력사항은 고객 및 기타 이해관계자를 고려하고 또한 다음 사항을 포함하여야 할 것이다.

① 품질/환경목표 및 개선활동의 현황 및 결과
② 이전 경영검토 조치항목의 현황
③ 경영시스템과 관련된 외부 및 내부 이슈의 변경
④ 내부 및 외부 심사/평가결과
⑤ 이해관계자의 참여 정도를 포함한 이해관계자/고객만족도에 대한 피드백
⑥ 기술, 연구 및 개발과 경쟁자 성과와 같은 시장 관련 요소
⑦ 벤치마킹 활동의 결과
⑧ 외부 공급자(external supplier/provider)의 성과
⑨ 새로운 개선기회
⑩ 프로세스 부적합 및 제품 부적합의 관리
⑪ 시장평가 및 시장전략, 변화하고 있는 상황 및 정보
⑫ 리스크와 기회를 다루기 위하여 취해진 조치의 효과성
⑬ 전략적 파트너십 활동의 현황
⑭ 품질/환경 관련 활동의 재정적 효과
⑮ 재정적, 사회적 또는 환경적 조건과 관련 되는 법적 및 규제적 변화와 같이 조직에 영향을 미칠 수 있는 그 밖의 요소

경영검토를 품질/환경경영시스템에 대한 검증 이상으로 확장함으로써 경영검토의 출력은 최고경영자에 의해서 개선 프로세스에 대한 입력으로 활용될 수 있다. 최고경영자는 이 검토 프로세스를 조직의 성과개선을 위한 기회로 파악하는 강력한 도구로 이용할 수 있다. 검토일정은 조직의 전략기획과 관련해서 데

이터의 적시 제공을 촉진하여야 할 것이다. 선정된 출력은 어떻게 경영검토 프로세스가 조직에 이익이 되는 새로운 목표로 이끌어 나가는지를 조직 인원에게 실증하기 위해서 의사소통되어야 할 것이다.

효율성을 향상시키기 위한 추가적인 출력은 다음 보기를 포함한다.

① 제품 및 프로세스에 대한 성과목표
② 조직을 위한 성과개선목표
③ 조직의 구조 및 자원의 적절성 평가
④ 마케팅, 제품, 그리고 고객 및 기타 이해관계자의 만족을 위한 전략 및 주도
⑤ 파악된 위험에 대한 손실예방 및 완화계획
⑥ 조직의 미래요구를 위한 전략적 기획에 관한 정보

기록은 조직에게 지속적인 효과성 및 부가가치를 보장하기 위해서 추적성을 제공하기에 충분하고, 경영검토 프로세스의 평가가 쉽도록 하여야 할 것이다.

3. 경영검토의 주체

품질 / 환경경영에 관한 경영검토는 누구에 의해 실행되던 이는 절차서에서 정한 바에 의해 실행되면 요구사항을 만족할 것이며, 사실상의 최고 의사결정권자에게 보고되지 않고 그에 의해 최종검토가 되지 않는다면 동 요건을 충족하였다고 판단할 수 없을 것이다.

1) 품질 / 환경 주관 부서에서 실행하는 방법

각 부서(팀)의 품질 / 환경 성과에 대해 주기적으로 접수받아 이를 종합적으로 작성한 후 경영대리인의 검토를 거쳐 최고경영자에게 보고하는 방법이 있을 수 있다.

2) 각 부서(팀)에서 직접 부문별로 실행하는 방법

해당 업무별로 그 성과를 종합, 분석하여 주기적으로 실행하는 방법이다. 경영검토보고서의 작성은 경영대리인에 의해 이루어졌다해도 경영위원회 또는 간부회의에서 보고 / 검토되어 최고경영자(top management)가 최종 검토하는 절차를 거친다면 요구사항을 충족한다 할 수 있을 것이다.

4. 지속적 개선과 인증서 발급

'지속적 개선'의 개념은 시스템의 모든 요소(elements) 내에 구체화되어야 한다. 그리고, 지속적 개선은 조직의 품질 / 환경방침, 목표, 세부목표와 비교하여 그 성과를 지속적으로 평가함으로써 달성될 수 있다.

그러나, 지속적 개선은 반드시 활동의 모든 영역에서 동시에 개선이 이루어져야 한다는 것을 의미하는 것은 아니다.

5. 경영검토의 실행(예)

1) 경영검토 도구 1_사례(서술형)

경영검토 주제에 대해 서술식으로 기록하며 검토하는 방법이다. 대부분의 규모가 작은 중소기업에서 선호하는 도구로서 앞 페이지는 회의록을 작성하고, 경영검토 내용은 첨부물로 첨부하는 방법이다.

〈표 6-6〉 경영검토 실행의 예

1. 이전 경영검토에 대한 후속조치 *(이전 경영검토 시 최고경영자의 지시사항이나 이슈에 대한 추진실적 및 향후 추진계획 등에 대해 항목별로 서술함)*
2. 경영시스템과 관련된 외부 및 내부 이슈의 변경 *(사업계획서상에서 언급되었던 내부 및 외부 이슈에 대한 추진사항을 검토함)*
3. 경영시스템의 성과 및 효과성에 대한 정보 1) 고객만족 및 관련 이해관계자로부터의 피드백 2) 품질 / 환경목표의 달성 정도 3) 프로세스별 성과, 제품 및 서비스의 적합성(중대한 환경측면 개선실적 포함) 4) 부적합 및 시정조치 5) 모니터링 및 측정결과 6) 내외부 심사결과 7) 외부 공급자의 성과 8) 법규준수 평가결과
4. 자원의 충족성 *(기간 중 인원, 설비, 원부재료, 기술적 문제 등의 문제점 및 조치사항 등)*
5. 리스크와 기회를 다루기 위하여 취해진 조치의 효과성 *(사업계획서상에서 언급되었던 리스크 및 기회에 대한 추진사항을 검토함)*

6. 개선 기회 *(경영시스템의 발전 / 개선 등을 위해 최고경영자의 지원이나 의사결정이 필요한 사항 등)*

2) 경영검토 도구 2_사례(눈으로 보는 관리형)

경영검토 주제에 대해 부서 / 기능 / 항목별로 데이터, 그래프 등을 가시적으로 표현하면서 검토하는 방법으로 서술형보다는 책임과 권한이 일목요연하게 보이며, 추이와 문제점이 잘 나타나므로 최고경영자의 지원(support)이나 의사결정(making decision)에 용이하다.

〈표 6-7〉 부서 / 기능별 검토 주제의 예

NO.	주제 / 이슈	페이지	작성부서	비고
1	인원 및 인건비 1) 인원 추이 2) 잔업 및 급여분석		관리팀	
2	매출 및 이익분석 1) 제품 / 라인별 매출실적 및 계획 2) 고객별 매출실적 및 계획		영업팀	
3	생산 및 생산성 1) 제품별 생산실적 2) 제품 / 라인별 생산성 분석 3) 유틸리티 생산성 분석		생산팀	
4	모니터링 및 측정결과 1) 수입검사 실적 및 분석 2) 공정검사 실적 및 분석 3) 최종검사 실적 및 분석 4) 수질 및 대기오염물질 측정결과 5) 폐기물 발생 원단위		품질보증팀 환경안전팀	
5	이해관계자 불만 피드백 1) 고객불만 종합 및 대책 2) 환경 민원사항 접수 및 조치실적 3) 고객만족도 모니터링 및 측정결과		품질보증팀 관리팀 영업팀	
6	내외부 심사 결과 종합 1) 내부심사 결과 및 후속조치 사항 2) 외부심사 결과 및 후속조치 사항		품질보증팀 품질보증팀	
7	법규준수 평가결과		환경안전팀	
8	(이하 이슈별로 적절한 제목을 붙임)			
9				
10				

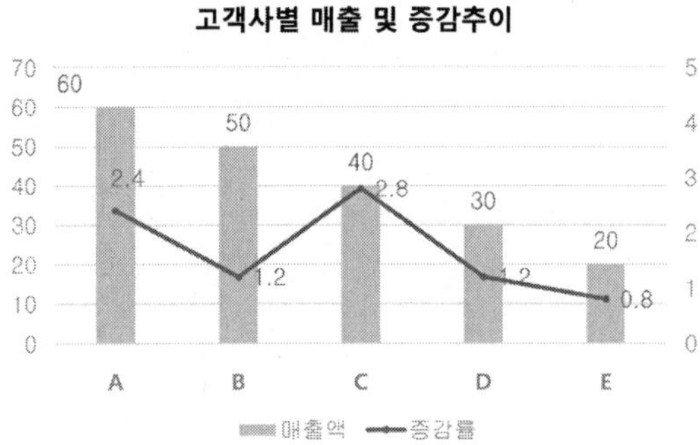

긍정적 요인

- 대외 여건 불투명에도 2015년 실적은 전년대비 8.3% UP
- 영업이익률은 전년대비 50% 감소했으나, 흑자기조 유지

부정적 요인

- TOP 5 사의 신제품 개발 의뢰 감소 추세
- 고객사 신제품 모델 관련 중요 부품 재질 대체 검토 중(플라스틱 → METAL)

대응 전략

- TOP 5 충성고객에 대한 고객만족운동 지속적 전개
- 신규고객 창출을 통한 신규 매출 증대
- 고객불만 감소, 처리기간 단축, 고품질 유지 --- 생존전략을 위한 교육훈련 강화
- 고객사 퇴직 임원의 전략적 채용 검토

[그림 6-2] 경영검토 주제의 예(고객사별 매출 추이)

6.3 인증획득 절차 및 심사 일반

1. 업무 프로세스

인증을 획득하기 위한 절차는, 간략히 말해서 '준비, 도입 → 시스템 구축, 운영→ 시스템 개선 → 심사 → 인증획득'이라 할 수 있다. 이러한 일련의 과정 중 반드시 알아두어야 할 사항들을 다음에 소개한다.

(1) STEP 1 : 시스템 구축－국제규격에 적합한 품질 / 환경시스템의 구축 및 컨설팅

인증을 획득하기 위해서는 우선, 자사의 품질 / 환경시스템을 점검하여야 한다. 제품을 제조하거나 또는 서비스를 제공하고 있는 현재의 경영시스템을 최고경영자의 방침부터 제조 및 서비스 제공공정 및 판매에 이르기까지 자사가 관리하고 있는 모든 영역에 대한 시스템을 ISO 9000 또는 ISO 14000 규격을 기준으로 문서화하고, 문서화된 자사의 시스템을 1회 이상 가동시켜 그 결과를 내부심사 및 경영검토를 거쳐 평가하고 개선한 이후에 인증기관에 인증을 신청하면 된다.

이 과정에서 국제규격의 도입 필요성을 검토하고, 그 내용을 이해하고 자사의 시스템과의 비교평가를 위해서는 직원을 교육시키거나 자문(컨설팅)을 받기 위해 전문가를 활용하게 된다. 이러한 전문가를 컨설턴트라 하는데, 국내에는 수많은 컨설팅 법인 및 개인사업자가 있다.

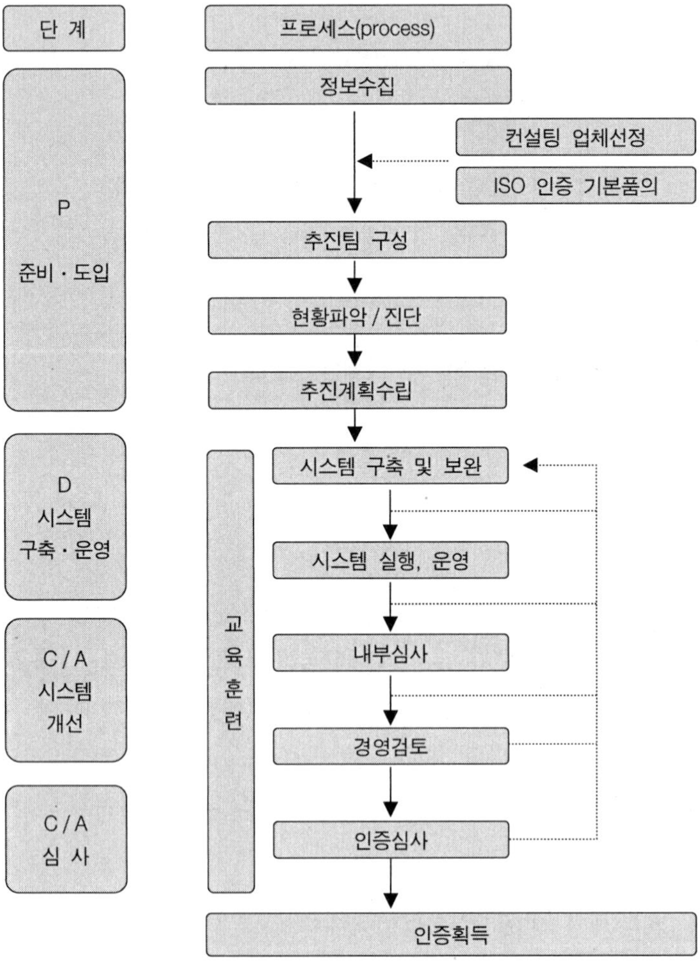

[그림 6-3] 인증시스템 구축 및 심사 프로세스

그 비용 및 수준도 천차만별이어서 일반 회사의 입장에서는 우수한 컨설팅기관인지 여부를 잘 알 수 없는 것이 사실이다. 그렇다고 해서 인증기관에 문의하면 이는 인증기관이 소개한 컨설팅 회사에서 자문을 받아 그 인증기관에서 인증을 받는 것이므로 객관적인 제3자 인증이라 할 수 없다. 자문과 인증은 엄격히 분리되어야 하며, 이것이 입증되지 않으면 해당 인증에 대한 신뢰도가 없어져 사실상 제3자 인증의 효력이 상실되므로 기업은 이에 대해 각별히 유의하여야 한다.

실력있고 성실한 컨설팅 법인이나 개인과 계약을 체결하기 위해서는 나름대로 관계 전문가나 관련 자료를 통해 꼼꼼히 찾아보는 노력을 기울여야 한다. 컨설팅이야말로 그 회사의 시스템을 구축하는 데에 가장 기본적이고 중요한 시발점이 되므로 비용의 저렴함이나 시간의 단축을 기치로 내건 컨설팅 회사는 일단 다시한번 생각해 보는 것이 좋을 것이다.

시간이 걸리더라도 그 회사에 필요한 사항을 조목조목 친절히 조언하고 해당 전문가를 통해 잘된 점과 개선할 점을 분명히 명시하여 꼼꼼히 지도하는 회사가 좋은 회사임은 두말할 필요도 없다.

아울러, 한번 지도하고 없어지는 장돌뱅이식 컨설팅 회사도 기피해야 할 회사라 할 수 있다. 한번 지도를 받으면 그 기업이 인증을 획득한 이후에도 지속적으로 시스템상의 문제를 조언해 주고 지도해 줄 수 있는 안정적이고 기반이 확실한 컨설팅 회사를 선택하여야 한다.

(2) STEP 2 : 인증의 신청 및 인증계약의 체결

인증을 신청할 준비가 되면 인증기관을 선택하여 인증을 신청한다. 이 경우 인증기관은 인증계약서를 제시하고 해당 기업과 인증절차, 인증범위 및 비용 등에 대한 합의와 인증기업이 준수해야 할 사항들을 알려주도록 되어 있다.

인증심사 일수는 품질경영촉진법에 기업의 종업원 수에 따라 산정하도록 기준표가 제시되어 있으며, 인증기관은 그 범위내에서 해당 기업의 시스템 구축정도 및 준비상태를 고려하여 일부 일수를 가감하여 적용할 수 있다.

국내에는 현재 수많은 국내외 인증기관이 존재하고 있는 것으로 파악되고 있으며, 그 중 54개 인증기관(2016.3 / 15기준, http : //www.kab.or.kr 참조)만이

KAB의 지정심사를 통하여 국제기준에 적합한 인증기관으로 확인되었다.

KAB으로부터 지정받은 인증기관은 매년 1회 이상의 정기사후관리 및 수시로 실시되는 특별사후관리를 받도록 되어 있으며, 이러한 사후관리를 통하여 국제기준에 적합한 인증심사를 수행하고 있는지 여부를 지속적으로 평가받는다. 따라서, 같은 인증기관이라해도 KAB으로부터 지정받은 인증기관과 그렇지 않은 인증기관에는 상당한 차이가 있다.

왜냐하면 외국계 인증기관들의 경우 해외의 인증기관과 심사업무에 관한 위탁계약을 체결하여 심사를 수행하면서도 한번도 심사수행상태에 대하여 해당 해외 인증기관의 사후관리를 받지 않는 경우가 대부분이기 때문이다. 인증기관의 선택은 전적으로 기업의 자유이나, 기업의 국내외 활동을 위해 인증받는 경우에는 이점을 특히 고려하여 인증기관을 선택하여야 한다.

(3) STEP 3 : 인증심사 수검－심사반 변경의 자유

☞ 인증기관의 심사반 구성, 문서심사 및 현장심사는 별도로 운영함

인증계약이 체결되면 인증기관은 계약서에 나타난 대로 인증심사반을 구성하고 해당 기업의 문서를 심사하여 품질시스템이 국제기준에 적합하게 구축되어 있는지 여부를 심사하고, 기업이 신청한 인증범위가 적절한지를 확인한다. 이 경우 일부 인증기관은 기업이 신청한 인증범위가 적절한지 여부를 평가하기 위해 예비방문 또는 문서심사 이후에 심사반을 구성하는 경우도 있다. 그 이후 기업에 심사반원 명단을 통보하고 현장을 방문하여 문서에 기재된 사항들이 제대로 이행되고 있는 여부를 확인한다. 이 경우 필요에 따라 특정 분야의 전문가를 대동할 수 있으며 이를 기술전문가라 칭한다.

현장을 방문하여 심사하는 도중 기업이 신청한 인증범위가 사실과 다르거나 적용불가능한 경우 해당 심사반은 이를 인증기관에 보고하고 해당 기업과 적절한 인증범위를 협의하여 인증계약을 갱신 체결한다.

현장심사 시 훌륭한 심사원이란 해당 기업의 잘못된 점과 함께 잘된 점도 지적해 주고, 아울러 조금만 노력하면 개선될 수 있는 사항을 관찰사항으로 지적하여 주는 심사원이라 할 수 있다. 심사원은 심사도중 자문을 할 수 없도록 되어 있는데, 이는 해당 부적합에 대하여 적절한 시정의 방법을 가르쳐 주는 것을

의미한다. 따라서 이러한 행위 이외의 활동은 자문으로 간주되지 않는다.

예를 들어 심사와 직접적인 관련이 없는 사항에 대하여 조언을 구하거나 답변하는 경우 이는 오히려 우수한 심사로 간주될 수 있는 것이다. 그래서 심사를 받을 때에는 보다 해당 분야에 경험이 많은 전문가를 심사원으로 파견하도록 요청하는 것이 필요하다.

기업은 인증기관이 심사전에 보내 온 인증심사반 목록을 보고 특정한 심사원의 파견을 거부하거나 심사반원의 교체를 요구할 권리가 있다. 이 경우 인증기관은 무조건 인증심사원을 교체해 주어야 한다. 기업은 문서심사 시에 지적된 부적합을 현장심사 이전에 모두 시정하여야 한다. 인증기관은 시정여부의 확인을 현장심사 이전이나 현장심사 시에 수행할 수 있다.

(4) STEP 4 : 부적합의 시정 및 인증의 결정

인증심사반은 현장심사를 마치면서 해당 기업에게 부적합보고서 및 종합평가결과를 구두 또는 문서로 알려주고 심사결과를 인증기관에 보고한다. 인증기관은 심사반의 심사결과를 검증하고 해당 기업에 최종 심사결과보고서를 제공한다. 이때에 심사반의 심사결과와 차이가 있는 부분에 대해서는 상세한 이유와 함께 설명해 주어야 한다.

인증기업이 모든 부적합에 대하여 시정조치를 완료하면, 인증기관은 심사결과를 인증심의위원회 등 인증심의 및 결정을 담당한 조직에 회부하여 인증여부를 결정한다. 인증이 결정되면 인증기관은 인증신청기업에 인증서를 제공하고, 특정한 기간동안 인증을 보증하게 된다.

인증의 보증기간은 현재 품질경영촉진법상에는 3년으로 되어 있으며, 이는 해당 인증기관의 사후관리결과 지속적으로 해당 기업이 국제규격에 적합한 품질시스템을 유지하고 있다는 평가를 받는 경우에만 보장이 된다.

(5) STEP 5 : 연례 사후관리 수검

인증을 받은 기업은 인증기관과의 계약에 따라 연1회 또는 6개월에 1회의 사후관리를 받아야 하는데, 법적으로는 반드시 연1회 이상의 사후관리를 받도록 되어 있다. 사후관리의 주기는 인증기관마다 나름대로의 근거 및 기준을 가지고 설정해 놓고 있으며, 기업에 따라 동일한 기준으로 이를 적용하도록 되어 있다.

(6) STEP 6 : 인증의 갱신(갱신심사 수검)

인증을 받은 기업은 법에서 정한 인증의 유효기간인 3년마다 인증기관과의 계약을 갱신하여야 한다. 이를 위하여 기업이 원할 경우 인증기관은 기업의 신청을 받아 인증을 갱신할 수 있다. 이때에 실시되는 심사를 갱신심사라 하는데, 통상적으로 그 심사규모는 최초인증의 2/3 이상이며, 절차는 최초인증절차와 동일하다. 최초로 인증을 획득한 날로부터 3년 이내에 갱신을 하지 않으면 그 인증은 자동으로 법적 효력을 상실한다.

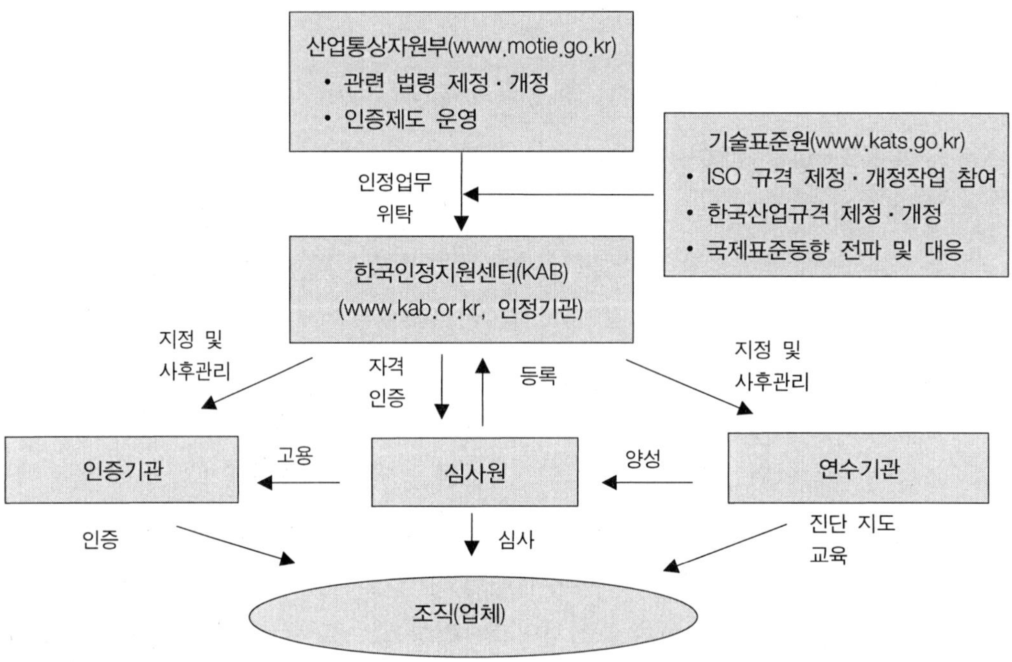

[그림 6-4] 인증시스템 조직별 역할

2. 인증기관 심사 모듈 사례

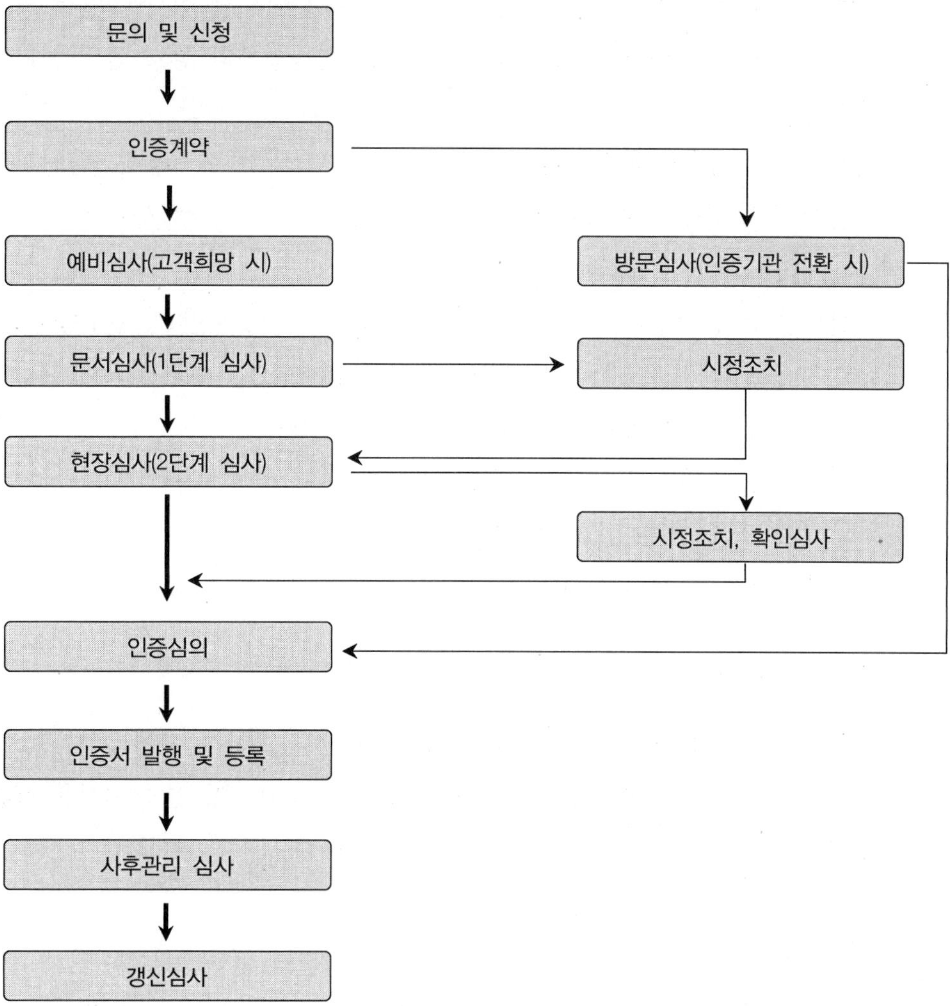

[그림 6-5] 인증심사 프로세스

(1) 심사계획 통보

① 계약이 체결되면 인증기관은 심사반을 구성하여 신청업체에 통보한다.

② 이때 신청업체의 의견을 고려하여 심사반 구성에 반영할 수 있다.

③ 심사반이 구성되면 신청업체에 통보한다.

(2) 인증심사

① 예비심사 : 예비심사는 고객이 원할 경우 수행하며 본 심사에 앞서 시스템의 적합성을 확인하는 심사로 심사일수는 신청업체와 상호 협의하에 결정한다.

② 문서심사(1단계 심사) : 현장심사에 앞서 고객의 품질 · 환경 · 안전시스템 문서 등을 중심으로 규격과의 적합성을 심사하며, 현장심사를 효과적으로 실시하기 위해 가급적 고객을 방문하여 심사하는 것을 원칙으로 한다.

③ 현장심사(2단계 심사) : 현장심사는 문서화된 시스템뿐만 아니라 업무가 적합하게 수행되고 있는지를 기업현장에서 심사하며, 이때 발견된 부적합의 시정조치가 완료되어야만 인증심의가 가능하다.

④ 확인심사 : 인증심사 시 발견된 부적합에 대한 시정조치를 확인하는 심사로 문서 또는 현장방문을 통해 이루어지며, 현장방문에 따라 발생하는 제비용은 별도로 청구된다.

(3) 인증등록 심의

심사에 따른 시정조치가 모두 완료되면 심사가 적절하게 수행되었는지 심사과정 전체를 검증하고, 적합한 경우 심의위원회를 개최하여 인증 여부를 결정하게 된다.

(4) 인증서 발행 및 등록

심의위원회에서 인증이 결정되면 고객에게 통보하고 인증서를 발급한다.

(5) 사후관리 심사

① 인증받은 업체가 인증을 유지하기 위해서는 6개월~1년을 주기로 사후관리 심사를 실시하며, 이를 통해 품질 · 환경 · 안전 경영 시스템을 지속적으로 개선할 수 있다.

② 심사 주요 내용

• 내부심사, 경영검토

- 품질 · 환경 · 안전 시스템 변경
- 인증표시 사용
- 전회심사 부적합 사항

(6) 갱신심사

인증은 3년을 주기로 갱신해야 하며, 최초 인증심사 절차에 준하여 인증심사가 진행된다.

(7) 특별 사후관리 심사

① 인증받은 업체에 다음과 같은 중요한 사유가 발생하면, 정기 사후관리 심사와는 별도로 특별 사후관리 심사가 시행된다.

② 인증받은 업체에 다음과 같은 중요한 사유가 발생하면, 정기 사후관리 심사와는 별도로 특별 사후관리 심사가 시행된다.

- 품질 · 환경 · 안전 경영시스템이 인증요건에 중대한 영향을 미칠 수 있는 변경이 있는 경우
- 고객으로부터 중요한 클레임이 발생하거나 인증요건을 더 이상 만족하고 있지 않은 경우

부 록

경영시스템 – 요구사항

1. 품질경영시스템 - 요구사항
2. 환경경영시스템 - 요구사항
3. (품질/환경)통합경영 매뉴얼 사례

1. 품질경영시스템 – 요구사항

[교육용]

이 번역본은 교육목적을 위하여 KS Q ISO 9001 : 2015(2015.12.29.) 표준을 재편집한 것이다. 본 자료는 교육목적 이외에는 사용을 금한다.

목 차

1. 개 요

01. 일반사항(general)

품질경영시스템의 도입은 조직의 전체적인 성과를 개선하고, 지속가능한 발전 계획(initiative)을 위한 견실한 기반을 제공하는데 도움이 될 수 있는 전략적 의사결정이다. 이 표준을 기반으로 한 품질경영시스템의 실행이 조직에 미치는 잠재적 이익은 다음과 같다.

a) 고객요구사항, 그리고 적용되는 법적 및 규제적 요구사항에 적합한 제품 및 서비스를 일관되게 제공할 수 있음
b) 고객만족을 증진하기 위한 기회의 촉진함
c) 조직의 상황 및 목표와 연관된 리스크와 기회를 다룸
d) 규정된 품질경영시스템 요구사항에 적합함을 실증할 수 있음

이 표준은 내부 및 외부 당사자에 의해 활용될 수 있다.
이 표준은 다음과 같은 필요성(need)을 나타내려고 의도된 것은 아니다.

- 상이한 품질경영시스템의 구조 통일화
- 이 표준의 조항 구조에 따른 문서화의 정렬
- 조직 내에서 이 표준의 특정 용어 사용

이 표준에서 규정된 품질경영시스템 요구사항은 제품 및 서비스에 대한 요구사항과 상호 보완적이다. 이 표준은 계획 - 실행 - 검토 - 조치(PDCA) 사이클 및 리스크 기반 사고가 포함된 프로세스 접근법을 활용한다.

프로세스 접근법을 통하여 조직은 프로세스 및 그 상호작용을 계획할 수 있다.

PDCA 사이클을 통하여 조직은 프로세스에 충분한 자원이 제공되어 관리되는 것과, 개선기회가 파악되어 조치됨을 보장할 수 있다. 리스크 기반 사고를 통하여 조직은 프로세스와 품질경영시스템이 계획된 결과로부터 벗어나게 하는 요인을 정할 수 있고, 부정적인 영향을 최소화하는 예방관리를 시행할 수 있으며, 기회가 있으면 기회를 최대한 활용할 수 있다(A.4 참조).

요구사항을 일관되게 충족시키고, 미래의 니즈 및 기대를 다루는 일은 점점 더 역동적이고 복잡한 환경에서 조직에게 도전이 된다. 이 목표를 달성하기 위하여 조직은 시정과 지속적 개선에 추가하여 획기적인 변화, 혁신 및 조직개편과 같이 다양한 형태의 개선을 채택하는 것이 필요하다는 것을 알게 될 것이다.

이 표준에서 다음과 같은 조동사 형태가 사용된다.

- "하여야 한다(shall)"는 요구사항을 의미한다.
- "하여야 할 것이다(should)"는 권고사항을 의미한다.
- "해도 된다(may)"는 허용을 의미한다.
- "할 수 있다(can)"는 가능성 또는 능력을 의미한다.

"비고"로 표기된 정보는 관련된 요구사항을 이해하거나 명확히 하기 위한 가이던스(guidance)이다.

02. 품질경영원칙

이 표준은 ISO 9000에 기술된 품질경영원칙을 기반으로 한다. 기술내용에는 각 원칙의 설명, 품질경영원칙이 왜 조직에 중요한가에 대한 논리적 근거, 품질경영원칙에 연관된 이점의 몇 가지 사례, 그리고 품질경영원칙을 적용할 때에 조직의 성과를 개선하기 위한 대표적 활동의 사례가 포함된다.

품질경영원칙(quality management principles)은 다음과 같다.

- 고객중시(customer focus)
- 리더십(leadership)
- 인원의 적극참여(engagement of people)
- 프로세스 접근법(process approach)
- 개선(improvement)
- 증거기반 의사결정(evidence-based decision making)
- 관계관리 / 관계경영(relationship management)

03. 프로세스 접근법

0.3.1 일반사항

이 표준은 고객 요구사항을 충족함으로써 고객만족을 증진시키기 위하여, 품질경영시스템의 효과성을 개발, 실행 및 개선시키고자 할 때 프로세스 접근법의 채택을 권장한다. 프로세스 접근법의 채택에 필수적으로 고려되어야 할 특정 요구사항은 4.4에 포함되어 있다.

상호 관련된 프로세스를 하나의 시스템으로 이해하고 관리하는 것은, 조직이 의도한 결과를 달성하는 데 있어서 조직의 효과성 및 효율성에 기여한다. 이 접근법을 통하여 조직은 시스템의 프로세스 간 상호 관련 성과 상호 의존성을 관리할 수 있으므로, 조직의 전반적인 성과가 증진될 수 있다.

조직의 품질방침과 전략적 방향에 따라 의도한 결과를 달성하기 위하여, 프로세스 접근법에는 프로세스의 체계적인 정의와 관리 그리고 프로세스의 상호작용이 포함된다. 프로세스와 전체적인 시스템의 관리는, 기회의 이점 활용과 바람직하지 않은 결과의 예방을 목표로 하는 리스크 기반사고(0.3.3 참조)에 전반적인 중점을 두고, PDCA 사이클(0.3.2 참조)을 활용함으로써 달성될 수 있다.

품질경영시스템에서 프로세스 접근법을 적용하면, 다음 사항이 가능하다.

a) 요구사항 충족의 이해와 일관성
b) 가치부가 측면에서 프로세스의 고려
c) 효과적인 프로세스 성과의 달성
d) 데이터 및 정보의 평가에 기반을 둔 프로세스의 개선

[그림 1]은 모든 프로세스의 도식적 표현이며, 프로세스 요소의 상호작용을 보여준다. 관리를 위해 필요한 모니터링 및 측정의 점검항목은 각 프로세스에 따라 독특하고, 관련된 리스크에 따라 달라질 것이다.

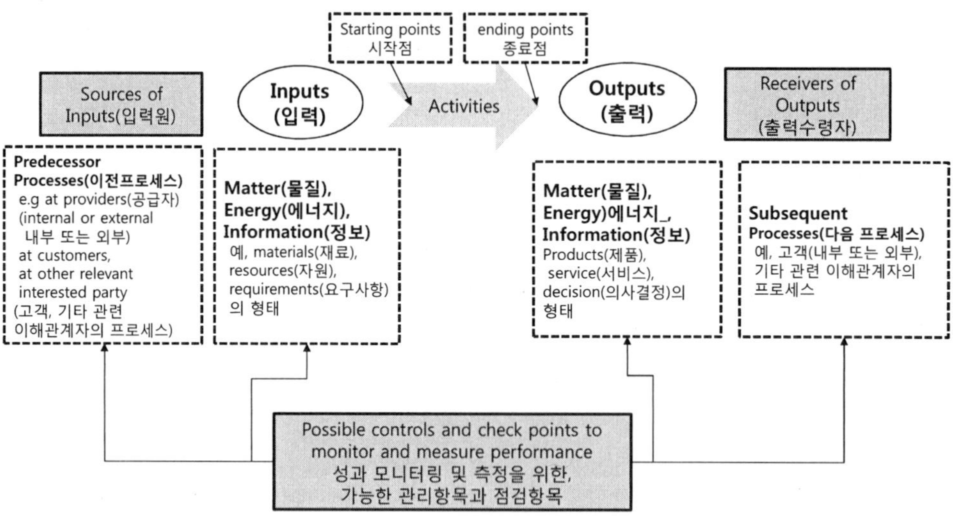

[그림 1] 단일 프로세스에 대한 도식적 표현

0.3.2 계획 - 실행 - 검토 - 조치 사이클

PDCA 사이클은 모든 프로세스 및 품질경영시스템 전체에 적용될 수 있다. [그림 2]는 4절에서 10절까지가 PDCA 사이클과 관련하여 어떻게 그룹을 이룰 수 있는지를 보여준다.

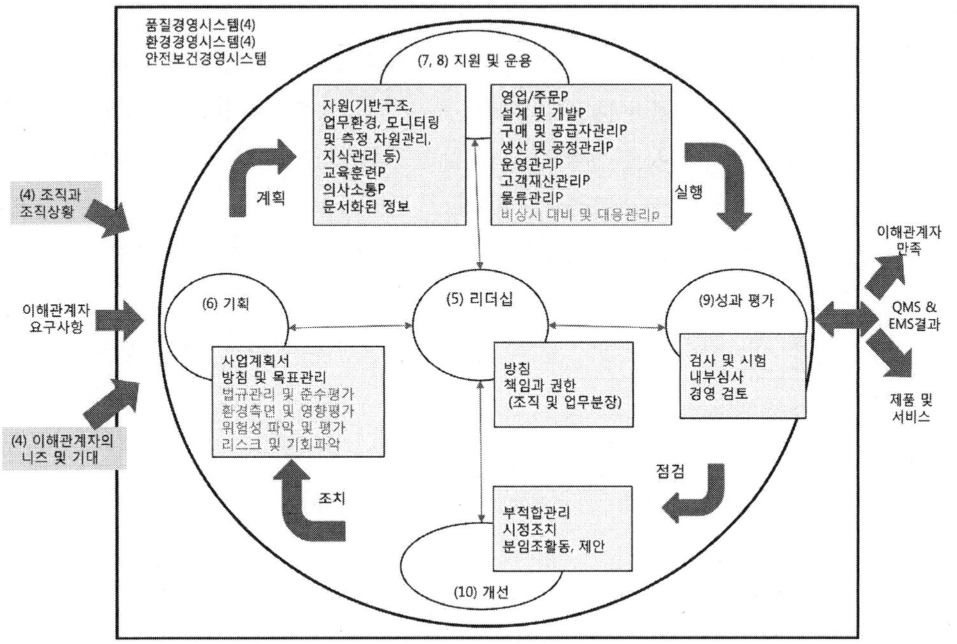

[그림 2] PDCA 사이클에서 이 표준의 구조 표현

PDCA 사이클은 개략적으로 다음과 같이 기술될 수 있다.

- 계획 : 시스템 및 프로세스의 목표수립, 그리고 고객 요구사항 및 조직의 방침에 따른 결과를 도출하기 위해 필요한 자원의 수립
- 실행 : 계획된 것의 실행
- 검토 : 방침, 목표 및 요구사항에 대하여 프로세스에 대한, 그리고 결과로 나타나는 제품 및 서비스에 대한 모니터링과 측정(해당되는 경우) 그리고 그 결과의 보고
- 조치 : 필요에 따라 성과를 개선하기 위한 활동

0.3.3 리스크 기반 사고

리스크 기반 사고(A.4절 참조)는 효과적인 품질경영시스템을 달성하기 위하여 필수적이다. 리스크 기반 사고의 개념은 이 표준의 이전 판에 내포되어 있다. 예를 들면, 잠재적 부적합을 제거하기 위한 예방조치의 수행, 발생하는 모든 부적합의 분석, 그리고 부적합의 영향에 적절한 재발방지 조치를 포함한다.

이 표준의 요구사항에 적합하도록, 조직은 리스크와 기회를 다루기 위한 조치를 계획하고 실행할 필요가 있다. 리스크와 기회 모두를 다루는 것은, 품질경영시스템의 효과성 증진, 개선된 결과달성 및 부정적 영향 예방을 위한 기반을 확립하

는 것이다.

기회는 의도한 결과를 달성하기에 유리한 상황(situation)의 결과로 나타날 수 있는데, 예를 들면, 조직이 고객을 유치하고, 새로운 제품 및 서비스를 개발하며, 낭비를 감소시키거나 생산성을 개선하도록 하는 상황(circumstances)의 집합이다.

기회를 다루기 위한 조치에는 연관된 리스크의 고려도 포함될 수 있다. 리스크는 불확실성의 영향이며, 그러한 모든 불확실성은 긍정적 또는 부정적 영향을 가져올 수 있다. 리스크로부터 발생되는 긍정적인 변경 / 이탈(deviation)은 기회를 제공할 수 있으나, 리스크의 모든 긍정적인 영향이 기회로 되는 것은 아니다.

0.4 다른 경영시스템 표준과의 관계

이 표준은 경영시스템을 위한 표준 간의 정렬을 개선하기 위하여 ISO에서 개발된 틀을 적용한다(A.1 참조).

이 표준을 통하여 조직은 PDCA 사이클과 리스크 기반 사고에 연계된 프로세스 접근법을 사용할 수 있고, 조직의 경영시스템을 다른 경영시스템 표준의 요구사항과 정렬하거나 통합할 수 있다.

이 표준은 KS Q ISO 9000 및 KS Q ISO 9004에 다음과 같이 관련된다.

- KS Q ISO 9000(품질경영시스템 - 기본사항과 용어)는 이 표준의 적절한 이해 및 실행을 위한 필수적인 배경을 제공한다.
- KS Q ISO 9004(조직의 지속적인 성공을 위한 경영 - 품질경영 접근법)은 이 표준의 요구사항을 넘어서는 발전을 선택한 조직을 위한 가이던스를 제공한다.

부속서 B에는 ISO / TC 176이 개발한 품질경영과 품질경영시스템에 관한 기타 표준의 세부사항이 제공된다. 이 표준에는 환경경영, 안전보건경영 또는 재무경영과 같은 다른 경영시스템의 특정 요구사항이 포함되지 않는다.

이 표준의 요구사항을 기반으로 하는, 특정부문(sector)에 특정한 품질경영시스템 표준이 여러 부문을 위하여 개발되어 왔다. 이중 몇몇 표준은 추가적인 품질경영시스템 요구사항을 규정하는 반면, 나머지 표준은 특별한 부문 내에서 표준의 적용에 대한 가이던스를 제공하는 것으로 한정된다.

1. 적용범위(scope)

이 표준은 다음과 같은 경우 조직의 품질경영시스템에 대한 요구사항을 규정한다.

a) 조직이 고객 요구사항과 적용되는 법적 및 규제적 요구사항을 충족하는 제품 및 서

비스를 일관성 있게 제공하는 능력을 실증할 니즈가 있는 경우

b) 조직이 시스템 개선을 위한 프로세스를, 그리고 고객 요구사항 및 적용되는 법적 및 규제적 요구사항에 적합함을 보증하기 위한 프로세스를 포함하는, 시스템의 효과적인 적용을 통하여 고객만족을 증진시키고자 하는 경우

이 표준의 모든 요구사항은 일반적이며, 조직의 형태, 규모 또는 제공되는 제품 및 서비스에 관계없이 모든 조직에 적용될 수 있다.

> **비고** 1. 이 표준에서 "제품" 또는 "서비스"라는 용어는 고객을 위해 의도되거나 고객에 의해 요구된 제품 및 서비스에만 적용된다.
> 2. 법적 및 규제적 요구사항은 법률적(legal) 요구사항으로도 표현될 수 있다.

2. 인용표준

다음의 인용표준은 이 표준의 전체 또는 부분적으로 이 표준의 적용을 위해 필수적이다. 발행연도가 표기된 인용표준(normative references)은 인용된 판만을 적용한다. 발행연도가 표기되지 않은 인용표준은 최신판(모든 추록을 포함)을 적용한다.

KS Q ISO 9000 : 2015, 품질경영시스템 - 기본사항 및 용어

3. 용어와 정의(terms and definitions)

이 표준의 목적을 위하여 KS Q ISO 9000 : 2015에 제시된 용어와 정의를 적용한다.

4. 조직상황(context of the organization)

4.1 조직 및 조직상황 이해(understanding the organization and its context)

조직은 조직의 목적 및 전략적 방향과 관련이 있는 외부 및 내부 이슈를, 그리고 품질경영시스템의 의도된 결과를 달성하기 위한 조직의 능력에 영향을 주는 **외부 및 내부의 이슈를 정하여야** 한다. 조직은 이러한 외부 및 내부 이슈에 대한 정보를 **모니터링하고 검토**하여야 한다.

> **비고** 1. 이슈에는 긍정적, 부정적 요인 또는 고려해야 할 조건(상태)이 포함될 수 있다.
> 2. 국제적, 국가적, 지역적 또는 지방적이든 법적, 기술적, 경쟁적, 시장, 문화적, 사회적 및 경제적 환경에서 비롯된 이슈를 고려함으로써 외부 상황에 대한 이해를 용이하게 할 수 있다.
> 3. 조직의 가치, 문화, 지식 및 성과와 관련 되는 이슈를 고려함으로써 내부상황에 대한 이해를 용이하게 할 수 있다.

4.2 이해관계자의 니즈 및 기대 이해(understanding the needs and expectations of interested parties)

고객 요구사항, 그리고 적용되는 법적 및 규제적 요구사항을 충족하는 제품 및 서비스를 일관성 있게 제공하기 위한 조직의 능력에 미치는 영향 또는 잠재적 영향을 미치기 때문에, 조직은 다음 사항을 정하여야 한다.

a) 품질경영시스템에 관련되는 이해관계자

b) 품질경영시스템에 관련되는 이해관계자의 요구사항

조직은 이해관계자와 이해관계자 관련 요구사항에 대한 정보를 모니터링하고 검토하여야 한다.

4.3 품질경영시스템 적용범위 결정(determining of the scope QMS)

조직은 품질경영시스템의 적용범위를 설정하기 위하여 품질경영시스템의 경계 및 적용가능성을 정하여야 한다.

이 적용범위를 정할 때, 조직은 다음 사항을 고려하여야 한다.

a) 4.1에 언급된 외부와 내부 이슈

b) 4.2에 언급된 관련 이해관계자의 요구사항

c) 조직의 제품 및 서비스

조직의 품질경영시스템의 정해진 적용범위 내에서 이 표준의 요구사항이 적용가능하다면 조직은 이 표준의 모든 요구사항을 적용하여야 한다.

조직의 품질경영시스템의 적용범위는 문서화된 정보로 이용가능하고 유지되어야 한다. 적용범위에는 포함되는 제품 및 서비스의 형태를 기술하여야 하고, 조직이 그 조직의 품질경영시스템 적용범위에 포함되지 않는다고 정한 이 표준의 어떤 요구사항이 있는 경우 그에 대한 정당성을 제시하여야 한다.

적용될 수 없다고 정한 요구사항이, 제품 및 서비스의 적합성 보장과 고객만족 증진을 보장하기 위한 조직의 능력 또는 책임에 영향을 미치지 않는 경우에만 이 표준에 대한 적합성이 주장될 수 있다.

4.4 품질경영시스템 및 그 프로세스(QMS and its processes)

4.4.1 조직은 이 표준의 요구사항에 따라 필요한 프로세스와 그 프로세스의 상호작용을 포함하는 품질경영시스템을 수립, 실행, 유지 및 지속적 개선을 하여야 한다. 조직은 품질경영시스템에 필요한 프로세스와 조직 전반에 그 프로세스의 적용을 정해

야 하며, 다음 사항을 실행하여야 한다.

a) 요구되는 입력과 프로세스로부터 기대되는 출력의 결정
b) 프로세스의 순서 및 상호작용의 결정
c) 프로세스의 효과적 운용과 관리를 보장하기 위하여 필요한 기준과 방법(모니터링, 측정 및 관련 성과지표를 포함)의 결정과 적용
d) 프로세스에 필요한 자원의 결정과 자원의 가용성 보장
e) 프로세스에 대한 책임 및 권한의 부여
f) 6.1의 요구사항에 따라 결정된 리스크와 기회의 조치
g) 프로세스의 평가, 그리고 프로세스가 의도된 결과를 달성함을 보장하기 위하여 필요한 모든 변경사항의 실행
h) 프로세스와 품질경영시스템의 개선

4.4.2 조직은 필요한 정도까지 다음 사항을 실행하여야 한다.

a) 프로세스의 운용을 지원하기 위하여 문서화된 정보의 유지
b) 프로세스가 계획대로 수행되고 있다는 확신을 갖기 위하여 문서화된 정보의 보유

5. 리더십(leadership)

5.1 리더십(leadership)과 의지표명(leadership and commitment)

5.5.1 일반사항(general)

최고경영자 / 최고경영진은 다음 사항에 의하여 품질경영시스템에 관한 리더십과 의지표명 / 실행의지(commitment)를 다음 사항에 의하여 실증하여야 한다.

a) 품질경영시스템의 효과성에 대한 책무(accountability)를 짐
b) 품질방침과 품질목표가 품질경영시스템을 위하여 수립되고, 조직상황과 전략적 방향과 조화됨을 보장
c) 품질경영시스템 요구사항이 조직의 비즈니스 프로세스와 통합됨을 보장
d) 프로세스 접근법 및 리스크 기반 사고의 활용촉진
e) 품질경영시스템에 필요한 자원의 가용성 보장
f) 효과적인 품질경영의 중요성 그리고 품질경영시스템 요구사항과의 적합성에 대한 중요성을 의사소통
g) 품질경영시스템이 의도한 결과를 달성함을 보장
h) 품질경영시스템의 효과성에 기여하기 위한 인원을 적극 참여시키고, 지휘하고 지원함

i) 개선을 촉진

j) 기타 관련 경영자/관리자의 책임분야에 리더십이 적용될 때, 그들의 리더십을 실증하도록 그 경영자 역할에 대한 지원

비고	이 표준에서 '비즈니스'에 대한 언급은 조직이 공적, 사적, 영리 또는 비영리의 여부에 관계없이, 조직의 존재목적에 핵심이 되는 활동을 의미하는 것으로 광범위하게 해석될 수 있다.

5.1.2 고객중시(customer focus)

최고경영자는 다음 사항을 보장함으로써 고객중시에 대한 리더십과 의지표명을 실증하여야 한다.

a) 고객 요구사항과 적용되는 법적 및 규제적 요구사항이 결정되고, 이해되며 일관되게 충족됨

b) 제품 및 서비스의 적합성에, 그리고 고객만족을 증진시키는 능력에 영향을 미칠 수 있는 리스크와 기회가 결정되고 처리됨(다루어짐)

c) 고객만족 증진의 중시가 유지됨

5.2 방침(policy)

5.2.1 품질방침의 수립(establishing the quality policy)

최고경영자는 다음과 같은 품질방침을 수립, 실행 및 유지하여야 한다.

a) 조직의 목적과 상황에 적절하고 조직의 전략적 방향을 지원

b) 품질목표의 설정을 위한 틀을 제공

c) 적용되는 요구사항의 충족에 대한 의지표명을 포함

d) 품질경영시스템의 지속적 개선에 대한 의지표명을 포함

5.2.2 품질방침에 대한 의사소통(communicating the quality policy)

품질방침은 다음과 같아야 한다.

a) 문서화된 정보로 이용 가능하고 유지됨

b) 조직 내에서 의사소통되고 이해되며 적용됨

c) 해당되는 경우, 관련 이해관계자에게 이용 가능함

5.3 조직의 역할, 책임 및 권한

최고경영자는 관련된 역할에 대한 책임 및 권한이 조직 내에서 부여되고, 의사소통되며, 이해됨을 보장하여야 한다.

최고경영자는 다음 사항에 대하여 책임 및 권한을 부여하여야 한다.

a) 품질경영시스템이 이 표준의 요구사항에 적합함을 보장
b) 프로세스가 의도된 출력을 도출하고 있음을 보장
c) 품질경영시스템의 성과와 개선 기회(10.1 참조)를, 특히 최고경영자에게 보고
d) 조직 전체에서 고객중시에 대한 촉진 보장
e) 품질경영시스템의 변경이 계획되고 실행되는 경우, 품질경영시스템의 온전성(integrity)이 유지됨을 보장

6. 기획(planning)

6.1 리스크와 기회를 다루는 조치(actions to address risk and opportunities)

6.1.1 품질경영시스템을 기획할 때, 조직은 4.1의 이슈 및 4.2의 요구사항을 고려하여야 하며, 다음 사항에 대하여 다루어야 할 필요성이 있는 리스크와 기회를 정하여야 한다.

a) 품질경영시스템이 의도된 결과를 달성할 수 있음을 보증
b) 바람직한 영향의 증진
c) 바람직하지 않는 영향의 예방 또는 감소
d) 개선의 성취

6.1.2 조직은 다음 사항을 기획하여야 한다.

a) 리스크와 기회를 다루기 위한 조치
b) 다음 사항에 대한 방법
   1) 조치를 품질경영시스템의 프로세스에 통합하고 실행(4.4 참조)
   2) 이러한 조치의 효과성 평가
   리스크 및 기회를 다루기 위하여 취해진 조치는 제품 및 서비스의 적합성에 미칠 잠재적 영향에 상응하여야 한다.

비고	1. 리스크를 다루기 위한 선택사항에는 리스크 회피, 기회를 잡기 위한 리스크 감수, 리스크 요인제거, 발생가능성 또는 결과의 변경, 리스크 공유 또는 정보에 근거한 의사결정에 의한 리스크 유지가 포함될 수 있다. 2. 기회는 새로운 실행 방안의 채택, 신제품 출시, 새로운 시장개척, 신규 고객창출, 파트너십 구축, 신기술 활용, 그리고 조직 또는 고객의 니즈를 다루기 위한 그 밖의 바람직하고 실행 가능한 방안으로 이어질 수 있다.

6.2 품질목표 및 품질목표 달성기획(quality objectives and planning to achieve them)

6.2.1 조직은 품질경영시스템에 필요한, 관련 기능, 계층 및 프로세스에서 품질목표를

수립하여야 한다.

품질목표는 다음과 같아야 한다.

a) 품질방침과 일관성이 있어야 함
b) 측정 가능해야 함
c) 적용되는 요구사항이 고려되어야 함
d) 제품 및 서비스의 적합성과 고객만족의 증진과 관련되어야 함
e) 모니터링되어야 함
f) 의사소통되어야 함
g) 필요에 따라 갱신되어야 함

조직은 품질목표에 관하여 문서화된 정보를 유지하여야 한다.

6.2.2 품질목표를 달성하는 방법을 기획할 때, 조직은 다음 사항을 정하여야 한다.

a) 달성 대상
b) 필요 자원
c) 책임자
d) 완료시기
e) 결과 평가방법

6.3 변경의 기획(planning of changes)

조직이 품질경영시스템의 변경이 필요하다고 정한 경우, 변경은 계획적인 방법으로 수행되어야 한다(4.4 참조).

조직은 다음 사항을 고려하여야 한다.

a) 변경의 목적 및 잠재적 결과
b) 품질경영시스템의 온전성
c) 자원의 가용성
d) 책임 및 권한의 부여 또는 재부여

7. 지원(support)

7.1 자원(resources)

7.1.1 일반사항(general)

조직은 품질경영시스템의 수립, 실행, 유지, 지속적 개선을 위하여 필요한 자원을 결정하고 제공하여야 한다.

조직은 다음 사항을 고려하여야 한다.

a) 현재 내부 자원의 능력 및 제약

b) 외부 공급자로부터 입수할 필요가 있는 것

7.1.2 인원(people)

조직은 품질경영시스템의 효과적인 실행 그리고 프로세스의 운영 및 관리에 필요한 인원을 결정하고 제공하여야 한다.

7.1.3 기반구조(infrastructure)

조직은 프로세스의 운용에 필요한, 그리고 제품 및 서비스의 적합성 달성에 필요한 기반구조를 결정, 제공 및 유지하여야 한다.

비고	기반구조에는 다음이 포함할 수 있다. a) 건물 및 연관된 유틸리티 b) 장비(하드웨어, 소프트웨어 포함) c) 운송 자원 d) 정보통신기술

7.1.4 프로세스 운용환경(environment for the operation of processes)

조직은 프로세스의 운용에 필요한, 그리고 제품 및 서비스의 적합성 달성에 필요한 환경을 결정, 제공 및 유지하여야 한다.

비고	적절한 환경은 다음과 같이 인적요인과 물리적 요인의 조합이 될 수 있다. a) 사회적(㉮ 비차별, 평온, 비대립) b) 심리적(㉮ 스트레스 완화, 극심한 피로예방, 정서적 보호) c) 물리적(㉮ 온도, 열, 습도, 빛, 기류, 위생, 소음) 이러한 요인은 제공되는 제품 및 서비스에 따라 상당히 달라질 수 있다.

7.1.5 모니터링 및 측정자원(monitoring and measuring resources)

7.1.5.1 일반사항(general)

제품 및 서비스가 요구사항에 대하여 적합한지를 검증하기 위하여 모니터링 또는 측정이 활용되는 경우, 조직은 유효하고 신뢰할 수 있는 결과를 보장하기 위하여 필요한 자원을 정하고 제공하여야 한다.

조직은 제공되는 자원이 다음과 같음을 보장하여야 한다.

a) 수행되는 특정 유형의 모니터링과 측정활동에 적절함

b) 자원의 목적에 지속적으로 적합함(fitness)을 보장하도록 유지됨

조직은 모니터링 및 측정 자원의 목적에 적절하다는 증거로, 적절한 문서화된 정

보를 보유하여야 한다.

7.1.5.2 측정 소급성(traceability)

측정 소급성이 요구사항이거나, 조직이 측정결과의 유효성에 대한 신뢰제공을 필수적인 부분으로 고려하고 있는 경우, 측정장비는 다음과 같아야 한다.

a) 규정된 주기 또는 사용 전에, 국제 또는 국가 측정표준에 소급 가능한 측정표준에 대하여 교정 또는 검증 혹은 두 가지 모두 시행될 것. 그러한 표준이 없는 경우, 교정 또는 검증에 사용된 근거는 문서화된 정보로 보유될 것
b) 측정장비의 교정상태를 알 수 있도록 식별될 것
c) 교정상태 및 후속되는 측정결과를 무효화할 수 있는 조정, 손상 또는 열화로부터 보호될 것

조직은 측정장비가 의도한 목적에 맞지 않는 것으로 발견된 경우, 이전 측정결과의 유효성에 부정적인 영향을 미쳤는지 여부를 규명하고, 필요하다면 적절한 조치를 취하여야 한다.

7.1.6 조직의 지식

조직은 프로세스 운용에 필요한, 그리고 제품 및 서비스의 적합성 달성에 필요한 지식을 정하여야 한다. 이 지식은 유지되고, 필요한 정도까지 이용 가능하여야 한다.

변화하는 니즈 및 경향(trend)의 변경을 다룰 경우, 조직은 현재의 지식을 고려하여야 하고 추가로 필요한 모든 지식 및 요구되는 최신 정보의 입수 또는 접근방법을 정하여야 한다.

비고
1. 조직의 지식은 조직에게 특정한 지식으로, 일반적으로 경험에 의해 얻어진다. 이는 조직의 목표를 달성하기 위하여 활용되고 공유되는 정보이다.
2. 조직의 지식은 다음을 기반으로 할 수 있다.
   a) 내부 출처(예 지적 재산, 경험에서 얻은 지식, 실패 및 성공한 프로젝트로부터 얻은 교훈, 문서화되지 않은 지식 및 경험의 포착 및 공유, 프로세스, 제품 및 서비스에서 개선된 결과)
   b) 외부 출처(예 표준, 학계, 컨퍼런스, 고객 또는 외부 공급자로부터 지식수집)

7.2 역량 / 적격성

조직은 다음 사항을 실행하여야 한다.

a) 품질경영시스템의 성과 및 효과성에 영향을 미치는 업무를 조직의 관리하에 수행하는 인원에 필요한 역량 결정
b) 이들 인원이 적절한 학력, 교육훈련 또는 경험에 근거하여 역량이 있음을 보장

c) 적용 가능한 경우, 필요한 역량을 얻기 위한 조치를 취하고, 취해진 조치의 효과성을 평가

d) 역량의 증거로 적절한 문서화된 정보를 공유

비고	적용할 수 있는 조치에는 예를 들어 현재 고용된 인원에 대한 교육훈련 제공, 멘토링이나 재배치 실시, 또는 역량 있는 인원의 고용이나 그러한 인원과의 계약체결을 포함할 수 있다.

7.3 인식(awareness)

조직은 조직의 관리 하에 업무를 수행하는 관련 인원이 다음 사항을 인식하도록 보장하여야 한다.

a) 품질방침

b) 관련된 품질목표

c) 개선된 성과의 이점(benefits)을 포함하여 품질경영시스템의 효과성에 대한 자신의 기여

d) 품질경영시스템의 요구사항에 부적합한 경우의 영향

7.4 의사소통(communication)

조직은 다음 사항을 포함하여 품질경영시스템에 관련되는 내부 및 외부 의사소통을 결정하여야 한다.

a) 의사소통 내용(on what to communicate)

b) 의사소통 시기(when to communicate)

c) 의사소통 대상(with whom to communicate)

d) 의사소통 방법(how to communicate)

e) 의사소통 담당자(who to communicate)

7.5 문서화된 정보(documented information)

7.5.1 일반사항(general)

조직의 품질경영시스템에는 다음 사항이 포함되어야 한다.

a) 이 표준에서 요구하는 문서화된 정보

b) 품질경영시스템의 효과성을 위하여 필요한 것으로, 조직이 결정한 문서화된 정보

비고	QMS을 위한 **문서화된 정보**의 정도는 다음과 같은 이유로 조직에 따라 다를 수 있다. • 조직의 규모 그리고 활동, 프로세스, 제품 및 서비스의 유형 • 프로세스의 복잡성과 프로세스 상호작용 • 인원의 역량

7.5.2 작성(crating) 및 갱신(updating)

문서화된 정보를 작성하거나 갱신할 경우 조직은 다음 사항이 적절함을 보장해야 한다.

a) 식별 및 내용(description)(예 제목, 날짜, 작성자 또는 문서번호)

b) 형식(예 언어, 소프트웨어 버전, 그래픽) 및 매체(예 종이, 전자 매체)

c) 적절성 및 충족성에 대한 검토 및 승인

7.5.3 문서화된 정보의 관리(control of documented information)

7.5.3.1 품질경영시스템 및 이 표준에서 요구되는 문서화된 정보는 다음 사항을 보장하기 위하여 관리되어야 한다.

a) 필요한 장소 및 필요한 시기에 사용 가능하고 사용하기에 적절함

b) 충분하게 보호됨(예 기밀유지 실패, 부적절한 사용 또는 완전성 훼손으로부터)

7.5.3.2 문서화된 정보의 관리를 위하여 다음 활동 중 적용되는 사항을 다루어야 한다.

a) 배부, 접근, 회수 및 사용(distribution, access, retrieval and use)

b) 가독성(legibility) 보존을 포함하는 보관 및 보존

c) 변경관리(예 버전 관리)

d) 보유 및 폐기(retention and disposition)

품질경영시스템의 기획과 운영을 위하여 필요하다고, 조직이 정한 외부 출처의 문서화된 정보는 적절하게 식별되고 관리되어야 한다.

적합성의 증거로 보유 중인 문서화된 정보는 의도하지 않은 수정으로부터 보호되어야 한다.

비고	접근(access)이란 문서화된 정보를 보는 것만 허락하거나, 문서화된 정보를 보고 변경하는 허락 및 권한에 관한 결정을 의미할 수 있다.

8. 운용(operation)

8.1 운용기획 및 관리(operational planning and control)

조직은 다음 사항을 통하여 제품 및 서비스의 제공을 위한 요구사항을 충족하기 위해 필요한, 그리고 6절에서 정한 조치를 실행하기 위해 필요한 프로세스(4.4 참조)를 계획, 실행 및 관리하여야 한다.

a) 제품 및 서비스에 대한 요구사항 결정

b) 다음에 대한 기준 수립

1) 프로세스
2) 제품 및 서비스의 합격판정

c) 제품 및 서비스 요구사항에 대한 적합성을 달성하기 위해 필요한 자원의 결정
d) 기준에 따라 프로세스의 관리실행
e) 다음을 위해 필요한 정도의 문서화된 정보결정 및 보유

1) 프로세스가 계획된 대로 수행되었음에 대한 신뢰확보
2) 제품과 서비스가 요구사항에 적합함을 실증

이 기획의 출력(outputs)은 조직의 운용에 적절하여야 한다.
조직은 계획된 변경을 관리하고, 의도하지 않은 변경의 결과를 검토해야 하며, 필요에 따라 모든 부정적인 영향을 완화하기 위한 조치를 취하여야 한다.
조직은 외주처리 프로세스가 관리됨을 보장해야 한다(8.4 참조).

8.2 제품 및 서비스의 요구사항(requirements for products and services)

8.2.1 고객과의 의사소통(customer communication)

고객과의 의사소통에는 다음 사항이 포함되어야 한다.

a) 제품 및 서비스 관련 정보제공
b) 변경을 포함하여 문의, 계약 또는 주문의 취급
c) 고객불평을 포함하여 제품 및 서비스에 관련된 고객 피드백 입수
d) 고객재산의 취급 및 관리
e) 관련될 경우, 비상조치를 위한 특정 요구사항 수립

8.2.2 제품 및 서비스에 관련된 요구사항의 결정(determining the requirements for products and services)

고객에게 제공될 제품 및 서비스에 대한 요구사항을 결정할 경우, 조직은 다음 사항을 보장하여야 한다.

a) 제품 및 서비스 요구사항은 다음을 포함하여 규정됨

1) 적용되는 모든 법적 및 규제적 요구사항
2) 조직에 의해 필요하다고 고려된 요구사항

b) 조직은 제공하는 제품 및 서비스에 대한 요구(claim)을 충족시킬 수 있음

8.2.3 제품 및 서비스 관련 요구사항의 검토(review the requirements for products and services)

8.2.3.1 조직은 고객에게 제공될 제품 및 서비스에 대한 요구사항을 충족시키는 능력이 있음을 보장하여야 한다. 조직은 고객에게 제품 및 서비스의 공급을 결정하기 전에 다음 사항을 포함하여 검토를 실시하여야 한다.

a) 인도 및 인도 이후의 활동에 대한 요구사항을 포함하여 고객이 규정한 요구사항
b) 고객이 명시하지 않았으나 알려진 경우, 규정되거나 의도된 사용에 필요한 요구사항
c) 조직에 의해 규정된 요구사항
d) 제품이나 서비스에 적용되는 법적 및 규제적 요구사항
e) 이전에 표현된 것과 상이한 계약 또는 주문 요구사항

조직은 이전에 규정한 요구사항과 상이한 계약 또는 주문 요구사항이 해결되었음을 보장하여야 한다.
고객이 요구사항을 문서화된 상태로 제시하지 않는 경우, 고객 요구사항은 수락 전에 조직에 의해 확인되어야 한다.

비고	인터넷 판매 등과 같은 상황에서는 각각의 주문에 대한 공식적인 검토가 비현실적이다. 이러한 경우, 카탈로그와 같은 관련 제품정보를 검토하는 것으로 대신할 수 있다.

8.2.3.2 조직은 적용될 경우, 다음 사항에 대한 문서화된 정보를 보유하여야 한다.

a) 검토결과
b) 제품 및 서비스에 대한 모든 새로운 요구사항

8.2.4 제품 및 서비스에 대한 요구사항의 변경(changes to requirements for products and services)

제품 및 서비스에 대한 요구사항이 변경된 경우, 조직은 관련 문서화된 정보가 수정됨을 그리고 관련 인원이 변경된 요구사항을 인식하고 있음을 보장하여야 한다.

8.3 제품 및 서비스의 설계 및 개발(design and development of products and services)

8.3.1 일반사항(general)

조직은 제품 및 서비스의 설계 및 개발 이후의 공급을 보장하기에 적절한 설계 및 개발 프로세스를 수립, 실행 및 유지하여야 한다.

8.3.2 설계와 개발기획(design and development planning)

설계 및 개발에 대한 단계 및 관리를 결정할 때, 조직은 다음 사항을 고려하여야 한다.

a) 설계 및 개발 활동의 성질, 기간 및 복잡성
b) 적용되는 설계 및 개발검토를 포함하여 요구되는 프로세스 단계
c) 요구되는 설계 및 개발 검증 및 실현성 확인 / 타당성 확인(validation) 활동
d) 설계 및 개발 프로세스에 수반되는 책임 및 권한
e) 제품 및 서비스의 설계 및 개발에 대한 내부 및 외부 자원 필요성
f) 설계 및 개발 프로세스에 관여하는 인원 간 인터페이스의 관리 필요성
g) 설계 및 개발 프로세스에 고객 및 사용자의 관여 필요성
h) 제품 및 서비스의 설계 및 개발 이후의 공급을 위한 요구사항
i) 설계 및 개발 프로세스에 대해 고객 및 기타 관련 이해관계자가 기대하는 관리의 수준
j) 설계 및 개발 요구사항이 충족되었음을 실증하는데 필요한 문서화된 정보

8.3.3 설계와 개발 입력(design and development inputs)

조직은 설계와 개발이 될 특정 제품 및 서비스의 필수적인 요구사항을 결정하여야 한다. 조직은 다음 사항을 고려하여야 한다.

a) 기능 및 성능 / 성과 요구사항
b) 이전의 유사한 설계 및 개발 활동으로부터 도출된 정보
c) 법적 및 규제적 요구사항
d) 조직이 실행을 약속한 표준 또는 실행지침
e) 제품 및 서비스의 성격에 기인하는 실패의 잠재적 결과

입력은 설계와 개발목적에 충분하며 완전하고 모호하지 않아야 한다.
상충되는 설계와 개발 입력은 해결되어야 한다.
조직은 설계와 개발 입력에 대한 문서화된 정보를 보유하여야 한다.

8.3.4 설계와 개발관리(design and development controls)

조직은 설계 및 개발 프로세스에 다음 사항을 보장하는 관리를 적용해야 한다.

a) 달성될 결과의 규정
b) 설계 및 개발결과가 요구사항을 충족하는지의 능력을 평가하기 위한 검토 시행
c) 설계 및 개발의 출력이 입력요구사항에 충족함을 보장하기 위한 검증활동 시행
d) 결과로 나타난 제품 및 서비스가 규정된 적용에 대한, 또는 사용의도에 대한 요구사항을 충족시킴을 보장하기 위한 실현성 확인 활동의 시행
e) 검토 또는 검증 및 실현성인 활동 중 식별된 문제점에 대해 필요한 모든 조치

의 시행

f) 이들 활동에 대한 문서화된 정보의 보유

비고	설계 및 개발검토, 검증 및 실현성 확인에는 별개의 다른 목적이 있다. 설계 및 개발검토, 검증 및 실현성 확인은 조직의 제품 및 서비스에 적절하도록 별도로 또는 조합하여 시행될 수 있다.

8.3.5 설계와 개발출력(design and development outputs)

조직은 설계 및 개발출력이 다음과 같음을 보장해야 한다.

a) 입력 요구사항 충족

b) 제품 및 서비스 제공을 위한 후속 프로세스에 대해 충분함

c) 해당되는 경우, 모니터링 및 측정 요구사항의 포함 또는 인용 그리고 합격판정 기준의 포함 또는 인용

d) 의도한 목적에 그리고 안전하고 올바른 공급에 필수적인 제품 및 서비스의 특성 규정

조직은 설계와 개발출력에 대한 문서화된 정보를 보유하여야 한다.

8.3.6 설계 및 개발변경(design and development changes)

조직은 제품 및 서비스의 설계 및 개발과정, 또는 이후에 발생된 변경사항을 요구사항의 적합성에 부정적 영향이 없음을 보장하는데 필요한 정도까지 식별, 검토 및 관리하여야 한다.

조직은 다음 사항에 대한 문서화된 정보를 보유하여야 한다.

a) 설계 및 개발변경

b) 검토결과

c) 변경의 승인

d) 부정적 영향을 예방하기 위해 취한 조치

8.4 외부에서 제공되는 프로세스, 제품 및 서비스의 관리(control of externally provided processes, products and services)

8.4.1 일반사항(general)

조직은 외부에서 제공되는 프로세스, 제품 및 서비스가 요구사항에 적합함을 보장하여야 한다.

조직은 다음의 경우, 외부에서 제공되는 프로세스, 제품 및 서비스에 적용할 관리

를 결정하여야 한다.

a) 외부 공급자의 제품 및 서비스가 조직 자체의 제품 및 서비스에 포함되도록 의도한 경우
b) 제품 및 서비스가 조직을 대신한 외부 공급자에 의해 고객에게 직접 제공되는 경우
c) 프로세스 또는 프로세스의 일부가 조직에 의한 결정의 결과로, 외부 공급자에 의해 제공된 경우

조직은 요구사항에 따라 프로세스 또는 제품 및 서비스를 공급할 수 있는 능력을 근거로, 외부 공급자의 평가, 선정, 성과 모니터링 및 재평가에 대한 기준을 결정하고 적용하여야 한다. 조직은 이들 활동에 대한, 그리고 평가를 통해 발생한 모든 필요한 조치에 대한 **문서화된 정보를 보유**하여야 한다.

8.4.2 관리의 유형과 정도(type and extent of control)

조직은 외부에서 제공되는 프로세스, 제품 및 서비스가, 적합한 제품 및 서비스를 고객에게 일관되게 인도하는 조직의 능력에 부정적인 영향을 미치지 않음을 보장하여야 한다.

조직은 다음 사항을 수행하여야 한다.

a) 외부에서 제공되는 프로세스가 조직의 품질경영시스템 관리 내에서 유지됨을 보장
b) 외부 공급자에게 적용하기로 한 관리와 결과로 나타나는 출력에 적용하기로 한 관리 모두를 규정
c) 다음에 대한 고려
    1) 고객 요구사항과 법적 및 규제적 요구사항을 일관되게 충족시켜야 하는 조직의 능력에 미치는, 외부에서 제공되는 프로세스, 제품 및 서비스의 잠재적 영향
    2) 외부 공급자에 의해 적용되는 관리의 효과성
d) 외부에서 제공되는 프로세스, 제품 및 서비스가 요구사항을 충족시킴을 보장하기 위해 필요한 검증 또는 기타 활동의 결정

8.4.3 외부 공급자에 대한 정보(information for external providers)

조직은 외부 공급자와 의사소통하기 이전에 요구사항이 타당함 / 충분함(adequacy)을 보장하여야 한다.

조직은 다음 사항에 대한 조직의 요구사항을 외부 공급자에게 전달하여야 한다.

a) (외부 공급자가)제공하는 프로세스, 제품 및 서비스
b) 다음에 대한 승인
   1) 제품 및 서비스
   2) 방법, 프로세스 및 장비
   3) 제품 및 서비스의 불출
c) 요구되는 모든 인원의 자격을 포함한 역량 / 적격성
d) 조직과 외부 공급자의 상호작용
e) 외부 공급자의 성과에 대하여 조직이 적용하는 관리 및 모니터링
f) 조직 또는 조직의 고객이 외부 공급자의 현장에서 수행하고자 하는 검증 또는 실현성 확인 활동

8.5 생산 및 서비스 제공(production and service provision)

8.5.1 생산 및 서비스 제공의 관리(control of production and service provision) 조직은 제품 및 서비스 제공을 관리되는 조건하에서 실행하여야 한다.

관리 조건에는 해당되는 경우, 다음 사항이 포함되어야 한다.

a) 다음을 규정하는 문서화된 정보의 가용성
   1) 생산되어야 하는 제품의, 제공되어야 하는 서비스의, 또는 수행되어야 하는 활동의 특성
   2) 달성되어야 하는 결과
b) 적절한 모니터링 자원 및 측정자원의 가용성 및 활용
c) 프로세스 또는 출력의 관리에 대한 기준, 그리고 제품 및 서비스에 대한 합격 판정기준이 충족되었음을 검증하기 위하여, 적절한 단계에서 모니터링 및 측정 활동의 실행
d) 프로세스 운용을 위한 적절한 기반구조 및 환경의 활용
e) 요구되는 모든 자격을 포함하여, 역량이 있는 인원의 선정
f) 결과로 나타난 출력이 후속되는 모니터링 또는 측정에 의해 검증될 수 없는 경우, 생산 및 서비스 제공을 위한 프로세스의 계획된 결과를 달성하기 위한 능력의 실현성 확인 및 주기적 실현성 재확인
g) 인적 오류를 예방하기 위한 조치의 실행
h) 불출, 인도 및 인도 후 활동의 실행

8.5.2 식별 및 추적성(identification and traceability)

조직은 제품 및 서비스의 적합성을 보장하기 위해 필요한 경우, 출력을 식별하기 위해 적절한 수단을 활용하여야 한다.

조직은 생산 및 서비스 제공 전체에 걸쳐 모니터링 및 측정 요구사항에 관한 출력의 상태를 식별하여야 한다.

추적성이 요구사항인 경우, 조직은 출력의 고유한 식별을 관리하여야 하며, 추적성이 가능하기 위해 필요한 문서화된 정보를 보유하여야 한다.

8.5.3 고객 또는 외부 공급자의 재산(property belonging to customers or external providers)

조직은 조직의 관리 하에 있거나 조직의 사용 중에 있는 고객 또는 외부 공급자의 재산에 대하여 주의를 기울여야 한다. 조직은 제품 및 서비스에 사용되거나 포함되도록 제공된 고객 또는 외부 공급자의 재산을 식별, 검증, 보호 및 안전하게 유지하여야 한다.

고객 또는 외부 공급자의 재산이 분실, 손상 또는 사용하기에 부적절한 것으로 판명된 경우, 조직은 고객 또는 외부 공급자에게 이를 통보하여야 하며, 발생한 사항에 대해 문서화된 정보를 보유하여야 한다.

비고 고객 또는 외부 공급자의 재산에는 자재, 부품, 공구 및 장비, 고객 부동산, 지적 소유권 및 개인정보가 포함될 수 있다.

8.5.4 보존(preservation)

조직은 요구사항에 적합함을 보장하기 위해 필요한 정도까지, 생산 및 서비스를 제공하는 동안 출력을 보존하여야 한다.

비고 보존에는 식별, 취급, 오염관리, 포장, 보관, 전달 또는 수송 및 보호가 포함될 수 있다.

8.5.5 인도 후 활동(post-delivery activities)

조직은 제품과 서비스와 관련된 인도 후 활동을 위한 요구사항을 충족하여야 한다. 조직은 요구되는 인도 후 활동에 관한 정도를 결정할 때, 조직은 다음 사항을 고려해야 한다.

a) 법적 및 규제적 요구사항
b) 제품 및 서비스와 관련한 잠재적으로 원하지 않은 결과
c) 제품 및 서비스의 성질, 용도 및 계획 수명
d) 고객 요구사항

e) 고객 피드백

비고	인도 후 활동에는 보증규정에 따른 조치, 정비서비스와 같은 계약상 의무사항 그리고 재활용이나 최종 폐기와 같은 보충적인 서비스가 포함될 수 있다.

8.5.6 변경관리(control of changes)

조직은 생산 또는 서비스 제공에 대한 변경을, 요구사항과의 지속적인 적합성을 보장하기 위하여 필요한 정도까지 검토하고 관리하여야 한다.

조직은 변경에 대한 검토의 결과, 변경승인자 및 검토결과 도출된 필요한 모든 조치사항을 기술한 문서화된 정보를 보유하여야 한다.

8.6 제품 및 서비스의 불출(release of products and services) / 출시

조직은 제품 및 서비스 요구사항이 충족되었는지 검증하기 위하여, 적절한 단계에서 계획된 결정사항을 실행해야 한다.

계획된 결정사항이 만족스럽게 완료될 때까지 제품 및 서비스는 고객에게 불출되지 않아야 한다. 다만, 관련 권한을 가진 자가 승인하고, 고객이 승인한 때(해당되는 경우)에는 불출할 수 있다.

조직은 제품 및 서비스의 불출에 관련된 문서화된 정보를 보유해야 한다. 문서화된 정보에는 다음 사항이 포함되어야 한다.

a) 합격 판정기준에 적합하다는 증거

b) 불출을 승인한 인원에 대한 추적성

8.7 부적합 출력의 관리(control of nonconforming outputs)

8.7.1 조직은 의도하지 않은 사용 또는 인도를 방지하기 위하여, 제품 요구사항에 적합하지 않은 출력이 식별되고 관리됨을 보장하여야 한다.

조직은 부적합의 성질(nature)에 그리고 제품 및 서비스의 적합성에 대하여 부적합이 미치는 영향에 따라 적절한 조치를 취하여야 한다.

이것은 제품의 인도 후 그리고 서비스의 제공 중 또는 제공 후에 발견된 제품 및 서비스의 부적합에도 적용된다.

조직은 부적합 출력을 다음의 하나 또는 그 이상의 방법으로 처리하여야 한다.

a) 시정

b) 제품 및 서비스 제공의 격리, 봉쇄 / 억제, 반품 또는 정지

c) 고객에게 통지

d) 특채에 의해 인수를 위한 승인의 획득

부적합 출력이 조치되는 경우, 요구사항에 대한 적합성이 검증되어야 한다.

8.7.2 조직은 다음의 문서화된 정보를 보유해야 한다.

a) 부적합에 대한 기술
b) 취해진 조치에 대한 기술
c) 승인된 특채에 대한 기술
d) 부적합에 관한 활동을 결정하는 책임의 식별

9. 성과평가(performance evaluation)

9.1 모니터링, 측정, 분석 및 평가(monitoring, measurement, analysis and evaluation)

9.1.1 일반사항(general)

조직은 다음 사항을 결정하여야 한다.

a) 모니터링 및 측정의 대상
b) 유효한 결과를 보장하기 위하여 필요한 모니터링, 측정, 분석 및 평가에 대한 방법
c) 모니터링 및 측정 수행시기
d) 모니터링 및 측정의 결과에 대한 분석 및 평가시기

조직은 품질경영시스템의 성과 및 효과성을 평가하여야 한다.
조직은 결과의 증거로 적절한 문서화된 정보를 보유하여야 한다.

9.1.2 고객만족(customer satisfaction)

조직은 고객의 니즈 및 기대가 어느 정도 충족되는지에 대한 고객의 인식을 모니터링 하여야 한다. 조직은 이 정보를 수집, 모니터링 및 검토하기 위한 방법을 결정하여야 한다.

비고	고객인식에 대한 모니터링의 사례에는 고객 설문조사, 인도된 제품 또는 서비스에 대한 고객 피드백, 고객과의 미팅, 시장점유율 분석, 고객의 칭찬, 보증 클레임 그리고 판매업자 보고서가 포함될 수 있다.

9.1.3 분석 및 평가(analysis and evaluation)

조직은 모니터링 및 측정에서 나온 적절한 데이터 및 정보를 분석하고, 평가하여야 한다.

분석의 결과는 다음 사항의 평가를 위하여 사용되어야 한다.

a) 제품 및 서비스의 적합성
b) 고객 만족도
c) 품질경영시스템의 성과 및 효과성
d) 기획의 효과적인 실행 여부
e) 리스크 및 기회를 다루기 위하여 취해진 조치의 효과성
f) 외부 공급자의 성과
g) 품질경영시스템의 개선 필요성

비고 데이터 분석방법에는 통계적 기법이 포함될 수 있다.

9.2 내부심사(internal audit)

9.2.1 조직은 품질경영시스템이 다음 사항에 대한 정보를 제공하기 위하여 계획된 주기로 내부심사를 수행하여야 한다.

a) 다음 사항에 대한 적합성 여부
   - 품질경영시스템에 대한 조직 자체 요구사항
   - 이 표준의 요구사항
b) 품질경영시스템이 효과적으로 실행되고 유지되는지 여부

9.2.2 조직은 다음 사항을 실행하여야 한다.

a) 주기, 방법, 책임, 요구사항의 기획 및 보고를 포함하는 심사프로그램의 계획, 수립, 실행 및 유지, 그리고 심사프로그램에는 관련 프로세스의 중요성, 조직에 영향을 미치는 변경 그리고 이전 심사결과가 고려되어야 한다.
b) 심사기준 및 개별심사의 적용범위에 대한 규정
c) 심사 프로세스의 객관성 및 공평성을 보장하기 위한 심사원 선정 및 심사수행
d) 심사결과가 관련 경영자에게 보고됨을 보장
e) 과도한 지연 없이 적절한 시정 및 시정조치 실행
f) 심사프로그램의 실행 및 심사결과의 증거로 문서화된 정보의 보유

비고 가이던스로 ISO 19011 참조

9.3 경영검토 / 경영평가(management review)

9.3.1 일반사항(general)

최고경영자는 조직의 전략적 방향에 대한 품질경영시스템의 지속적인 적절성, 충

분성, 효과성 및 정렬성을 보장하기 위하여 계획된 주기로 조직의 품질경영시스템을 검토하여야 한다.

9.3.2 경영검토 입력사항(management review inputs)

경영검토는 다음 사항을 고려하여 계획되고 수행되어야 한다.

a) 이전 경영검토에 따른 조치의 상태

b) 품질경영시스템과 관련된 외부 및 내부 이슈의 변경

c) 다음의 경향을 포함한 품질경영시스템의 성과 및 효과성에 대한 정보

1) 고객만족 및 관련 이해관계자로부터의 피드백

2) 품질목표의 달성 정도

3) 프로세스 성과 그리고 제품 및 서비스의 적합성

4) 부적합 및 시정조치

5) 모니터링 및 측정결과

6) 심사결과

7) 외부 공급자의 성과

d) 자원의 충족성

e) 리스크와 기회를 다루기 위하여 취해진 조치의 효과성(6.1 참조)

f) 개선기회

9.3.3 경영검토 출력사항(management review outputs)

경영검토의 출력사항에는 다음 사항과 관련된 결정 및 조치가 포함되어야 한다.

a) 개선기회

b) 품질경영시스템 변경에 대한 모든 필요성

c) 자원의 필요성

조직은 경영검토 결과의 증거로 문서화된 정보를 보유하여야 한다.

10. 개선(improvement)

10.1 일반사항(general)

조직은 개선기회를 결정하고 선택하여야 하며, 고객 요구사항을 충족시키고 고객만족을 증진시키기 위하여 필요한 모든 조치를 실행하여야 한다.

조치에는 다음 사항이 포함되어야 한다.

a) 요구사항을 충족시키기 위한 것뿐만 아니라 미래의 니즈 및 기대를 다루기 위한

제품 및 서비스의 개선

b) 시정, 예방 또는 바람직하지 않은 영향의 감소

c) 품질경영시스템의 성과 및 효과성 개선

비고	개선의 사례에는 시정, 시정조치, 지속적 개선, 획기적인 변화, 혁신 및 조직 개편이 포함될 수 있다.

10.2 부적합 및 시정조치(nonconformity and corrective action)

10.2.1 불만족에서 야기된 모든 것을 포함하여 부적합이 발생하였을 때, 조직은 다음 사항을 실행하여야 한다.

a) 부적합에 대처를 해야 하며, 해당되는 경우, 다음 사항이 포함되어야 한다.

1) 부적합을 관리하고 시정하기 위한 조치를 취함

2) 결과를 처리함

b) 부적합이 재발하거나 다른 곳에서 발생하지 않게 하기 위해서, 부적합의 원인을 제거하기 위한 조치의 필요성을 다음 사항에 의하여 평가하여야 한다.

1) 부적합의 검토와 분석

2) 부적합 원인의 결정

3) 유사한 부적합의 존재 여부 또는 잠재적인 발생 여부 결정

c) 필요한 모든 조치의 실행

d) 취해진 모든 시정조치의 효과성 검토

e) 필요한 경우, 기획 시 결정된 리스크 및 기회의 갱신

f) 필요한 경우, 품질경영시스템의 변경

시정조치는 직면한 부적합의 영향에 적절하여야 한다.

10.2.2 조직은 다음 사항의 증거로 문서화된 정보를 보유하여야 한다.

a) 부적합의 성질 및 취해진 모든 후속조치

b) 모든 시정조치의 결과

10.3 지속적 개선(continual improvement)

조직은 품질경영시스템의 적합성, 충분성 및 효과성을 지속적으로 개선하여야 한다. 조직은 지속적 개선의 일부로서 다루어야 할 필요성 또는 기회가 있는지를 결정하기 위하여 분석 및 평가의 결과, 그리고 경영검토의 출력사항을 고려하여야 한다.

2. 환경경영시스템 – 요구사항

[교육용]

이 번역본은 교육목적을 위하여 KS I ISO 14001 : 2015(2016.6.30. 발행)를 재편집한 것이다. 교육목적 이외에는 사용을 금한다.

목 차

1. 개 요

이 표준은 2015년 제3판으로 발행된 ISO 14001, Environmental management systems - Requirements with guidance for use를 기초로 기술적 내용 및 대응 국제표준의 구성을 변경하지 않고 작성한 한국산업표준이다.

0.1 배경(background)

미래 세대의 니즈(needs)를 충족시키는 능력(ability)을 손상시키지(compromising) 않고 현재 세대의 니즈를 충족시키기 위해, 환경, 사회 및 경제 사이의 균형을 이루는 것은 필수적이라고 여겨진다. 지속가능한 발전의 목표는 지속가능성의 세 가지 분야(pillar) 사이의 균형을 만족시킴으로써 달성될 수 있다. 지속가능한 발전, 투명성 그리고 책무에 대한 사회적 기대는 보다 더 엄격한 법률, 오염으로 인해 환경에 미치는 압력의 증가, 자원의 비효율적 사용, 폐기물의 부적절한 관리, 기후변화, 생태계의 파괴 및 생물다양성의 훼손과 함께 진화하여 왔다.

비고 지속가능성의 세 가지 분야(pillar)는 환경, 사회, 경제를 의미한다.
이러한 점이 조직으로 하여금, 지속가능성의 환경 분야(pillar)에 기여할 목적으로, 환경경영시스템을 실행함으로써 체계적으로 환경경영에 접근하도록 이끌고 있다.

0.2 환경경영시스템의 목표(aim of an environmental management system)

이 표준의 목적은 조직에게 환경을 보호하고, 사회경제적 니즈(needs)와 균형있게 변화하는 환경여건에 대응할 수 있는 틀을 제공하는 것이다. 이 표준은 조직이 환경경영시스템을 통해 의도한 결과를 달성할 수 있도록 하는 요구사항을 규정한다.

환경경영에 대한 체계적 접근은 최고경영자에게 장기적인 성공 달성을 위한 정보를 제공할 수 있으며, 지속가능한 발전에 기여할 수 있는 선택사항(option)을 만들 수 있다. 그 수단은 다음과 같다.

- 환경적 악영향을 예방하거나 완화함으로써 환경을 보호
- 환경여건이 조직에 미치는 잠재적 악영향을 완화
- 조직의 준수의무사항을 충족하도록 지원
- 환경성과의 증진
- 의도한 바와 다르게 환경영향이 전과정(life cycle)의 다른 단계로 전이되는 것을 방지할 수 있도록 전과정 관점을 활용하여 조직의 제품 및 서비스가 설계, 제조, 유통, 폐기되는 방식을 관리하거나 영향을 미치도록 함

– 조직의 시장내 지위를 강화할 수 있는 환경적으로 건전한 대안을 실행함으로써 재정 및 운용편익 달성
– 이해관계자와 환경정보에 대한 의사소통

다른 표준과 같이 이 표준은 조직의 법규 요구사항을 가중 또는 변경시키도록 의도한 것은 아니다.

0.3 성공요인(success factors)

환경경영시스템의 성공은 최고경영자의 주도하에 조직의 모든 계층(level)과 부서(function)에서 실행되는가의 여부에 달려 있다. 특히, 전략 및 경쟁측면에서 환경적 악영향을 예방하거나 완화시키고 유익한 환경영향을 증진시키기 위해, 조직은 기회(opportunity)를 지렛대(leverage)로 활용할 수 있다.

최고경영자는 환경경영을 조직의 비즈니스 프로세스, 전략적 방향 및 의사결정에 통합시키고, 다른 비즈니스 우선순위와 조율하여, 환경 거버넌스를 조직 전체의 경영시스템에 통합시킴으로써, 조직의 리스크와 기회를 효과적으로 다룰 수 있다. 이해관계자에게 효과적인 환경경영시스템이 운용되고 있음을 보장하기 위해, 이 표준이 성공적으로 적용되고 있음을 보여줄 수 있을 것이다.

그러나 이 표준의 채택 자체가 최적의 환경적 결과를 보증하는 것은 아니다. 이 표준의 적용은 조직의 상황에 따라 조직마다 다를 수 있다. 두 조직이 유사한 활동을 수행하더라도, 서로 다른 준수의무사항, 환경방침에 드러난 의지, 환경기술 및 환경성과 목표를 가질 수 있다. 그럼에도 불구하고 두 조직 모두는 이 표준의 요구사항에 부합할 수 있다.

환경경영시스템의 상세함과 복잡함의 수준은 조직의 환경측면 및 관련 환경영향을 포함하여 조직의 상황, 환경경영시스템의 적용범위, 조직의 준수의무사항 및 조직의 활동, 제품 및 서비스 특성에 따라 다를 것이다.

0.4 계획 - 실행 - 점검 - 조치(PDCA) 모델

환경경영시스템의 기초가 되는 기본 접근방법은 계획 - 실행 - 점검 - 조치(PDCA) 개념에서 찾아 볼 수 있다. PDCA 모델은 조직이 지속적 개선을 달성하기 위해 사용하는 반복적인(iterative) 프로세스를 제공한다. 이 모델은 환경경영시스템과 환경경영시스템의 개별 요소에 적용될 수 있다. 다음과 같이 이 모델을 간략하게 설명할 수 있다.

– 계획(Plan) : 조직의 환경방침과 일치하는 결과를 만들어 내는(deliver) 데 필요한 환경목표와 프로세스를 수립

– 실행(Do) : 계획에 따라 프로세스를 실행
– 점검(Check) : 조직의 의지, 환경목표 및 운용기준을 포함하여 환경방침에 대한 프로세스를 모니터링 및 측정하고, 그 결과를 보고
– 조치(Act) : 지속적 개선을 위한 조치를 취함

[그림 3]은 이 표준의 신규 또는 기존 사용자들이 시스템 접근방법의 중요성을 이해할 수 있도록, 이 표준에서 소개된 틀(framework)이 PDCA 모델과 어떻게 통합될 수 있는지를 보여준다.

[그림 3] PDCA와 이 표준의 틀(framework) 간의 관계

0.5 이 표준의 내용

이 표준은 ISO의 경영시스템표준(MSS) 요구사항을 준수한다. 이 요구사항은, 여러 ISO 경영시스템표준(MSS)을 사용하는 사용자들에게 도움이 되도록 설계된, 상위 문서구조(high level structure), 동일한 핵심문구, 공통용어 및 핵심용어 정의를 포함한다. 이 표준은 품질, 안전보건, 에너지, 재무경영과 같은 다른 경영시스템의 특정 요구사항을 포함하지 않는다.

그러나 이 표준은 조직이 환경경영시스템을 다른 경영시스템 요구사항들과 통합할 수 있도록 동일한 접근방법과 리스크 기반의 사고방식을 사용할 수 있게 한다. 이 표준은 적합성평가에 사용된 요구사항을 포함하고 있다. 조직은 다음과 같은 방법을 통하여 이 표준에의 적합성을 입증할 수 있다.

– 자기주장(self-determination) 및 자기선언

– 고객 등 조직의 이해관계자에 의해 조직의 적합성에 대한 확인을 추구
– 조직 외부의 당사자에 의해 자기선언의 확인을 모색
– 외부 조직에 의한 조직의 환경경영시스템 인증 / 등록 추진

부속서 A는 이 표준의 요구사항에 대한 잘못된 해석을 방지하기 위해 해설정보를 제공한다.

부속서 B는 이 표준의 이전 판과 본 개정판 간의 기술적인 연관성을 보여준다. 환경경영시스템 실행지침은 KS I ISO 14004에 포함되어 있다.

이 표준에서는 다음과 같은 조동사 형태가 사용된다.

– "하여야 한다(shall)"는 요구사항을 의미한다.
– "하여야 할 것이다/하는 것이 좋다(should)"는 권고사항을 의미한다.
– "해도 된다(may)"는 허용을 의미한다.
– "할 수 있다(can)"는 가능성 또는 능력을 의미한다.

"비고"로 표시된 정보는 문서의 이해나 사용을 돕고자 하는 것이다.

3절에서 사용하는 "비고"는 용어에 대한 부가적인 정보를 제공하며, 용어 사용과 관련된 조항을 포함할 수 있다.

3절의 용어와 정의는 개념상의 순서에 따라 배열되었으며, 가나다순으로 배열된 용어 색인목록은 이 문서의 마지막에 있다.

1. 적용범위

이 표준은 조직이 환경성과를 증진시키기 위해 활용할 수 있는 환경경영시스템에 대한 요구사항을 규정한다. 이 표준은 조직이 지속가능성의 환경분야(environmental pillar)에 기여하는 환경책임을 체계적인 방법으로 관리하고자 하는 의도로 작성되었다.

이 표준은 조직이 환경경영시스템의 의도된 결과를 달성할 수 있도록 도와준다. 이러한 것은 환경, 조직자체 및 조직의 이해관계자에게 가치를 제공한다. 조직의 환경방침과 일관되게 환경경영시스템의 의도한 결과에는 다음 사항이 포함된다.

- 환경성과의 향상
- 준수의무사항의 충족
- 환경목표의 달성

이 표준은 조직의 규모나 형태, 성격(nature)에 상관없이 모든 조직에 적용할 수 있으며, 전과정의 관 점에서 조직이 관리할 수 있거나 영향을 미칠 수 있다고 정한(determine) 조직의 활동, 제품 및 서비 스의 환경측면에 적용할 수 있다. 이 표준은 구체적인 환경성과 기준(environmental performance criteria)을 명시하지 않는다. 체계적인 환경경영 개선을 위해 이 표준의 전체 또는 일부분이 사용될 수 있다.

그러나 만약 이 표준의 모든 요구사항이 조직의 환경경영시스템에 통합(incorporated)되지 않거나 예외 없이 충족되지 않는다면 이 표준에 대한 적합성 선언은 인정될 수 없다.

2. 인용표준

인용표준은 없다.

3. 용어와 정의(terms and definitions)

[참고] 이 표준의 용어와 정의는 경영시스템표준(MSS)간의 용어 일치를 위해 KS Q ISO 9000 : 2015의 용어를 최대한 적용하였다.

이 표준의 목적을 위하여 다음의 용어와 정의를 적용한다.

3.1 조직 및 리더십 관련 용어

3.1.1 경영시스템(management system)

방침과 목표(3.2.5)를 수립하고, 그 목표의 달성을 위한 프로세스(3.3.5)를 수립하

는, 조직(3.1.4)의 상호 관련되거나 상호작용하는 조직 요소의 집합

비고	1. 경영시스템은 하나 또는 다수의 분야를 다룰 수 있다(예 품질, 환경, 산업안전보건, 에너지, 재무경영). 2. 시스템 요소에는 조직구조, 역할 및 책임, 기획 및 운용, 성과평가 및 개선이 포함된다. 3. 경영시스템의 적용범위에는 조직전체, 조직의 특정한 그리고 파악된 기능, 조직의 특정한 그리고 파악된 부문, 또는 조직 그룹 전체에 있는 하나 또는 그 이상의 기능을 포함할 수 있다.

3.1.2 환경경영시스템(environmental management system)

환경측면(3.2.2)을 관리하고, 준수의무사항(3.2.9)을 충족하며, 리스크 및 기회(3.2.11)를 다루기 위한 경영시스템(3.1.1)의 일부

3.1.3 환경방침(environmental policy)

최고경영자(3.1.5)에 의해 공식적으로 제시된 환경성과(3.4.11)와 관련된 조직(3.1.4)의 의도 및 방향

3.1.4 조직(organization)

조직의 목표(3.2.5)달성에 책임, 권한 및 관계가 있는 자체의 기능을 가진 사람 또는 사람의 집단

비고	조직의 개념은 다음을 포함하나, 이에 국한되지 않는다. 개인사업자, 회사, 법인, 상사, 기업, 당국, 파트너십, 협회, 자선단체 또는 기구, 혹은 이들이 통합이든 아니든 공적이든 사적이든 이들의 일부 또는 조합

3.1.5 최고경영자(top management)

최고의 계층에서 조직(3.1.4)을 지휘하고 관리하는 사람 또는 그룹

비고	1. 최고경영자는 조직 내에서 권한을 위임하고 자원을 제공할 힘을 갖는다. 2. 경영시스템(3.1.1)의 적용범위가 단지 조직의 일부만을 포함하는 경우, 조직의 그 일부분을 지휘하고 관리하는 사람들을 최고경영자라고 부를 수 있다.

3.1.6 이해관계자(interested party)

의사결정 또는 활동에 영향을 줄 수 있거나 영향을 받을 수 있거나 또는 그들 자신이 영향을 받는다 는 인식을 할 수 있는 사람 또는 조직(3.1.4)

[보기] 고객, 공동체, 공급자, 규제당국, 민간단체(NGO), 투자자 및 종업원

> **비고** "그들 자신이 영향을 받는다고 인식한다"는 것은 이러한 인식이 조직에게 알려진 것을 의미한다.

3.2 기획 관련 용어

3.2.1 환경(environment)

조직(3.1.4)이 운용되는 주변여건(공기, 물, 토양, 천연자원, 식물군(群), 동물군, 인간 및 이들 요소 간 의 상호관계를 포함)

> **비고**
> 1 주변여건이란 조직(3.16) 내부에서부터 국지적(local), 지역적(regional), 전 지구적인 시스템까지 확대될 수 있다.
> 2. 주변여건은 생물다양성, 생태계, 기후 또는 기타 특성으로 표현될 수 있다.

3.2.2 환경측면(environmental aspect)

환경(3.2.1)과 상호작용하거나 상호작용할 수 있는 조직(3.1.4)의 활동 또는 제품 또는 서비스 요소

> **비고**
> 1. 환경측면은 환경영향(3.2.4)을 야기할 수 있다. 중대한 환경측면이란 하나 또는 그 이상의 중대한 환경영향을 미치거나 미칠 수 있는 측면을 말한다.
> 2. 중대한 환경측면은 조직이 하나 또는 그 이상의 기준을 적용하여 결정한다.

3.2.3 환경여건(environmental condition)

어떤 시점에서 결정된 환경(3.2.1)의 상태 또는 특성

3.2.4 환경영향(environmental impact)

조직(3.1.4)의 환경측면(3.2.2)에 의해 전체적 또는 부분적으로 환경(3.2.1)에 좋은 영향을 미치거나 나쁜 영향을 미칠 수 있는 모든 환경변화

3.2.5 목표(objective)

달성되어야 할 결과

> **비고**
> 1. 목표는 전략적, 전술적 또는 운용적일 수 있다.
> 2. 목표는 다른 분야(재무, 산업안전보건, 그리고 환경목표)와 관련될 수 있고, 상이한 계층[전략적, 조직 전반, 프로젝트, 제품, 서비스 그리고 프로세스(3.3.5)]에 적용될 수 있다.
> 3. 목표는 다르게 표현될 수 있다. 예를 들면, 의도된 결과, 목적(purpose), 운용기준 또는 환경 목표(3.2.6), 또는 비슷한 의미를 갖는 다른 용어(예 : 영어의 경우 aim, goal, target)의 사용으로 표현될 수 있다.

3.2.6 환경목표(environmental objective)

환경방침(3.1.3)과 일관성이 있게 조직(3.1.14)이 설정한 목표(3.2.5)

3.2.7 오염예방(prevention of pollution)

부정적 환경적 영향(3.2.4)을 감소시키기 위하여 어떠한 형태의 오염물질 또는 폐기물의 발생, 방출 또는 배출의 회피, 저감 또는 관리(분리 또는 조합하여)를 위한 프로세스(3.3.5), 관행, 기술, 재료, 제품, 서비스 또는 에너지의 사용

비고	오염예방에는 발생원의 감소 또는 제거, 프로세스, 제품 또는 서비스의 변경, 자원의 효율적인 활용, 재료 및 에너지의 대체, 재사용, 회수, 재활용, 재생이용 및 처리를 포함할 수 있다.

3.2.8 요구사항(requirement)

명시적이거나 일반적으로 묵시적이거나 또는 의무적인 니즈(needs) 또는 기대

비고	1. "일반적으로 묵시적"은 조직(3.1.4) 및 이해관계자(3.1.6)의 요구 또는 기대가 묵시적으로 고려되는 관습 또는 일상적인 관행을 의미한다. 2. 명시적 요구사항은, 예를 들면 문서화된 정보(3.3.2)에 명시된 것을 말한다. 3. 법규 요구사항 이외의 사항은 조직이 준수하기로 결정한 경우에 의무적인 요구사항이 된다. 4. KS Q ISO 9000 : 2015 참조 비고 5 ISO 14001 : 2015에서는 "need"로 표현되어 있으나, 문맥상 "니즈(needs)"로 번역한다.

3.2.9 준수의무사항(compliance obligations, 표준용어)

법적 요구사항 및 그 밖의 요구사항(legal requiremetns and other requirements, 허용용어) 조직(3.1.4)이 준수해야 하는 법적 요구사항(3.2.8)과 조직이 준수해야 하거나 준수하기로 선택한 그 밖의 요구사항

비고	1. 준수의무사항은 환경경영시스템(3.1.2)과 관련이 있다. 2. 준수의무사항은 적용 가능한 법규나 규제에 따른 의무 요구사항으로부터 발생할 수 있거나, 또는 회사 및 산업표준, 계약관계, 실행규칙(code of practice) 그리고 지역사회 그룹이나 NGO와의 합의 등 자발적인 서약으로부터 발생할 수 있다.

3.2.10 리스크(risk)

불확실성의 영향(effect)

비고	1. 영향은 긍정적이든 부정적이든 예상한 것으로부터 벗어난 것이다. 2. 불확실성은 사건, 사건의 결과 또는 가능성에 대한 이해 또는 지식에 관련된 정보의 부족, 심지어 부분적으로 부족한 상태이다. 3. 리스크는 흔히 잠재적인 "사건"(ISO Guide 73 : 2009, 3.5.1.3)과 "결과"(ISO Guide 73 : 2009, 3.6.1.3), 또는 이들의 조합으로 특징지어진다. 4. 리스크는 사건의 결과(주변환경의 변화를 포함하는)와 그 사건 결과에 연관된 발생 "가능성"(ISO Guide 73 : 2009, 3.6.1.1에 정의된 의미로)의 조합으로 종종 표현된다.

3.2.11 리스크와 기회(risks and opportunities)

잠재적 악영향(위협)과 잠재적 유익한 결과(기회)

3.3 지원 및 운용 관련 용어

3.3.1 역량(competence)

의도된 결과를 달성하기 위해 지식과 기술을 적용하는 능력

3.3.2 문서화된 정보(documented information)

조직(3.1.4)에 의해 관리되고 유지되도록 요구되는 정보와 그 정보가 포함되어 있는 매체

비고	1. 문서화된 정보는 어떠한 형태 및 매체일 수 있으며, 어떠한 출처로부터 올 수 있다. 2. 문서화된 정보는 다음으로 언급될 수 있다. – 관련 프로세스(3.3.5)를 포함하는 환경경영시스템(3.1.2) – 조직에서 운용하기 위해서 만든 정보(문서화로 언급될 수 있음) – 달성된 결과의 증거(기록으로 언급될 수 있음)

3.3.3 전과정(life cycle)

천연자원으로부터 원료의 획득 또는 채취에서 최종 폐기까지의 제품(또는 서비스) 시스템의 연속적이고 상호 연결된 단계

비고	1. 전과정 단계에는 원료물질의 채취, 설계, 생산, 운송/배송, 사용, 사용 후 처리 및 최종 폐기가 포함된다. 2. KS I ISO 14025 : 2007, 3.20 참조 [출처 : KS I ISO 14044 : 2011, 3.1 수정 – 정의에 "(또는 서비스)"를 추가하고, 비고 1을 추가]

3.3.4 외주처리하다(outsource(verb))

외부 조직(3.1.4)이 조직의 기능 또는 프로세스(3.3.5)의 일부를 수행하도록 하다.

> **비고** 외주처리된 기능 또는 프로세스가 경영시스템(3.1.1)의 적용범위 내에 있다 하더라도 외부 조직은 경영시스템 적용범위 밖에 존재한다.

3.3.5 프로세스(process)

입력을 출력으로 전환하는 상호 관련되거나 상호작용하는 활동의 집합

> **비고** 프로세스는 문서화될 수도 있고 문서화되지 않을 수도 있다.

3.4 성과평가 및 개선 관련 용어

3.4.1 심사(audit) : 심사기준에 충족되는 정도를 결정하기 위하여 심사증거를 수집하고 객관적으로 평가하기 위한, 체계적이고 독립적이며 문서화된 프로세스(3.3.5)

> **비고**
> 1. 내부 심사는 조직이 스스로 수행하거나, 조직을 대신하는 외부 당사자가 수행할 수 있다.
> 2. 심사는 결합심사(combined audit)(둘 이상의 경영시스템 분야를 결합)가 될 수 있다.
> 3. 독립성은 심사 대상이 되는 활동에 대한 책임으로부터 또는 편견과 이해상충으로부터 자유롭다는 것으로 입증될 수 있다.
> 4. "심사 증거"는 KS Q ISO 19011 : 2013, 3.3에 정의된 대로 심사기준에 관련되고 검증할 수 있는 기록, 사실의 진술 또는 기타 정보로 구성되며, "심사기준"은 KS Q ISO 19011 : 2013, 3.2에 정의 된 대로 심사 증거를 비교하는 기준으로 사용하는 방침, 절차 또는 요구사항(3.2.8)의 집합이다.

3.4.2 적합(conformity)

요구사항(3.2.8)의 충족

3.4.3 부적합(nonconformity)

요구사항(3.2.8)의 불충족

> **비고** 부적합은 이 표준의 요구사항 및 조직(3.1.4)이 자체적으로 수립한 추가적인 환경경영시스템(3.1.2) 요구사항과 관련이 있다.

3.4.4 시정조치(corrective action)

부적합(3.4.3)의 원인을 제거하고 재발을 방지하기 위한 조치

> **비고** 부적합에는 하나 이상의 원인이 있을 수 있다.

3.4.5 지속적 개선(continual improvement) 성과(3.4.10)를 향상시키기 위하여 반복하는 활동

비고	1. 성과향상은 조직(3.1.4)의 환경방침(3.1.3)과 일관된 환경성과(3.4.11)의 개선을 위해 환경경영시스템(3.1.2)을 활용하는 것과 관련이 있다. 2. 활동이 모든 분야에서 동시에, 또는 끊임없이 이루어질 필요는 없다.

3.4.6 효과성(effectiveness)

계획한 활동이 실현되어 계획한 결과가 달성되는 정도

3.4.7 지표(indicator) 운용, 경영 또는 여건의 조건 및 상태를 측정할 수 있는 대표값

[출처 : KS Q ISO 14031 : 2013, 3.15]

3.4.8 모니터링(monitoring)

시스템, 프로세스(3.3.5) 또는 활동의 상태를 규명(determine)하는 것

비고	상태를 규명(determine)하기 위해서는 확인, 감독 또는 심도 있는 관찰이 필요할 수 있다.

3.4.9 측정(measurement)

하나의 값을 결정하는 프로세스(3.3.5)

3.4.10 성과(performance)

측정 가능한 결과

비고	1. 성과는 정량적 또는 정성적 발견사항과 관련될 수 있다. 2. 성과는 활동, 프로세스(3.3.5), 제품(서비스 포함), 시스템 또는 조직(3.1.4)의 경영에 관련될 수 있다.

3.4.11 환경성과(environmental performance)

환경측면(3.2.2)의 관리(management)와 관련된 성과(3.4.10)

비고	환경경영시스템(3.1.2)에 대하여, 결과는 지표(3.4.7)를 사용하여 조직(3.1.4)의 환경방침(3.1.3), 환경목표(3.2.6) 또는 그 밖의 기준에 따라 측정될 수 있다.

4. 조직상황(context of the organization)

4.1 조직과 조직상황의 이해(Understanding the organization and its context)

조직은 조직의 목적과 관련이 있고, 환경경영시스템의 의도된 결과를 달성하기 위한 능력에 영향이 있는 내부 및 외부의 이슈를 규명(determine)하여야 한다. 이러한 이슈

에는 조직에 의해 영향을 받거나 영향을 미칠 수 있는 환경여건(environmental condition)이 포함되어야 한다.

4.2 이해관계자의 니즈와 기대 이해(understanding the needs and expectations of interested parties)

조직은 다음을 규명(determine)하여야 한다.

a) 환경경영시스템과 관련이 있는 이해관계자

b) 이러한 이해관계자의 니즈(needs)와 기대(즉, 요구사항)

c) 이러한 니즈(needs)와 기대에서 비롯된 조직의 준수의무사항

4.3 환경경영시스템의 적용범위 결정(determining the scope of the environmental management system)

조직은 환경경영시스템의 적용범위를 결정(establish)하기 위해 환경경영시스템의 경계와 적용가능성을 규명(determine)하여야 한다.

적용범위를 결정할 때, 조직은 다음을 고려하여야 한다.

a) 4.1에 언급된 외부 및 내부 이슈

b) 4.2에 언급된 준수의무사항

c) 조직의 부서단위, 기능 및 물리적 경계

d) 조직의 활동, 제품 및 서비스

e) 관리와 영향을 행사하기 위한 조직의 권한과 능력

적용범위가 결정(define)되면, 이 적용범위 내 조직의 모든 활동, 제품 및 서비스를 환경경영시스템에 포함시킬 필요가 있다.

이 적용범위는 문서화된 정보로 유지되어야 하며, 이해관계자가 이용할 수 있어야 한다.

4.4 환경경영시스템(environmental management system)

의도된 결과(환경성과 향상을 포함하는)를 달성하기 위해, 조직은 이 표준의 요구사항에 따라 필요한 여러 프로세스와 이 프로세스 간의 상호작용을 포함하는 환경경영시스템을 수립, 실행, 유지하고 지속적으로 개선해야 한다.

조직이 환경경영시스템을 수립하고 유지할 때에는 4.1과 4.2에서 습득한 지식을 고려하여야 한다.

5. 리더십(leadership)

5.1 리더십과 의지표명(leadership and commitment)

최고경영자는 환경경영시스템에 대한 리더십과 의지를 다음을 통해 표명(demonstrate)하여야 한다.

a) 환경경영시스템의 효과성에 대한 책무(accountability)를 짐
b) 환경방침과 환경목표가 수립되고, 이들이 조직의 전략방향과 상황에 부합됨을 보장
c) 환경경영시스템 요구사항을 조직의 비즈니스 프로세스에 통합함을 보장
d) 환경경영시스템에 필요한 자원이 가용함을 보장
e) 효과적인 환경경영의 중요성과 환경경영시스템 요구사항에 적합함의 중요성을 의사소통
f) 환경경영시스템이 그 의도한 결과를 달성함을 보장
g) 환경경영시스템의 효과성에 기여하도록 인원을 지휘하고 지원함
h) 지속적인 개선을 촉진
i) 기타 관련 책임분야에 리더십이 적용될 때, 그들의 리더십을 실증하도록 그 경영자 역할에 대한 지원 [출처 : KS Q ISO 9001 : 2015]

비고	이 표준에서 "비즈니스"라 함은 조직의 존재 목적의 핵심이 되는 활동들을 광범위하게 의미하는 것으로 해석할 수 있다.

5.2 환경방침(environmental policy)

최고경영자는 조직의 환경경영시스템 적용범위 내에서 다음과 같은 환경방침을 수립, 실행 및 유지하여야 한다.

a) 조직의 활동, 제품, 서비스의 성격(nature), 규모 및 환경영향을 포함한 조직의 목적과 상황에 적절할 것
b) 환경목표를 설정하는 틀을 제공할 것
c) 조직의 상황에 관련이 있는 오염예방과 그 밖의 구체적인(specific) 의지를 포함한 환경보호에 대한 의지를 포함할 것

비고	환경보호를 위한 '그 밖의 구체적인(specific) 의지'에는 지속가능한 자원 사용, 기후변화의 완화와 적응, 생물다양성과 생태계의 보호가 포함될 수 있다.

d) 조직의 준수의무사항을 충족한다는 의지를 포함할 것
e) 환경성과의 향상을 위해 환경경영시스템의 지속적인 개선에 대한 의지를 포함할 것

환경방침은 다음과 같아야 한다.

- 문서화된 정보로 유지되어야 함
- 조직 내에서 의사소통되어야 함
- 이해관계자가 이용 가능해야 함

5.3 조직의 역할, 책임 및 권한(organizational roles, responsibilities and authorities)

최고경영자는 관련 역할(relevant roles)에 대한 책임과 권한을 부여하고 조직 내에서 의사소통됨을 보장하여야 한다.

최고경영자는 다음에 대한 책임과 권한을 부여하여야 한다.

a) 환경경영시스템이 이 표준의 요구사항에 적합함을 보장

b) 환경성과를 포함한 환경경영시스템의 성과를 최고경영자에게 보고

6. 기획(planning)

6.1 리스크와 기회를 다루는 조치(actions to address risk and opportunities)

6.1.1 일반사항(general)

조직은 6.1.1부터 6.1.4까지의 요구사항을 충족하기 위해, 필요한 프로세스를 수립, 실행 및 유지하여야 한다.

환경경영시스템을 기획할 때, 조직은 다음을 고려하여야 한다.

a) 4.1에 언급된 이슈

b) 4.2에 언급된 요구사항

c) 조직의 환경경영시스템 적용범위

그리고 환경측면(6.1.2 참조), 준수의무사항(6.1.3 참조) 그리고 4.1 및 4.2에 명시된 기타 이슈 및 요 구사항과 관련된 리스크 및 기회를 규명(determine)하여야 한다. 조직은 이를 통해 다음을 다룰 필요가 있다.

- 환경경영시스템이 의도한 결과를 달성할 수 있음에 대한 확신을 줌
- 조직에 영향을 주는 외부 환경여건의 잠재가능성을 포함하는 바람직하지 않은 결과를 예방하거나 감소시킴
- 지속적인 개선을 달성함

환경경영시스템의 적용범위 내에서 조직은 환경영향이 있을 수 있는 것들을 포함하는 잠재적인 비상상황을 규명(determine)하여야 한다.

조직은 다음 사항에 대해 문서화된 정보를 유지하여야 한다.

- 다루어져야 할 필요가 있는 리스크 및 기회
- 6.1.1부터 6.1.4에서 요구된(needed) 프로세스(계획대로 실행되고 있음을 확신하는 데 필요한 수준으로)

6.1.2 환경측면(environmental aspects)

환경경영시스템의 결정된(defined) 적용범위 내에서 전과정 관점을 고려하여, 조직이 관리할 수 있고 영향을 미칠 수 있는 조직의 활동, 제품 및 서비스의 환경측면과 그와 연관된 환경영향을 규명(determine)하여야 한다.

환경측면을 규명(determine)할 때 조직은 다음을 반영(take into account)하여야 한다.

a) 계획된 또는 새로 수립된 변경사항, 그리고 신규 또는 수정된(modified) 활동, 제품 및 서비스
b) 비정상적인 조건 및 합리적으로 예측 가능한 비상상황

조직은 수립된 기준을 활용하여, 환경에 중대한 영향을 미치거나 미칠 가능성이 있는 측면, 즉 중대 한 환경측면을 규명(determine)하여야 한다.

조직은 적절한 수준에서(as appropriate), 중대한 환경측면을 조직의 다양한 계층과 부서(function)들과 의사소통하여야 한다.

조직은 다음을 문서화된 정보로 유지하여야 한다.

- 환경측면 및 관련된 환경영향
- 조직의 중대한 환경측면을 규명(determine)하는 데 사용한 기준
- 중대한 환경측면

비고	중대한 환경측면은 환경 악영향(위협) 또는 유익한 환경영향(기회)과 관련된 리스크 및 기회로 귀결될 수 있다.

6.1.3 준수의무사항(compliance obligations)

조직은 다음을 실행해야 한다.

a) 환경측면과 관련된 준수의무사항을 규명(determine)하고 그것에 접근(access)할 수 있어야 함
b) 이러한 준수의무사항이 어떻게 조직에 적용되는지를 규명(determine)하여야 함
c) 조직의 환경경영시스템을 수립, 실행, 유지 및 지속적으로 개선할 때, 이러한 준수의무사항을 반영(take into account)하여야 함

조직은 조직의 준수의무사항과 관련된 문서화된 정보를 유지하여야 한다.

비고	준수의무사항은 조직의 리스크 및 기회로 귀결될 수 있다.

6.1.4 조치기획

조직은 다음을 계획하여야 한다.

a) 다음 사항을 다루기 위한 조치
   1) 중대한 환경측면
   2) 준수의무사항
   3) 6.1.1에서 파악된 리스크 및 기회

b) 다음을 실행하기 위한 방법
   1) 상기 조치를 어떻게 환경경영시스템 프로세스(6.2, 7절, 8절 및 9.1 참조)에 또는 다른 비즈니스 프로세스에 통합하고 실행할 것인가
   2) 이러한 조치의 효과성을 어떻게 평가(9.1 참조)할 것인가

이러한 조치를 계획할 때, 조직은 조직의 기술적 옵션과 조직의 재무적, 운용상 및 사업상 요구사항을 고려하여야 한다.

6.2 환경목표와 이를 달성하기 위한 기획(Environmental objectives and planning to achieve them)

6.2.1 환경목표(environmental objectives)

조직은 조직의 중대한 환경측면과 이와 관련된 준수의무사항 그리고 조직의 리스크와 기회를 고려하여, 관련 부서와 계층에서 환경목표를 수립하여야 한다.

환경목표는 다음과 같아야 한다.

a) 환경방침과 일관성이 있음
b) (실행 가능할 경우) 측정 가능하여야 함
c) 모니터링되어야 함
d) 의사소통되어야 함
e) 해당되는 경우(as approprate) 최신화되어야 함

조직은 환경목표에 대한 문서화된 정보를 유지하여야 한다.

6.2.2 환경목표 달성을 위한 조치기획

조직의 환경목표를 어떻게 달성할 것인지를 기획할 때, 조직은 다음을 규명(determine)하여야 한다.

a) 무엇을 하여야 하는가
b) 어떤 자원이 필요한가
c) 누가 책임을 질 것인가
d) 언제까지 완료할 것인가
e) 조직의 측정 가능한 환경목표(9.1.1 참조) 달성에 대한 진척상황을 모니터링하기 위한 지표를 포함하여, 어떻게 결과를 평가할 것인가

조직은 조직의 환경목표를 달성하기 위한 활동을 조직의 비즈니스 프로세스에 어떻게 통합할 것인지를 고려하여야 한다.

7. 지원(support)

7.1 자원(resource)

조직은 환경경영시스템의 수립, 실행, 유지와 지속적인 개선을 위해 필요한 자원을 결정하고 제공해야 한다.

7.2 역량(competence)

조직은 다음을 실행하여야 한다.

a) 조직의 환경성과에 영향을 미치는 업무와 준수의무사항을 충족시키는 조직의 능력(ability)에 영향을 미치는 업무를 수행하는(조직에 의해 통제되는) 인력에게 필요한 역량(competence)의 결정
b) 적절한 학력, 교육훈련 또는 경력을 기준으로 해당 인력의 역량이 있음을 보장
c) 환경경영시스템, 환경측면과 관련한 교육훈련 니즈(needs)를 결정
d) 해당된다면, 필요한 역량(competence)을 얻기 위한 조치 실행과 실행된 조치의 효과성 평가

비고	해당되는 활동의 예에는 교육훈련의 제공, 멘토링이나, 현재 고용인원의 재배치나 역량이 있는 인원의 고용(또는 계약)이 포함될 수 있다. 조직은 역량(competence)의 증거로, 적절히 문서화된 정보를 보유해야 한다.

7.3 인식(awareness)

조직은 조직의 관리 하에 업무를 수행하는 인원이 다음을 인식하고 있음을 보장해야 한다.

a) 환경방침

b) 그들의 업무와 연관된 중대한 환경측면과 관련된 실제 또는 잠재적인 환경영향
c) 향상된 환경성과의 편익을 포함해서, 환경경영시스템의 효과성에 기여
d) 조직 준수의무사항의 불충족을 포함하여, 환경경영시스템 요구사항의 미준수에 따른 영향

7.4 의사소통(communications)

7.4.1 일반사항

조직은 다음을 포함하는 환경경영시스템과 관련된 내외부 의사소통에 필요한 프로세스를 수립, 실행 및 유지하여야 한다.

a) 무엇에 대해 의사소통할 것인가
b) 언제 의사소통할 것인가
c) 누구와 의사소통할 것인가
d) 어떻게 의사소통할 것인가

의사소통 프로세스를 수립할 때, 조직은 다음을 실행하여야 한다.

- 준수의무사항을 고려
- 의사소통하는 환경정보가 환경경영시스템 내에서 작성된 정보와 일치하며, 신뢰할 수 있음을 보장

조직은 조직의 환경경영시스템과 관련된 의사소통에 대해 대응하여야 한다.
조직은 의사소통의 증거로 문서화된 정보를 적절한 수준에서(as appropriate) 보유해야 한다.

7.4.2 내부 의사소통

조직은 다음을 실행하여야 한다.

a) 환경경영시스템의 변경을 포함하여, 조직의 다양한 계층과 부서 간에 환경경영시스템과 관련된 정보를 내부적으로 적절한 수준에서(as appropriate) 의사소통
b) 조직의 의사소통 프로세스가 조직의 관리 하에 업무를 수행하는 인원이 지속적인 개선에 기여하도록 하는 것을 보장

7.4.3 외부 의사소통

조직은 수립된 조직의 의사소통 프로세스에 따라, 그리고 준수의무사항에서 요구하는바 대로, 환경경영시스템과 관련된 정보를 외부와 의사소통하여야 한다.

7.5 문서화된 정보(documented information)

7.5.1 일반사항

조직의 환경경영시스템은 다음을 포함하여야 한다.

a) 이 표준에서 요구하는 문서화된 정보

b) 환경경영시스템의 효과성을 위해 조직이 필요하다고 결정한 문서화된 정보

비고	환경경영시스템을 위한 문서화된 정보의 범위는 다음에 의해 조직에 따라 다를 수 있다. – 조직의 규모와 조직의 활동, 프로세스, 제품 및 서비스의 유형 – 조직의 준수의무사항 충족에 대한 증명의 필요성 – 프로세스의 복잡성과 프로세스 간의 상호작용 – 조직의 관리 하에 업무를 수행하는 인력의 역량(competence)

7.5.2 작성(creating) 및 갱신(update)

문서화된 정보를 작성(creating)하고 갱신할 때, 조직은 다음이 적절함을 보장하여야 한다.

a) 문서식별(identification) 및 그 내용(description)(예 제목, 날짜, 작성자, 또는 문서번호)

b) 형식(예 언어, 소프트웨어 버전, 그래픽) 및 매체(예 종이, 전자매체)

c) 적절성(suitability) 및 충족성(adequacy)을 위한 검토 및 승인

7.5.3 문서화된 정보의 관리(control of documented information)

환경경영시스템과 이 표준에서 요구하는 문서화된 정보는 다음을 보장하기 위해 관리되어야 한다.

a) 필요한 장소 및 필요한 시기에 사용 가능하고 사용하기에 적절함

b) 충분하게 보호됨(예 기밀유지의 실패, 부적절한 사용 또는 완전성(integrity)의 실패로부터).

문서화된 정보의 관리를 위해 조직은 적용 가능한 경우 다음을 다루어야 한다.

– 배포, 접근, 검색 및 사용
– 가독성(legibility)의 보존을 포함하는 보관 및 보존
– 변경관리(예 버전 관리)
– 보유 및 폐기

환경경영시스템의 기획 및 운용을 위하여 필요하다고 조직이 정한 외부 출처의 문

서화된 정보는 적절한 수준에서(as appropriate) 파악되고 관리되어야 한다.

비고 접근이란 문서화된 정보에 대해 보는 것만 허락하거나, 문서화된 정보를 보고 변경하는 허락 및 권한에 관한 결정을 의미할 수 있다.

8. 운용(operation)

8.1 운용기획 및 관리(control)

조직은 다음을 통하여 환경경영시스템 요구사항을 충족하고 6.1 및 6.2에 명시된 조치를 실행하기 위해 필요한 프로세스를 수립, 실행, 관리 및 유지하여야 한다.

– 프로세스를 위한 운용기준 수립
– 운용기준에 부합하는 프로세스 관리를 실행

비고 관리에는 공학적 관리(engineering control) 및 절차가 포함될 수 있다. 관리는 위계[hierarchy, ㉠ 제거, 대체, 운용관리(administrative)]에 따라 실행될 수 있고, 이 위계의 부분 또는 조합으로 실행될 수 있다.

조직은 계획된 변경사항을 관리하고, 의도하지 않은 변경사항의 결과를 검토해야 하며, 필요에 따라 모든 악영향을 완화하기 위한 조치를 취해야 한다.

조직은 외주처리 프로세스를 관리하고 영향을 미칠 수 있음을 보장하여야 한다. 이 프로세스에 적용 될 관리나 영향의 유형과 범위는 환경경영시스템 내에 정의되어야 한다.

전과정 관점과 일관되게, 조직은 다음을 수행하여야 한다.

a) 조직의 환경요구사항이 각 전과정 단계를 고려하여 제품이나 서비스의 설계 및 개발 프로세스에서 다루어짐을 보장하기 위해 관리방법(controls)을 적절한 수준에서(as appropriate) 수립
b) 제품 및 서비스의 구매에 대한 조직의 환경 요구사항을 적절한 수준에서(as appropriate) 결정
c) 조직의 관련 환경 요구사항을 계약자를 포함한 외부 공급자와 의사소통
d) 조직의 제품이나 서비스의 운송 또는 배송, 사용, 사용 후 처리 및 최종 폐기와 관련된 잠재적인 중대한 환경영향에 대한 정보의 제공 필요성을 고려

조직은 프로세스가 계획된 대로 실행되었음을 확신할 수 있는 범위까지 필요한 문서화된 정보를 유지하여야 한다.

8.2 비상사태 대비 및 대응(emergency preparedness and response)

조직은 6.1.1에서 파악된 잠재적인 비상상황에 대비하고 대응하기 위한 필요한 프로세스를 수립, 실행 및 유지하여야 한다.

조직은 다음을 수행하여야 한다.

a) 비상상황으로부터 환경 악영향을 예방 또는 완화하기 위한 조치계획을 통한 대응 준비
b) 실제 비상상황에 대응
c) 비상상황에서 비롯된 결과(consequence)를 예방 또는 완화하기 위해 비상사태와 잠재적인 환경영향의 크기에 적절한 조치 시행
d) 실제적으로 가능한 경우, 계획된 대응 조치를 주기적으로 연습(test)
e) 특히, 비상사태 발생 또는 연습(test) 실시 이후, 주기적으로 대응 프로세스와 계획된 대응조치를 검토하고 개정
f) 비상사태 대비 및 대응과 관련된 타당한 정보와 교육훈련을 조직의 관리하에 업무를 수행하는 인력을 포함한 관련 이해관계자에게 적절한 수준에서(as appropriate) 제공

조직은 프로세스가 계획된 대로 실행됨을 확신할 수 있는 범위까지 필요한 문서화된 정보를 유지하여야 한다.

9. 성과평가(performance evaluation)

9.1 모니터링, 측정, 분석 및 평가(monitoring, measurement, analysis and evaluation)

9.1.1 일반사항

조직은 조직의 환경성과를 모니터링, 측정, 분석 및 평가하여야 한다.

조직은 다음을 결정하여야 한다.

a) 무엇을 모니터링하고 측정할 필요가 있는가
b) 유효한 결과를 보장하기 위해 적용 가능한 모니터링, 측정, 분석 및 평가방법
c) 조직이 조직의 환경성과를 평가하기 위한 기준과 적절한 지표
d) 언제 모니터링 및 측정을 수행할 것인가
e) 언제 모니터링 및 측정결과를 분석하고 평가할 것인가

조직은 적절한 수준에서(as appropriate), 교정되거나 검증된 모니터링 및 측정장비를 사용하고 유지하고 있음을 보장하여야 한다.

조직은 조직의 환경성과와 환경경영시스템의 효과성을 평가하여야 한다.

조직은 관련 환경성과 정보를 조직의 의사소통 프로세스와 조직의 준수의무사항의 요구에 따라 내부와 외부에 의사소통하여야 한다.

조직은 모니터링, 측정, 분석 및 평가결과의 증거로 적절한 문서화된 정보를 유지하여야 한다.

9.1.2 준수평가(compliance evaluation)

조직은 조직의 준수의무사항을 충족함을 평가하기 위해 필요한 프로세스를 수립, 실행 및 유지하여야 한다.

조직은 다음을 수행하여야 한다.

a) 준수평가의 빈도를 결정

b) 준수평가를 수행하고 필요한 조치를 취함

c) 조직의 준수상황에 대한 지식과 이해를 유지

조직은 준수평가 결과의 증거로 문서화된 정보를 유지하여야 한다.

9.2 내부심사(internal audit)

9.2.1 일반사항

조직은 다음 사항에 대한 정보를 제공하기 위해 계획된 주기에 따라 내부심사를 수행하여야 한다.

a) 환경경영시스템이 다음 사항에 적합한지

  1) 환경경영시스템에 대한 조직 자체의 요구사항

  2) 이 표준의 요구사항

b) 환경경영시스템이 효과적으로 실행되고 유지되는지

9.2.2 내부심사 프로그램

조직은 내부심사의 빈도, 방법, 책임, 계획 요구사항과 보고를 포함하는 내부심사 프로그램을 수립, 실행 및 유지하여야 한다.

내부심사 프로그램을 수립할 때 조직은 관련 프로세스의 환경적 중요성, 조직에 영향을 주는 변경사항 및 이전 심사의 결과를 고려하여야 한다.

조직은 다음을 수행하여야 한다.

a) 각 심사별 심사기준 및 범위를 결정

b) 심사 프로세스의 객관성과 공평성(impartiality)을 보장하기 위해 심사원을 선정

하고 심사를 수행

c) 심사결과가 관련 경영자에게 보고됨을 보장

조직은 심사프로그램의 실행과 심사결과의 증거로 문서화된 정보를 유지하여야 한다.

9.3 경영검토/경영평가(management review)

최고경영자는 조직의 지속적인 적절성(suitability), 충족성(adequacy) 및 효과성(effectiveness)을 보장하기 위하여 계획된 주기로 조직의 환경경영시스템을 검토하여야 한다.

경영검토에는 다음에 대한 고려를 포함하여야 한다.

a) 이전 경영검토에서 취한 조치의 상황

b) 다음의 변경사항

1) 환경경영시스템과 관련된 외부 및 내부 이슈

2) 준수의무사항을 포함한 이해관계자의 니즈(needs)와 기대

3) 조직의 중대한 환경측면

4) 리스크와 기회

c) 환경목표의 달성 정도

d) 조직의 환경성과에 대한 정보(다음 항목에서의 경향을 포함한)

1) 부적합 및 시정조치

2) 모니터링 및 측정결과

3) 준수의무사항 충족

4) 심사결과

e) 자원의 충족성(adequacy)

f) 불만을 포함한 이해관계자로부터의 의사소통

g) 지속적 개선기회

경영검토의 결과물에는 다음이 포함되어야 한다.

– 환경경영시스템의 지속적인 적절성(suitability), 충족성(adequacy) 및 효과성(effectiveness)에 대한 결론
– 지속적 개선 기회와 관련된 의사결정
– 자원을 포함한 환경경영시스템 변경 필요성과 관련된 의사결정
– 환경목표가 달성되지 않은 경우 필요한 조치
– 필요할 경우, 환경경영시스템과 다른 비즈니스 프로세스와의 통합체계(integration)를 개선할 수 있는 기회

– 조직의 전략적 방향에 대한 영향(any implications)

조직은 경영검토의 결과의 증거로 문서화된 정보를 유지하여야 한다.

10. 개선(improvement)

10.1 일반사항(general)

조직은 조직의 환경경영시스템의 의도한 결과를 달성하기 위해 개선의 기회를 규명(determine)하고 (9.1, 9.2 및 9.3 참조), 필요한 활동을 실행하여야 한다.

10.2 부적합 및 시정조치(nonconformity and corrective action)

부적합이 발생한 경우, 조직은 다음을 수행하여야 한다.

a) 부적합에 대응하여야 하며, 적용 가능한 경우 다음을 수행
   1) 부적합을 관리하고 시정하기 위한 조치를 취함
   2) 결과(consequences) 처리(환경 악영향의 완화를 포함)

b) 부적합이 재발하거나 다른 곳에서 발생하지 않도록 다음을 통해 부적합의 원인을 제거하기 위한 조치의 필요성을 평가
   1) 부적합을 검토
   2) 부적합의 원인을 규명(determining)
   3) 유사한 부적합이 존재하는지, 또는 잠재적으로 발생할 수 있는지를 규명(determining)

c) 필요한 모든 조치를 실행

d) 취해진 모든 시정조치의 효과성을 검토

e) 필요한 경우 환경경영시스템을 변경

시정조치는 환경영향을 포함하여 발생한 부적합의 영향의 중요성에 적절하여야 한다.

조직은 다음의 증거로 문서화된 정보를 유지하여야 한다.

– 부적합의 성격(nature) 및 취해진 모든 후속적인 조치
– 모든 시정조치의 결과

10.3 지속적 개선(continual improvement)

조직은 환경성과의 개선을 위해 환경경영시스템의 적절성(suitability), 충족성(adequacy) 및 효과성 (effectiveness)을 지속적으로 개선하여야 한다.

3. (품질 / 환경)통합경영 매뉴얼 사례

㈜ ABC	Management Manual	ABC-QEM-100	
		PAGE : 7 of 40	
Subject :	Quality & Environmental Management System	Classification : 2nd	
		Effective date 30 April '16	RevisionNo. 01

경영 매뉴얼

(Quality & Environmental Management Manual)
ISO 9001 : 2015 & ISO 14001 : 2015

ABC-QEM-100

□ 관리본 (Controlled Copy)
□ 비관리본(Uncontrolled Copy)

㈜ ABC

ABC Co., Ltd

충남 00시 000로 123(우편번호 00000)
(Zip code 00000)123, 영문주소, Korea
Direct phone No. 000-0000-0000 Fax 000-0000-0000
Home page : www.abc.com.

Document Update History(문서개정이력)

Date	Issued by	Reason for change	Version
30 April. 2016			00

작성자	검토자	승인자
S.K. Lee QA Assistant Manager Date	J.K. Koo QA Team Manager Date	S. K. Lee CEO Date

목 차

1. 머리말

1.1 조직소개(introduction of the organization)

각 회사설립 이후의 중요 연혁을 요약한다.

1.2 조직위치(location)

1.3 공장배치도(plant layout(혹은 building layout))

1.4 제품 및 제조공정도(Product & Process flow)

〈Product group〉

1) Radiator(방열기)
2) Shell & tube type heat exchanger(열교환기)
3) Pressure vessel & storage tank(압력용기 및 저장탱크)}
4) Steel structure(스틸 구조물)

공정도, process diagram을 작성한다.

1.5 경영시스템 적용 목적 및 관리

㈜ABC(이하 "당사"라 한다) 경영시스템 매뉴얼은 당사의 경영시스템의 기본 문서이다. 최상의 품질/환경경영을 유지하여 당사의 이해관계자에게 만족을 주며 제반 부적합의 요인을 제거 혹은 최소화하며, 당사의 품질경영시스템 ISO 9001 : 2015 & 환경경영시스템 ISO 14001 : 201를 실행, 유지 및 지속적으로 개선할 수 있도록 경영진의 책임, 요구사항, 방침 및 절차 등을 명확하게 나타낸다.

전자문서 외 인쇄본 및 사본은 요청 시 당사 관리자의 승인하에 제3자에게 배포할 수 있다.

당사의 사업 Business process 에 영향을 줄 수 있는 법규의 발효 또는 폐기, 기준, 방침 및 조직변경 및 새로운 Process 도입 시에는 그에 따라 문서 및 기록관리 절차서에 의거하여 본 매뉴얼도 변경하여야 한다.

2. 참 고

2.1 참고문서(존재하는 경우 인용)

3. 용어 및 정의

ISO 9000 : 2015 Quality Management System - Terms and Definition ISO 14001 : 2015 Environmental Management System - Requirements

(여기에 정의하지 않은 용어와 정의는 위 규격에 따른다. 조직에서 특별히 적용되는 용어가 있는 경우 이를 정의한다)

3.1 랜덤 샘플링(random sampling)
모집단에 있는 개개의 자료들이 뽑혀질 수 있는 확률이 같도록 우연히 뽑아 내는 것

3.2 공정능력지수(process capability index) = 공정능력비
공정(Process)을 개선하기 위해서 요구되는 수준과 업무결과에 대한 비교를 통해 공정능력을 측정하기 위한 방법

4. 조직의 상황(context of the organization)

4.1 조직의 이해와 상황(understanding the organization and its context)
당사는 당사의 사업목적 및 전략적 방향과 관련이 있는 외부 및 내부 이슈 그리고, 경영시스템의 의도된 결과를 달성하기 위하여 당사의 능력에 영향을 주는 외부 및 내부 이슈를 단기 및 중장기 사업계획서(business plan)를 통해 결정하며, 이러한 외부 및 내부 이슈에 대한 정보를 주기적인 경영검토(management review)를 통해 모니터링 및 측정하여 당사의 지속적인 발전을 도모한다.

4.2 이해관계자의 니즈와 기대의 이해(understanding the needs and expectations of interested parties)
당사는 고객 요구사항과 적용되는 법적 및 규제적 요구사항을 충족하는 제품 및 서비스를 일관성 있게 제공하는 당사의 능력에 영향을 미치는 이해관계자 및 그들의 요구사항을 단기 및 중장기 사업계획서(business plan)를 통해 결정하며, 이러한 이해관계자 및 이해관계자 요구사항에 대한 정보를 주기적인 경영검토(management review)를 통해 모니터링 및 검토한다.

4.3 경영시스템의 적용범위
본 매뉴얼은 ISO 9001 : 2015 & ISO 14001 : 2015 요구사항에 기초하며, 인증범위는 다음 제품 및 서비스 (product & services)에 대해 적용한다.

〈인증범위 사례〉
산업용, 건축용의 코팅제, 첨가제, 세정제 및 화장품용 첨가제의 개발 및 생산 Development and Manufacture of Coating Material, Additive, Cleaner for Industry & Construction, Additive for Living Goods

〈제외되는 요구사항이 있으면 여기에서 정당성을 언급한다, 예를 들면 8.3항 등〉

4.4 경영시스템 및 프로세스

당사의 경영시스템 개략도는 [그림 4]와 같다.

ISO 9001 : 2015 품질경영시스템 & ISO14001 : 2015 환경경영시스템 요구사항과 연관된 당사의 경영시스템 표준문서의 체계도와 같다.

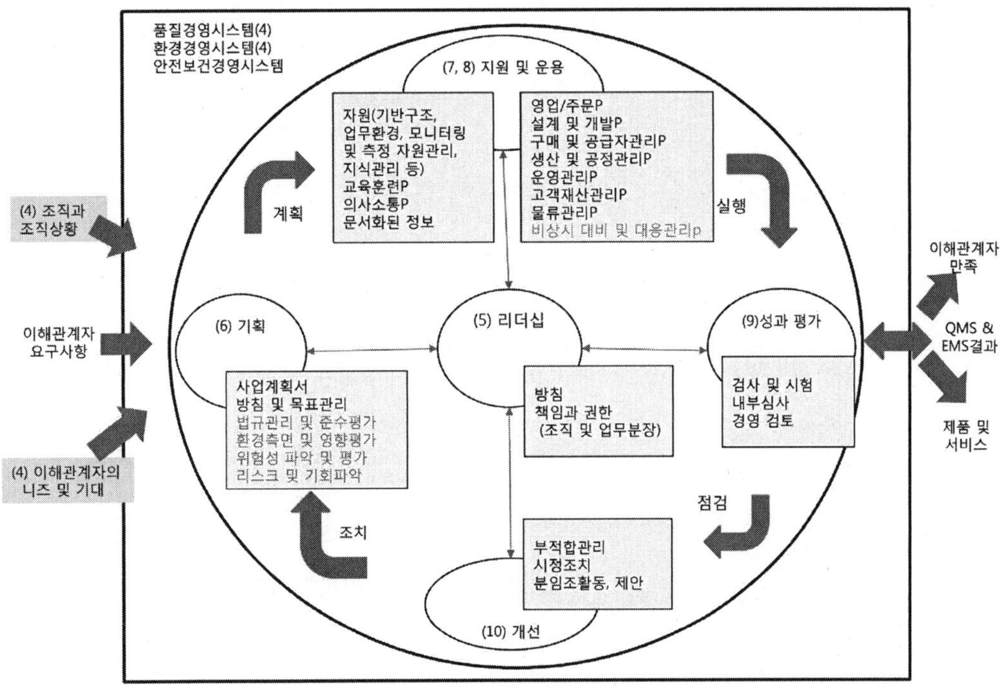

[그림 4] PDCA 사이클에서의 경영시스템 구조

5. 리더십(leadership)

5.1 리더십 및 실행의지(Leadership and commitment)

5.1.1 일반사항(경영진의 의지)

최고경영자는 다음 사항에 의하여 품질경영시스템에 관한 실행의지를 실증한다.

a) 경영시스템의 효과성에 대해 책임(accountability)을 진다.

b) 방침 및 목표가 경영시스템을 위하여 수립되고, 조직의 상황 및 전략적 방향과 조화됨을 보장한다.

c) 경영시스템 요구사항이 조직의 비즈니스 프로세스와 통합됨을 보장한다.

d) 프로세스 접근법 및 리스크 기반 사고의 활용을 촉진한다.

e) 경영시스템에 필요한 자원의 가용성을 보장한다.
f) 효과적인 경영의 중요성 그리고 경영시스템 요구사항과 적합성에 대한 중요성을 의사소통한다.
g) 경영시스템이 의도된 결과를 달성함을 보장한다.
h) 경영시스템의 효과성에 기여하기 위한 인원의 고용, 지휘 및 지원한다.
i) 지속적인 개선을 촉진한다.
j) 책임 분야에서 경영자의 리더십이 적용될 때 그 리더십을 실증하기 위하여 그 밖의 경영자 역할을 지원한다.

5.1.2 고객중심

최고경영자는 다음 사항을 보장함으로써 고객중심에 대한 리더십 및 실행의지를 실증한다.

a) 고객 요구사항 그리고 적용되는 법적 및 규제적 요구사항이 결정되고, 이해되며 일관되게 충족됨
b) 제품 및 서비스의 적합성에 영향을 미칠 수 있는 리스크 및 기회 그리고 고객만족을 증진시키는 능력이 정해지고 다루어짐
c) 고객만족 증진에 집중함을 유지함

5.2 방침(policy)

당사의 품질방침은 다음과 같으며 품질목표를 수립하는 데 필요한 틀을 제공한다. 아울러 품질방침에 대해 조직 내에서 의사소통되고 이해되며 적용됨을 보장하며, 적절한 경우 관련된 이해관계자에게 이용가능하도록 제공한다.

5.3 조직의 역할, 책임 및 권한

당사는 경영시스템이 ISO 9001 : 2015 & ISO 14001 : 2015 요구사항에 적합함을 보장하기 위하여, 또한 프로세스가 의도된 출력을 도출하고 있음을 보장하기 위하여 각 부서/팀별 조직도를 고려하여 책임과 권한을 부여한다.

이와 같은 조직별 역할, 책임 및 권한 등은 업무분장도 및 각 프로세스(절차서)에 나타나 있다.

조직 및 업무분장은 별도 지침서로 작성한다.

〈참고절차서〉

- 별도 table로 작성, 삽입하는 경우에는 “별도 table 참고”로 표시함
- ABC-QP(QWI)-100 업무분장 절차서/지침서/직무 기술서(JD)/직무명세서(JS)

품질경영방침

"최고의 품질 구현을 통한 고객만족의 극대화"

– 품질경영시스템의 구축과 전사적 실행
– 고객지향적 사고를 통한 신제품 개발
– 인재와 기술의 조화를 통한 최고의 제품과 서비스 제공

위와 같은 품질방침의 구체적 실행을 위해 품질경영부서장은 품질 부문에 대한 당사의 내부 및 외부 이해관계자로부터 이슈를 발굴하여 지속적으로 개선하도록 책임을 지고 업무를 추진하나, 그 최종 책임은 대표이사가 지며, 당사 조직의 모든 지식 역량을 동원하여 이해관계자가 만족하도록 한다.

2016. 00.00
ABC주식회사 대표이사 홍 길 동 (서명)

당사의 환경방침은 다음과 같으며, 환경목표를 수립하는 데 필요한 틀을 제공한다. 아울러 환경방침에 대해 조직 내에서 의사소통되고 이해되며 적용됨을 보장하며, 적절한 경우 관련된 이해관계자에게 이용 가능하도록 제공한다.

환경경영방침

"최고의 품질 구현을 통한 고객만족의 극대화"

– 품질경영시스템의 구축과 전사적 실행
– 고객지향적 사고를 통한 신제품 개발
– 인재와 기술의 조화를 통한 최고의 제품과 서비스 제공

위와 같은 환경방침의 구체적 실행을 위해 환경안전부서장은 환경부문에 대한 당사의 내부 및 외부 이해관계자로부터 이슈를 발굴하여 지속적으로 개선하도록 책임을 지고 업무를 추진하나, 그 최종 책임은 대표이사가 지며, 당사 조직의 모든 지식역량을 동원하여 이해관계자가 만족하도록 한다.

2016. 00.00

ABC주식회사 대표이사 홍 길 동 (서명)

6. 기획(planning)

6.1 리스크 및 기회를 다루는 조치

당사는 경영시스템을 기획할 때 내외부 이슈 및 이해관계자의 니즈 및 기대 사항 등을 고려하여 다루어야 할 리스크 및 기회를 결정한다.

당사는 파악된 리스크의 조치 및 효과성 평가는 리스크 관리절차서 및 사업계획서(business plan)에 따르며, 취해진 조치는 제품 및 서비스의 적합성에 영향을 미치는 정도에 따른다.

6.2 중대한 환경측면

환경경영시스템 적용범위 내에서 당사는 전과정의 관점(life cycle perspective)을 고려하여 관리할 수 있는 활동, 제품 및 서비스의 환경측면과 연관된 환경적 영향 그리고 영향을 미칠 수 있는 것들을 결정한다.

환경측면을 파악 / 식별(identify)할 때, 조직은 다음을 고려한다.

a) 계획된 혹은 새로운 개발들을 포함한 변화 그리고 새로운 혹은 수정된 활동, 제품 그리고 서비스
b) 비정상적인 조건 그리고 합리적으로 예상할 수 있는 비상상황

당사는 다양한 계층과 기능에서 중요한 환경측면에 대하여 적절한 방법으로 의사소통한다.
당사는 다음의 정보들을 문서화된 정보로 유지한다.
- 환경측면과 연관된 환경적 영향
- 중대한 환경측면을 결정하기 위해 사용된 기준
- 중대한 환경측면

6.3 준수의무
당사는 다음을 실행한다.
a) 당사의 환경측면과 연관된 준수의무를 결정하고 접근
b) 이러한 준수의무를 어떻게 당사에 적용할 것인지 결정
  - 준수 평가빈도 결정, 준수 여부를 평가하고 조치, 준수상태에 대한 지식과 이해를 유지
c) 당사의 경영시스템을 수립, 이행, 유지 그리고 지속적으로 개선할 때 준수 의무를 고려
  당사는 준수의무에 관한 문서화된 정보를 유지한다.

〈참고절차서〉
ABC-QEP-000 리스크 관리절차서(Risk Control Procedure)
ABC-QEP-000 환경측면 및 영향평가절차서(Environmental aspects & impact assessment Procedure)
ABC-QEP-000 법규관리 및 준수평가절차서(Legal control & Compliance evaluation Procedure)

6.4 품질 / 환경목표 및 품질 / 환경목표 달성기획
6.2.1 당사의 품질 / 환경목표는 다음을 고려하여 수립한다.
a) 품질 / 환경방침과 일관성을 유지한다.
b) 가능한 한 측정가능하도록 설정한다.
c) 적용되는 요구사항을 고려한다.

d) 제품 및 서비스의 적합성과 고객만족 증진과 관련되도록 한다.

e) 주기적으로 모니터링한다.

f) 적절한 방법으로 의사소통하며 적절히 갱신한다.

6.2.2 품질/환경목표를 달성하는 방법을 기획할 때 다음 사항을 정한다.

- 달성대상, 필요자원, 책임자, 완료시기, 결과평가방법 등

6.2.3 품질/환경목표의 변경의 기획

경영시스템의 변경이 필요한 경우 계획적이고 체계적인 방식으로 수행한다.

〈참고절차서〉

ABC-QP-300 방침 및 목표관리절차서, 경영검토절차서

7. 지원(support)

7.1 자원(resources)

7.1.1 일반사항(general)

당사는 경영시스템을 수립, 실행, 유지, 지속적 개선을 위하여 필요한 자원을 결정하고 제공한다.

당사는 다음 사항을 고려한다.

a) 현재 내부 자원의 능력 및 제약요건

b) 외부 공급자로부터 입수할 필요가 있는 것

7.1.2 인원(people)

당사는 경영시스템의 효과적인 실행 그리고 프로세스의 운영 및 관리에 필요한 인원을 결정하고 제공한다.

7.1.3 기반구조(infrastructure)

당사는 제품 및 서비스의 적합성을 달성하기 위하여 필요한 기반구조를 결정, 제공 및 유지한다.

기반구조의 예는 다음과 같으나 이에 국한하지는 않는다.

㉥ 건물 및 관련된 유틸리티, 하드웨어 및 소프트 웨어를 포함한 장비, 운송 자원 정보통신기술 등

7.1.4 프로세스 운영환경

당사는 프로세스 운영과 제품 및 서비스의 적합성을 달성하기 위하여 필요한 환경을 결정, 제공 및 유지한다.

7.1.5 모니터링 및 측정자원

당사는 제품 및 서비스 요구사항에 대한 적합성을 검증하기 위해 적용되는 모니터링 장비 및 측정장비에 대해 유효하고 신뢰할 수 있는 결과를 보장하기 위하여 필요한 자원을 결정하고 제공한다.

당사는 모니터링 및 측정자원에 대해 측정 소급성을 유지하기 위하여 검증 또는 교정 등에 사용된 객관적인 증거를 유지한다.

7.1.6 조직의 지식(organizational knowledge)

당사는 프로세스의 운영 그리고 제품 및 서비스의 적합성 달성을 유지하기 위하여 필요한 지식을 정하고, 이를 유지시켜 필요한 정도까지 이용 가능하도록 관리한다. 또한 경영시스템의 니즈 및 경향의 변경을 다룰 경우, 당사는 현재의 지식을 고려하고, 추가로 필요한 모든 지식 및 요구되는 최신 정보의 입수 또는 접근방법을 정한다.

〈참고절차서〉

ABC-QP-000 조직도, 업무분장절차서

ABC-QP-000 설비관리절차서

ABC-QP-000 모니터링 장비 및 측정장비관리절차서

ABC-QP-000 제안제도 / 분임조 활동지침서

ABC-QP-000 신제품 개발완료보고서 / 프로젝트별 관리보고서 / 해외출장보고서

7.2 역량 / 적격성(competence)

당사는 다음 사항을 실행한다.

a) 당사의 관리하에 경영시스템의 성과 및 효과성에 영향을 미치는 업무를 수행하는 인원에 필요한 역량의 결정
b) 적용 가능한 경우 적절한 학력, 교육훈련 또는 경험에 근거하여 역량이 있음을 보장
c) 역량의 증거로 적절한 문서화된 정보를 공유

7.3 인식(awareness)

당사는 당사의 관리하에 업무를 수행하는 관련 인원이 다음 사항을 인식하도록 보장한다.

a) 품질 / 환경방침

b) 관련된 품질 / 환경목표

c) 개선된 성과 이익을 포함하여 경영시스템의 효과성에 대한 자신의 기여

d) 경영시스템의 요구사항에 부적합한 경우의 영향

7.4 의사소통(communication)

당사는 다음 사항을 포함하여 경영시스템에 관련 되는 내부 및 외부 의사소통한다.

a) 의사소통 내용, 시기, 대상

b) 의사소통 방법 및 담당자

당사의 내부 및 외부 의사소통 도구는 문서(공문), 회의, 인트라넷, 팩스, 교육훈련, 워크샵, 분임토의 등을 사용하나 이에 국한하지는 않는다.

7.5 문서화된 정보(documented information)

7.5.1 일반사항(general)

당사는 경영시스템의 효과성을 위하여 당사가 필요로 하는 문서화된 정보를 다음과 같이 유지한다.

Level 1 : (Quality / Environmental) Management Manual(품질 / 환경경영 매뉴얼)

최상위 문서로 경영시스템, 경영방침, 적용범위 및 기준서와 내부 절차서 간의 관련 성에 대한 개요를 나타낸다.

Level 2 : Procedure(절차서 / 규정 / 프로세스)

프로세스 단계, 책임자 및 프로세스 실행시기를 나타낸다. 효율적인 기획, 운영관리, 실무를 보장하기 위해 표준서 및 법에 규정된 권한에 의해 요구되는 문서화된 절차서

Level 3 : 업무지침서(Work Instruction or guideline), 품질계획서(Quality Plan) 업무수행자에게 "어떻게"의 구체적 방법을 표준화한 문서

Level 4 : 기록

요구사항에 대한 적합성을 입증해 주는 문서로, 교육훈련 기록, 회의록, 완성된 양식, 예방 / 시정조치보고서, 심사보고서, 검교정보고서, 검사 및 시험 관련 기록 및 규격서와 법적으로 요구되는 기록 등이 포함된다.

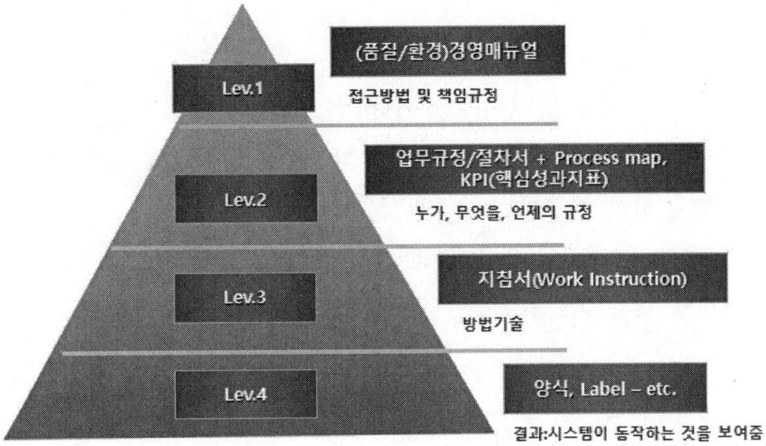

[그림 5]

7.5.2 작성(creating) 및 갱신(update)

당사는 문서화된 정보를 작성하거나 갱신할 경우 적절히 식별하며, 프로세스별 담당책임자의 작성 - 관련 부서 / 팀의 협조 혹은 검토, 최고경영자의 승인 등을 거쳐 적절성과 충족성을 만족시킨다.

7.5.3 문서화된 정보의 관리

당사는 문서화된 정보를 필요한 장소 및 필요한 시기에 사용 가능하고, 사용하기에 적절하도록 충분하게 보호한다.

문서화된 정보는 배부, 접근, 회수 및 사용, 보관, 보존, 변경관리, 보유 및 폐기 등을 관리하며, 외부 출처문서는 적절히 식별, 관리한다.

〈참고절차서〉

ABC-QP-000 인사정보(인사기록카드, 이력서, 경력증명서, 졸업증, 수료증, 자격증 등)

ABC-QP-000 Document & Record Control Procedure(문서 및 기록관리절차서)

ABC-QP-000 Training Procedure(교육훈련절차서)

8. 운영(operation)

8.1 운영기획 및 관리

당사는 제품 및 서비스 제공을 위한 고객 요구사항을 충족하기 위해 필요한, 그리고 6장(기획)에서 정한 조치를 실행하기 위해 필요한 다음 사항을 계획, 실행 및 관리한다.

a) 제품 및 서비스에 대한 요구사항을 결정
b) 프로세스, 제품 및 서비스의 수락 등에 대한 기준 수립
c) 제품 및 서비스 요구사항에 대한 적합성을 달성하기 위해 필요한 자원의 결정
d) 기준에 따라 프로세스의 관리 실행
e) 프로세스가 계획된 대로 수행하였음에 대한 신뢰확보 및 제품과 서비스가 요구사항에 적합함을 실증

당사는 계획된 변경을 관리하고 의도되지 않은 변경의 결과를 검토하며, 필요시 모든 부정적인 영향을 완화시키기 위한 조치를 취한다.
당사는 외주처리 프로세스가 관리됨을 보장한다.

8.2 제품 및 서비스의 요구사항

8.2.1 고객과의 의사소통

당사는 고객과의 의사소통시 다음 사항을 포함한다.

a) 제품 및 서비스 관련 정보제공
b) 변경을 포함하여 문의, 계약 또는 주문의 취급
c) 고객불평을 포함하여 제품 및 서비스에 관련된 고객 피드백 입수
d) 고객 재산의 취급 및 관리
e) 관련될 경우 비상조치를 위한 특정 요구사항의 수립

8.2.2 제품 및 서비스 관련 요구사항의 결정

당사는 고객에게 제공될 제품 및 서비스에 대한 요구사항을 결정할 경우, 다음 사항을 보장한다.

a) 제품 및 서비스 요구사항은 적용되는 모든 법규 요구사항 및 당사가 필요하다고 고려된 요구사항
b) 당사가 제공하는 제품이나 서비스에 대한 클레임을 충족시킬 수 있음

8.2.3 제품 및 서비스 관련 요구사항의 검토

당사는 고객에게 제품 및 서비스의 공급을 결정하기 전에 다음 사항을 포함하여 검토를 실시한다.

a) 인도 및 인도 이후의 활동에 대한 요구사항을 포함하여 고객이 정한 요구사항
b) 고객이 명시하지는 않았으나 알려진 경우, 규정되거나 의도된 사용에 필요한

요구사항
c) 당사에 의해 규정된 요구사항
d) 제품이나 서비스에 적용되는 법적 및 규제적 요구사항
e) 이전에 포함된 것과 상이한 계약 또는 주문 요구사항

당사는 이전에 규정한 요구사항과 상이한 계약 또는 주문 요구사항이 해결되었음을 보장하며, 고객이 요구사항을 문서화한 형태로 제시하지 않은 경우 고객 요구사항은 수락 전에 당사가 확인한다. 당사는 적용되는 경우 검토결과, 제품 및 서비스에 대한 모든 새로운 요구사항 등을 문서화한 정보로 보유한다.

8.2.4 제품 및 서비스에 대한 요구사항 변경

당사는 제품 및 서비스에 대한 요구사항이 변경된 경우, 관련된 문서화된 정보를 수정하고, 관련된 인원이 변경된 요구사항을 인식하고 있음을 보장한다.

8.3 제품 및 서비스의 설계 및 개발

8.3.1 일반사항

당사는 제품 및 서비스의 설계 및 개발 이후의 공급을 보장하기에 적절한 설계 및 개발 프로세스를 수립, 실행 및 유지한다.

8.3.2 설계와 개발 기획

당사는 설계 및 개발에 대한 단계 및 관리를 결정할 때 다음 사항을 고려한다.

a) 설계 및 개발 활동의 성격, 기간 및 복잡성
b) 적용되는 설계 및 개발 검토를 포함하여 요구되는 프로세스 단계
c) 요구되는 설계 및 개발 검증 및 실현성 확인 / 타당성 확인(validation) 활동
d) 설계 및 개발 프로세스에 수반되는 책임 및 권한
e) 제품 및 서비스의 설계 및 개발에 대한 내부 및 외부 자원 필요성
f) 설계 및 개발 프로세스에 관여하는 인원 간 인터페이스의 관리 필요성
g) 설계 및 개발 프로세스에 고객 및 사용자의 관여 필요성
h) 제품 및 서비스의 설계 및 개발 이후의 공급을 위한 요구사항
i) 설계 및 개발 프로세스에 대해 고객 및 기타 관련 이해관계자가 기대하는 관리의 수준
j) 설계 및 개발 요구사항이 충족되었음을 실증하는데 필요한 문서화된 정보

8.3.3 설계와 개발 입력

당사는 설계 및 개발할 제품 및 서비스의 특정 형태에 필수적인 요구사항을 결정한다. 당사는 다음 사항을 고려한다.

a) 기능 및 성능 / 성과 요구사항
b) 이전의 유사한 설계 및 개발활동으로부터 도출된 정보
c) 법적 및 규제적 요구사항
d) 조직이 실행을 약속한 표준 또는 실행지침
e) 제품 및 서비스의 성격에 기인하는 실패의 잠재적 결과

입력은 설계 및 개발 목적에 충분하며, 완전하고 모호하지 않아야 하며, 상충되는 설계 및 개발 입력은 사전에 해결한다.

당사는 설계 및 개발 입력에 대한 문서화된 정보를 보유한다.

8.3.4 설계와 개발 관리

당사는 설계 및 개발 프로세스에 다음 사항을 보장하는 관리를 적용한다.

a) 달성될 결과의 규정
b) 설계 및 개발 결과가 요구사항을 충족하는지의 능력을 평가하기 위한 검토 시행
c) 설계 및 개발의 출력이 입력 요구사항에 충족함을 보장하기 위한 검증활동 시행
d) 결과로 나타난 제품 및 서비스가 규정된 적용에 대한, 또는 사용의도에 대한 요구사항을 충족시킴을 보장하기 위한 실현성 확인활동의 시행
e) 검토 또는 검증 및 실현성인 활동 중 식별된 문제점에 대해 필요한 모든 조치의 시행
f) 이들 활동에 대한 문서화된 정보를 보유한다.

8.3.5 설계와 개발 출력

당사는 설계 및 개발 출력이 다음과 같음을 보장한다.

a) 입력 요구사항 충족
b) 제품 및 서비스 제공을 위한 후속 프로세스에 대해 충분함
c) 해당되는 경우, 모니터링 및 측정 요구사항의 포함 또는 인용 그리고 합격 판정 기준의 포함 또는 인용
d) 의도한 목적에, 그리고 안전하고 올바른 공급에 필수적인 제품 및 서비스의 특성 규정

8.3.6 설계와 개발 변경

당사는 제품 및 서비스의 설계 및 개발 과정 또는 이후에 발생된 변경사항을, 요구사항의 적합성에 부정적 영향이 없음을 보장하는데 필요한 정도까지 식별, 검토 및 관리한다.

당사는 다음 사항에 대한 문서화된 정보를 보유한다.

a) 설계 및 개발 변경

b) 검토결과

c) 변경의 승인

d) 부정적 영향을 예방하기 위해 취한 조치

8.4 비상시 대비 및 대응

당사는 파악 / 식별된 잠재적 비상상황에서 어떻게 준비하고 대응하는지에 관한 필요한 프로세스를 수립, 이행 그리고 유지한다.

당사는 다음 사항을 실행한다.

a) 비상상황으로부터 불리한 환경적 영향을 예방하거나 완화하기 위해 조치를 계획함으로써 대응을 위한 준비

b) 실제적 비상상황에 대응

c) 비상상황과 잠재적 환경적 영향의 규모와 관련된 비상상황의 결과를 예방하거나 완화하기 위한 조치

d) 실행 가능할 경우 계획된 대응 조치를 주기적으로 시험

e) 특히, 비상상황의 발생이나 시험 이후에는 프로세스와 계획된 대응을 주기적으로 검토 및 개정한다.

f) 해당되는 경우 관리하에서 업무를 수행하는 인원을 포함하여 관련된 이해관계자에게 관련된 정보 및 훈련을 제공

당사는 이에 대해 필요한 정도까지 문서화된 정보를 보유한다.

8.5 외부에서 제공되는 프로세스, 제품 및 서비스의 관리

8.5.1 일반사항

당사는 외부에서 제공되는 프로세스, 제품 및 서비스가 요구사항에 적합함을 보장한다.

당사는 다음의 경우, 외부에서 제공되는 프로세스, 제품 및 서비스에 적용할 관리를 결정한다.

a) 외부 공급자의 제품 및 서비스가 조직 자체의 제품 및 서비스에 포함되도록 의도한 경우
b) 제품 및 서비스가 조직을 대신한 외부공급자에 의해 고객에게 직접 제공되는 경우
c) 프로세스 또는 프로세스의 일부가 조직에 의한 결정의 결과로, 외부 공급자에 의해 제공된 경우

8.5.2 관리의 형태 및 정도(extent)

당사는 외부에서 제공되는 프로세스, 제품 및 서비스가 적합한 제품 및 서비스를 고객에게 일관되게 인도하는 조직의 능력에 부정적인 영향을 미치지 않음을 보장한다.

당사는 다음 사항을 수행한다.

a) 외부에서 제공되는 프로세스가 조직의 경영시스템 관리 내에서 유지됨을 보장
b) 외부 공급자에게 적용하기로 한 관리와 결과로 나타나는 출력에 적용하기로 한 관리 모두를 규정
c) 다음에 대한 고려
   1) 고객 요구사항과 법적 및 규제적 요구사항을 일관되게 충족시켜야 하는 조직의 능력에 미치는 외부에서 제공되는 프로세스, 제품 및 서비스의 잠재적 영향
   2) 외부 공급자에 의해 적용되는 관리의 효과성
d) 외부에서 제공되는 프로세스, 제품 및 서비스가 요구사항을 충족시킴을 보장하기 위해 필요한 검증 또는 기타 활동의 결정

8.5.3 외부 공급자에 대한 정보

당사는 외부 공급자와 의사소통하기 이전에 요구사항의 충족성을 보장한다.
당사는 다음 사항에 대한 조직의 요구사항을 외부 공급자에게 전달한다.

a) 제공되는 프로세스, 제품 및 서비스
b) 다음에 대한 승인
   1) 제품 및 서비스
   2) 방법, 프로세스 및 장비
   3) 제품 및 서비스의 불출
c) 요구되는 모든 인원의 자격을 포함한 역량 / 적격성

d) 조직과 외부 공급자의 상호작용
e) 외부 공급자의 성과에 대하여 조직이 적용하는 관리 및 모니터링
f) 조직 또는 조직의 고객이 외부 공급자의 현장에서 수행하고자 하는 검증 또는 실현성 확인 활동

8.6 생산 및 서비스 제공

8.6.1 생산 및 서비스 제공의 관리

당사는 관리 조건 하에서 제품 및 서비스 제공을 실행한다.

관리 조건에는 해당되는 경우, 다음 사항을 포함한다.

a) 다음을 규정하는 문서화된 정보의 가용성
   1) 생산되어야 하는 제품의, 제공되어야 하는 서비스의 또는 수행되어야 하는 활동의 특성
   2) 달성되어야 하는 결과
b) 적절한 모니터링 자원 및 측정자원의 가용성 및 활용
c) 프로세스 또는 출력의 관리에 대한 기준 그리고 제품 및 서비스에 대한 합격 판정기준이 충족되었음을 검증하기 위해 적절한 단계에서 모니터링 및 측정활동의 실행
d) 프로세스 운영을 위한 적절한 기반구조 및 환경의 활용
e) 요구되는 모든 자격을 포함하여 역량이 있는 인원의 선정
f) 결과로 나타난 출력이 후속되는 모니터링 또는 측정에 의해 검증될 수 없는 경우, 제품 및 서비스 제공을 위한 프로세스의 계획된 결과를 달성하기 위한 능력의 실현성 확인 및 주기적 실현성 재확인
g) 인적 오류를 예방하기 위한 조치의 실행
h) 불출, 인도 및 이도 후 활동의 실행

8.6.2 식별 및 추적성

당사는 제품 및 서비스의 적합성을 보장하기 위해 필요한 경우, 출력을 식별하기 위해 적절한 수단을 활용한다.

당사는 생산 및 서비스 제공 전체에 걸쳐 모니터링 및 측정 요구사항에 관한 출력의 상태를 식별한다.

추적성이 요구사항인 경우, 당사는 출력의 고유한 식별을 관리하며, 추적성이 가능하기 위해 필요한 문서화된 정보를 보유한다.

8.6.3 고객 또는 외부 공급자의 재산

당사는 당사의 관리 하에 있거나 당사의 사용 중에 있는 고객 또는 외부 공급자의 재산에 대하여 주의를 기울인다. 당사는 제품 및 서비스에 사용되거나 포함되도록 제공된 고객 또는 외부 공급자의 재산을 식별, 검증, 보호 및 안전하게 유지한다. 고객 또는 외부 공급자의 재산이 분실, 손상 또는 사용하기에 부적절한 것으로 판명된 경우, 당사는 고객 또는 외부 공급자에게 이를 보고하며, 발생한 사항에 대해 문서화된 정보를 보유한다.

8.6.4 보존(preservation)

당사는 요구사항에 적합함을 보장하기 위해 필요한 정도까지, 생산 및 서비스를 제공하는 동안 출력을 보존한다.

8.6.5 인도 후 활동(post-delivery activities)

당사는 제품과 서비스와 관련된 인도 후 활동을 위한 요구사항을 충족하도록 한다. 요구되는 인도 후 활동에 관한 범위를 결정할 때, 당사는 다음 사항을 고려한다.

a) 법적 및 규제적 요구사항

b) 제품 및 서비스와 관련한 잠재적으로 원하지 않은 결과

c) 제품 및 서비스의 특성, 사용 및 의도된 수명

d) 고객 요구사항

e) 고객 피드백

8.6.6 변경관리(control of changes)

당사는 규정된 요구사항에 적합함을 지속적으로 보장하는데 필요한 조치사항을 기술한 문서화된 정보를 보유한다.

8.7 제품 및 서비스 불출

당사는 제품 및 서비스 요구사항이 충족되었는지 검증하기 위해 적절한 단계에서 계획된 결정사항을 실행한다.

관련된 권한을 가진 자가 승인하거나 해당되는 경우, 고객이 승인한 경우를 제외하고는, 계획된 결정사항이 만족스럽게 완료될 때까지 제품 및 서비스는 고객에게 불출되지 않도록 관리한다.

당사는 제품 및 서비스의 불출에 관련된 문서화된 정보를 보유한다.

문서화된 정보에는 다음 사항이 포함한다.

a) 합격 판정기준에 적합하다는 증거

b) 불출을 승인한 인원에 대한 추적성

8.8 부적합 출력의 관리

당사는 의도하지 않은 사용 또는 인도를 방지하기 위하여, 제품 요구사항에 적합하지 않은 출력이 식별되고 관리됨을 보장한다.

당사는 부적합의 특성 그리고 제품 및 서비스의 적합성에 부적합이 미치는 영향에 따라 적절한 조치를 취한다. 이것은 제품의 인도 후 그리고 서비스의 제공 중 또는 제공 후에 발견된 제품 및 서비스의 부적합에도 적용된다.

당사는 부적합 출력을 다음의 하나 또는 그 이상의 방법으로 처리한다.

a) 시정
b) 제품 및 서비스 제공의 분리, 억제, 반품 또는 정지
c) 고객통지
d) 특채 하의 동의를 위한 인가획득

부적합 출력이 조치되는 경우, 요구사항에 대한 적합성이 검증되어야 한다.

당사는 다음의 문서화된 정보를 보유한다.

a) 부적합에 대한 기술
b) 취해진 조치에 대한 기술
c) 승인된 특채에 대한 기술
d) 부적합에 관한 활동을 결정하는 책임의 식별

〈참고절차서〉

ABC-QP-000 Marketing & Sales Procedure(영업 및 판매관리절차서)
ABC-QP-000 Purchasing & Supplier Control Procedure(구매 및 공급자관리절차서)
ABC-QP-000 Design & Deveoplment Procedure(설계 및 개발 / 신제품개발절차서)
ABC-QP-000 Legal management & compliance evaluation Procedure(법규관리 및 준수평가절차서)
ABC-QP-000 Operation/Process Control Procedure(운영 / 공정관리절차서)
ABC-QP-000 제품의 보관, 보존, 포장, 운송관리절차서 / 물류관리절차서
ABC-QP-000 제품 및 서비스 식별 및 추적성 관리절차서
ABC-QP-000 고객재산 관리절차서
ABC-QP-000 고객불만 관리절차서, 고객만족도 조사 절차서
ABC-QP-000 Non-conformities, Corrective Actions Procedure(부적합 및 시정조치 절차서)

9. 성과평가(performance evaluation)

9.1 모니터링, 측정, 분석 및 평가

9.1.1 일반사항

당사는 다음 사항을 결정한다.

a) 모니터링 및 측정의 대상
b) 유효한 결과를 보장하기 위하여 필요한 모니터링, 측정, 분석 및 평가에 대한 방법
c) 모니터링 및 측정 수행시기
d) 모니터링 및 측정의 결과에 대한 분석 및 평가시기

당사는 경영시스템의 성과 및 효과성을 평가하며, 결과의 증거로 적절한 문서화된 정보를 보유한다.

9.1.2 고객만족

당사는 고객의 니즈 및 기대가 어느 정도 충족되는지에 대한 고객의 인식을 모니터링한다. 당사는 이 정보를 수집, 모니터링 및 검토하기 위한 방법을 결정한다.

9.1.3 분석 및 평가

당사는 모니터링 및 측정에서 나온 적절한 데이터 및 정보를 분석 및 평가한다. 분석의 결과는 다음 사항의 평가를 위하여 사용된다.

a) 제품 및 서비스의 적합성
b) 고객만족도
c) 품질경영시스템의 성과 및 효과성
d) 기획의 효과적인 실행 여부
e) 리스크 및 기회를 다루기 위하여 취해진 조치의 효과성
f) 외부 공급자의 성과
g) 경영시스템의 개선 필요성

9.2 내부심사

당사는 경영시스템이 다음 사항에 대한 정보를 제공하기 위하여 계획된 주기로 내부심사를 수행한다.

a) 다음 사항에 대한 적합성 여부
  • 경영시스템에 대한 조직 자체 요구사항

• 이 표준의 요구사항

b) 경영시스템이 효과적으로 실행되고 유지되는지 여부

당사는 다음 사항을 실행한다.

a) 주기, 방법, 책임, 요구사항의 기획 및 보고를 포함하는 심사프로그램의 계획, 수립, 실행 및 유지, 그리고 심사프로그램에는 관련 프로세스의 중요성, 조직에 영향을 미치는 변경 그리고 이전 심사결과가 고려한다.

b) 심사기준 및 개별심사의 적용범위에 대한 규정

c) 심사 프로세스의 객관성 및 공평성을 보장하기 위한 심사원 선정 및 심사 수행

d) 심사결과가 관련 경영자에게 보고됨을 보장

e) 과도한 지연 없이 적절한 시정 및 시정조치 실행

f) 심사프로그램의 실행 및 심사결과의 증거로 문서화된 정보의 보유

9.3 경영검토/ 경영평가

9.3.1 일반사항

최고경영자는 지속적인 적절성, 충분성, 효과성 그리고 조직의 전략적 방향과의 정렬성을 보장하기 위하여 계획된 주기로 조직의 경영시스템을 검토한다.

9.3.2 경영검토 입력사항

경영검토는 다음 사항을 고려하여 계획하고 수행한다.

a) 이전 경영검토에 따른 조치의 상태

b) 경영시스템과 관련된 외부 및 내부 이슈의 변경

c) 다음의 경향을 포함한 경영시스템의 성과 및 효과성에 대한 정보

1) 고객만족 및 관련 이해관계자로부터의 피드백

2) 품질목표의 달성 정도

3) 프로세스 성과 그리고 제품 및 서비스의 적합성

4) 부적합 사항 및 시정조치

5) 모니터링 및 측정결과

6) 심사결과

7) 외부 공급자의 성과

d) 자원의 충분성

e) 리스크 및 기회를 다루기 위하여 취해진 조치의 효과성(6.1 참조)

f) 개선기회

9.3.3 경영검토 출력사항

경영검토의 출력사항에는 다음 사항과 관련된 결정 및 조치가 포함된다.

a) 개선기회

b) 경영시스템 변경에 대한 모든 필요성

c) 자원의 필요성

당사는 경영검토 결과의 증거로 문서화된 정보를 보유한다.

〈참고절차서〉

ABC-QP-000 고객불만 관리절차서, 고객만족도 조사절차서

ABC-QP-000 검사 및 시험관리절차서

ABC-QP-000 내부심사절차서

ABC-QP-000 경영검토절차서

ABC-QP-000 Non-conformities, Corrective Actions Procedure(부적합 및 시정조치절차서)

10. 개선(Improvement)

10.1 일반사항

당사는 개선기회를 결정하고 선택하며, 고객 요구사항을 충족시키고 고객만족을 증진시키기 위하여 필요한 모든 조치를 실행한다.

조치에는 다음 사항이 포함된다.

a) 요구사항을 충족시키기 위한 것뿐만 아니라 미래의 니즈 및 기대를 다루기 위한 제품 및 서비스의 개선

b) 시정, 예방 또는 바람직하지 않은 영향의 감소

c) 경영시스템의 성과 및 효과성 개선

10.2 부적합 사항 및 시정조치

당사는 불만족에서 야기된 모든 것을 포함하여 부적합 사항이 발생하였을 때, 다음 사항을 실행한다.

a) 부적합 사항에 대처를 해야 하며 해당되는 경우

1) 부적합 사항을 관리하고 시정하기 위한 조치를 취함

2) 결과를 처리함

b) 부적합 사항이 재발하거나 다른 곳에서 발생하지 않게 하기 위해서 부적합 사

항의 원인을 제거하기 위한 조치의 필요성을 다음 사항에 의하여 평가한다.

1) 부적합 사항의 검토 및 분석
2) 부적합 사항 원인의 결정
3) 유사한 부적합 사항의 존재 여부 또는 잠재적인 발생 여부 결정

c) 필요한 모든 조치의 실행
d) 취해진 모든 시정조치의 효과성 검토
e) 필요한 경우, 기획 시 결정된 리스크 및 기회의 갱신
f) 필요한 경우, 품질경영시스템의 변경

시정조치는 직면한 부적합 사항의 영향에 적절하게 조치한다.
당사는 다음 사항의 증거로 문서화된 정보를 보유한다.

a) 부적합 사항의 성격 및 취해진 모든 후속조치
b) 모든 시정조치의 결과

10.3 지속적 개선

당사는 경영시스템의 적합성, 충분성 및 효과성을 지속적으로 개선한다.
당사는 지속적 개선의 일부로서 다루어야 할 필요성 또는 기회가 있는지를 결정하기 위하여 분석 및 평가의 결과 그리고 경영검토의 출력사항을 고려한다.

〈참고절차서〉

ABC-QP-000 Document & Record Control Procedure(문서 및 기록관리절차서)
ABC-QP-000 Internal audit Procedure(내부심사절차서)
ABC-QP-000 Management Review Procedure(경영검토절차서)
ABC-QP-000 제안제도/분임조 활동/COP 활동지침서

11. 첨 부

11.1 조직도

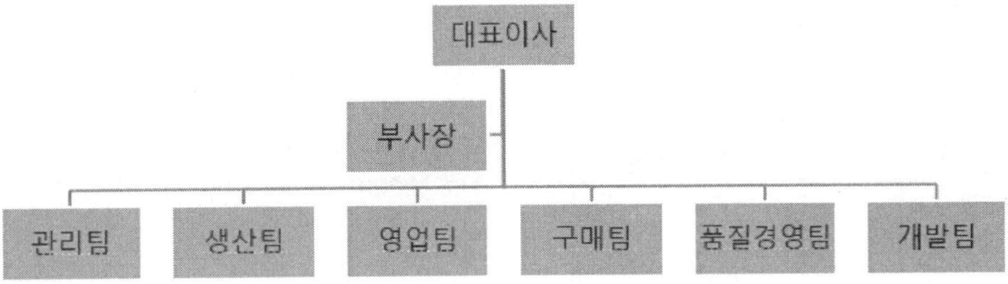

11.2 경영시스템 요구사항 대비 표준문서 연관표

표준문서 번호 및 명칭은 조직별로 다를 수 있음 작성일자 : 2016. 4. 30

조직의 범례(예)

A	경영관리팀
B	품질보증팀
C	생산관리팀
D	생산팀
E	영업팀
F	환경안전팀
G	지원/인사총무팀

ISO 9001 : 2015	ISO 14001 : 2015	표준문서		Process owner (주관 ● 협조 ○)						
		번호	표준명칭	A	B	C	D	E	F	G
1. 적용범위	1. 적용범위	QEM-100	경영 매뉴얼		●				●	
2. 인용표준	2. 인용표준									
3. 용어와 정의	3. 용어와 정의									
4. 조직상황	4. 조직상황									
4.1 조직 및 조직상황 이해	4.1 조직 및 조직상황 이해		사업계획서	●	○	○	○	○	○	○
4.2 이해관계자의 니즈 및 기대이해	4.2 이해관계자의 니즈 및 기대이해									
4.3 QMS 적용범위 결정	4.3 EMS 적용범위 결정									
4.4 QMS 및 그 프로세스	4.4 환경경영시스템 (EMS)									
5. 리더십	5. 리더십									
5.1 리더십 및 실행의지	5.1 리더십 및 실행의지									
5.2 방침	5.2 환경방침	QEM-100	경영 매뉴얼		●				●	
5.3 조직의 역할, 책임 및 권한	5.3 조직의 역할, 책임 및 권한	ABC-QEP-530	조직 및 업무분장							●
6. 기획	6. 기획									
6.1 리스크 및 기회를 다루는 조치	6.1 리스크 및 기회를 다루는 조치	ABC-QEP-610	환경측면 / 영향평가 P				●		●	
		ABC-QEP-611	리스크관리절차서							
		ABC-QEP-613	법규관리 / 준수평가 P						●	
6.2 품질목표 및 품질목표 달성기획	6.2 환경목표 및 환경목표 달성기획	ABC-QEP-620	방침 및 목표관리 P	●	○	○	○	○	○	○
6.3 변경의 기획										

7. 지원	7. 지원									
7.1 자원	7.1 자원	ABC-QEP-710	제조설비관리 P				●			
		ABC-QEP-711	계측기관리 P		●		○			
설비별(운전/가동 ---) 지침서가 있을 수 있음										
7.2 역량/적격성	7.2 역량/적격성	ABC-QEP-720	교육훈련 P		○		○		○	●
7.3 인식	7.3 인식									
7.4 의사소통	7.4 의사소통		(의사소통 P)							
7.5 문서화된 정보	7.5 문서화된 정보	ABC-QEP-750	문서 / 기록관리 P	○	●	○	○	○	●	○
			도면관리 P							
8. 운영	8. 운영									
8.1 운영기획 및 관리	8.1 운영기획 및 관리									
8.2 제품 및 서비스의 요구사항	8.2 비상시 대비 및 대응	ABC-QEP-820	영업업무 P			○		●		
		ABC-QEP-821	고객불만관리 P		○			●		
		ABC-QEP-822	비상사태관리 P				○	●		○
8.3 제품 및 서비스의 설계 및 개발		ABC-QEP-830	설계 및 개발관리 P							
8.4 외부에서 제공되는 프로세스		ABC-QEP-840	구매업무 P		○	○				●
제품 및 서비스의 관리		ABC-QEP-841	외주업체관리 P		○				○	●
8.5 생산 및 서비스 제공		ABC-QEP-850	생산 / 공정관리 P			○	●			
		ABC-QEP-851	환경운영관리 P				●		○	
품질/환경경영시스템별 해당 지침서참조(공정별/대기, 수질 등 부문별 ---)										
8.6 제품 및 서비스의 불출		ABC-QEP-860	식별 및 추적성관리 P				●			
8.7 부적합 출력의 관리		ABC-QEP-870	고객재산관리 P				●			
		ABC-QEP-871	취급, 보관~인도관리 P			○	●			
9. 성과평가	9. 성과평가									
9.1 모니터링, 측정, 분석 및 평가	9.1 모니터링, 측정, 분석 및 평가	ABC-QEP-910	검사 및 시험 업무 P		●		○			
검사 및 시험단계별(입고/공정/최종 ---) 지침서가 있을 수 있음										
		ABC-QEP-821	고객불만관리 P		○			●		
9.2 내부심사	9.2 내부심사	ABC-QEP-920	내부심사 P	○	●	○	○	○	●	○
9.3 경영검토	9.3 경영검토	ABC-QEP-620	방침 및 목표 관리 P	○	●	○	○	○	●	○
		ABC-QEP-930	경영검토 P							

10. 개선	10. 개선									
10.1 일반사항	10.1 일반사항									
10.2 부적합 및 시정조치	10.2 부적합 및 시정조치	ABC-QEP-1020	부적합 / 시정 조치 P		●		○		●	
10.3 지속적 개선	10.3 지속적 개선	ABC-QEP-1030	품질분임조 운영 P		●		○			
		ABC-QEP-1031	제안제도 P		●	○	○	○	○	

참고문헌

1. 생활과 표준 : 오지마다카마시외 엮음, 한국표준협회 옮김, 한국표준협회, 1995.
2. 품질인증실무 : 강신민, 박종환 저, 도서출판 대경, 2003.
3. ISO 9001 : 2000 해설서 : 한국인정원, 모든 디자인, 2001.
4. 생산관리론 : 이순룡 저, 법문사, 1999.
5. 기술표준백서 2001 : 산업자원부 기술표준원, 명신사刊, 2001.
6. 제조물책임대책 실무 : 한국표준협회 컨설팅 김창남 지음, 동현출판사, 2002.
7. 품질시스템추진실무 : 중소기업진흥공단
8. ISO / TS 16949 : 2002 규격서 및 부속서(KAB 간)
9. 국가기술표준원(www.kats.go.kr)
10. 경영시스템의 뉴패러다임(홍종인, 박지혁 공저), 한국표준협회미디어, 2015.

찾아보기

□ 저자 약력 □

■ 이규태(李圭泰)

- 인하대학교 화학공학과 졸업
- ㈜한화(생산/개발/QC/관리/신규사업팀장)
- KMAC, MS Consulting 그룹(주)대표
- SMART 컨설팅 대표, 오산대 겸임교수
- 현) KSA 국제인증본부, AK인증원 심사원

〈보유자격〉

- 품질경영시스템 심사원(GA980470, KAR)
- 환경경영시스템 심사원(EGA990205, KAR)
- 녹색경영시스템 심사원(GGA130005, KAR)
- 안전보건경영시스템 심사원 (Exemplar Global)
- 경영지도사(중소기업청 6217호, 생산관리)
- 온실가스 감축 검증심사원(에너지관리공단)

■ 주대성(朱大聲)

- 한양대학교 화학공학과 졸업
- 전남대학교 산업대학원 산업공학 석사
- ㈜한화(생산/QC팀장)
- KMA-QA 인증팀장, 교육팀장, 경영관리실장
- 현) KSA 국제인증본부 심사원

〈보유자격〉

- 품질경영시스템 심사원(lA970268, KAR)
- 환경경영시스템 심사원(EVA010476, KAR)
- 안전보건경영시스템 심사원(OGA140114)
- ISO/TS 16949 심사원(5ADP-11-05-0351, IATF)
- 품질관리기사 1급(산업인력관리공단)

■ 김동하(金東河)

- 고려대학교 화학공학과 졸업
- ㈜대상 연구소 특허정보관리
- ㈜대상 환경관리팀장
- ㈜대상 기술본부 기술기획팀
- 한국능률협회 전문위원(경영 및 경영시스템 심사)
- 한국환경안전연구소 대표 전문위원
- ㈜메리먼트 대표
- 한국표준협회 국제인증본부 심사원

〈보유자격〉

- 품질관리기사 1급(한국산업인력공단)
- 품질경영시스템 인증심사원(KAB)
- 환경경영시스템 인증심사원(KAB)
- 에너지경영시스템 인증심사원(KAB)
- 녹색경영시스템 인증심사원(KAB)
- 안전보건경영시스템 인증심사원(KAB)
- 식품안전경영시스템 인증심사원(KAB)
- HACCP 심사원(호주 IQS)

■ 최진철(崔鎭喆)

- 단국대학교 전기공학과 졸업
- 알타코아 대표이사
- 한국능률협회인증원 인증본부장(상무)
- SK건설 품질경영팀(과장)
- 현대중공업 품질관리부(대리)
- 해군 제2함대 감찰실(안전담당관)
- 현) AK인증원 원장

〈보유자격〉

- 품질경영시스템 심사원(Exemplar Global)
- 환경경영시스템 심사원(Exemplar Global)
- 안전보건경영시스템 심사원(Exemplar Global)
- TL 9000 심사원(Excel)
- 그린빌딩 심사원(KMAQA)
- 국제공인코치

통합경영시스템 이론과 실무

2020년 2월 25일 1판 3쇄 발행

저 자 이 규 태 · 김 동 하
주 대 성 · 최 진 철

발행인 남 승 우

발행처 도서출판 상尙 학學 당堂

서울시 동작구 사당로9가길 6(사당동)
TEL : 02) 595-1692~4
FAX : 02) 595-1394
E-mail : namdoo6@unitel.co.kr

신고 : 2-155호 (1968. 11. 29)

정가 29,000원

ISBN 978-89-6587-155-2 93320

〈디자인〉 편집 엄해숙 / 표지 토틀컴